Michael Groß
mit Ilona Groß

Das Beste liegt vor uns

W0060492

Michael Groß
mit Ilona Groß

Das Beste liegt vor uns

Wie wir neue Energien für unser Leben gewinnen

Bibliografische Information der Deutschen Nationalbibliothek
Die Deutsche Nationalbibliothek verzeichnet diese Publikation in der Deutschen Nationalbibliografie; detaillierte bibliografische Daten sind im Internet über http://d-nb.de abrufbar.

Für Fragen und Anregungen
info@rivaverlag.de

Originalausgabe
1. Auflage 2020
© 2020 by riva Verlag, ein Imprint der Münchner Verlagsgruppe GmbH
Nymphenburger Straße 86
D-80636 München
Tel.: 089 651285-0
Fax: 089 652096

Umschlaggestaltung: Marc-Torben Fischer, München
Umschlagabbildung: © Hartmuth Schröder, Frankfurt am Main
Layout und Satz: Daniel Förster, Belgern
Druck: GGP Media GmbH, Pößneck
Printed in Germany

ISBN Print 978-3-7423-1376-8
ISBN E-Book (PDF) 978-3-7453-1069-6
ISBN E-Book (EPUB, Mobi) 978-3-7453-1070-2

Weitere Informationen zum Verlag finden Sie unter

www.rivaverlag.de

Beachten Sie auch unsere weiteren Verlage unter: www.m-vg.de

»Nicht weil etwas schwer ist,
wagen wir es nicht.
Weil wir es nicht wagen,
ist etwas schwer.«

Lucius Annaeus Seneca (ca. 1–65 n. Chr.),
römischer Philosoph und Politiker

Inhalt

Teil 2
Energien ausrichten
unserer Motivation und unseren Zielen folgen 97

Teil 3

Energien aktivieren

Die Zukunft bietet mehr, als wir brauchen

Wir können uns nicht beschweren – eigentlich. Unser Leben bietet viele Chancen, mehr denn je. Im digitalen Zeitalter ergeben sich täglich neue Möglichkeiten, nahezu grenzenlos. Das Beste liegt vor uns. Wir müssen es nur finden und auswählen. Und hier beginnt das Problem. Diese Vielzahl an Möglichkeiten stresst. Denn die Unsicherheit wächst, was unsere Zukunft bringt. Wir könnten ja etwas verlieren oder verpassen, abgehängt oder gar überrannt werden. Also optimieren wir unser Leben, um alles zu schaffen. Machen wir uns nichts vor: Das kann nicht gelingen. Muss es auch gar nicht.

Der Weg ist, das Beste für sich zu bestimmen und zu verfolgen. Für das Beste braucht es mitunter sogar weniger, als man denkt. Der Verzicht, also das bewusste Liegenlassen, gehört dazu, die eigene Zukunft zu gestalten. Dieses Buch ist eine Unterstützung für Sie, diese positiv wirksame Energie zu entwickeln und zu behalten. Sie werden weniger Druck und mehr Freude spüren. Nehmen Sie aus der Vielzahl an Möglichkeiten die besten für sich auf.

Wir stehen mitten im Leben. Im digitalen Zeitalter stellt sich jedoch die Frage: Sind wir mittendrin oder doch nur dabei? An der Digitalisierung führt heutzutage kein Weg mehr vorbei. Sei es privat oder im Job. Die eigenen Möglichkeiten werden immer größer. Einerseits. Denken wir nur an die Erreichbarkeit, Verfügbarkeit von Informationen oder das Streamen von Musik und Filmen. Anderseits: Wozu noch etwas kaufen und sammeln? Die Plattensammlung ist so etwas von »oldschool«! Unsere Kinder und Enkelkinder machen vor, wo es langgeht.

Der Wandel ist rasant, und sein Tempo wird eher zu- und nicht abnehmen. Es gibt mehr Neues, als uns lieb ist. Schneller denn je verschwindet Gewohntes, angefangen bei den Tasten auf dem Mobiltelefon. Schneller denn je entsteht vieles, das verwirrend ist, wie das Leben der »Generation Selfie« in den sozialen Medien. Die persönlichen Perspektiven sind unklar. Wir sind unsicher, was noch zählt, was uns wichtig bleibt. Krampfhaft an der Vergangenheit festhalten ist dabei keine Lösung zur Gestaltung der eigenen Zukunft!

Früher war vieles schlechter, und künftig wird nicht alles besser. Das steht fest. Also fragen sich nicht nur viele »Babyboomer« im digitalen Zeitalter: Wo bleibe ich künftig, ganz analog? Was bedeutet meine Herkunft? Wie möchte ich meine Zukunft gestalten? In diesem Buch finden Sie Ihre Antworten, was Sie brauchen, um nicht nur dabei, sondern mittendrin zu sein. Das bedeutet: Wir wollen leben, was wir lieben. Wir möchten wertschätzen, was wir Neues erleben. Wir haben Erfahrung und Erfolge, brauchen uns deshalb nicht verrückt machen lassen. Und gewiss: Wir werden noch viel bewirken.

Das Beste liegt vor uns ist auch autobiografisch. So schreibe ich Auge-in-Auge mit Ihnen, liebe Leserinnen und Leser. Ich teile viele Erfahrungen und Perspektiven, Probleme und Ängste des Alltags. Niemand ist davor geschützt, egal welche Erfolge und Erlebnisse die eigene Vergangenheit auszeichnen. Meine Zuversicht in die Gestaltung der eigenen Zukunft und die Sicherheit im Umgang mit den vielen Unsicherheiten entstand noch nie ganz allein. Für mich besonders wichtig, im Leben und in diesem Buch, ist eine Person. Meine Partnerin Ilona Christine Groß ist mein Coach und Sparringspartner in allen Lebenslagen. Sie ist hier die Beobachterin, die wichtige Aspekte spiegelt. Sie ist die Spezialistin für viele wichtige Details zum Aufladen der eigenen Energie. Ihr Beitrag ist leichter erkennbar, durch ihre direkten Einwürfe:

Meine Rollen als Coach und Sparringspartner, im Job und auch privat, sind mir vertraut. Manchmal fällt es Dir schwer, diese anzunehmen, wie bei allen starken Persönlichkeiten. Das Alter macht nicht jeden in jeder Situation weiser, wenn es darum geht, sich zu verändern.

Umgekehrt hat jeder von uns, der bereits etwas älter ist, heute genügend Anlässe und Anknüpfungspunkte, um neue Perspektiven zu bekommen und Energie aufzuladen. Das digitale Zeitalter macht vieles möglich, was früher nicht denkbar war, wie der leichtere und schnellere Zugang zu Informationen. Genau das ist zugleich eine Herausforderung, sich in der Vielfalt auf die Themen zu fokussieren, die einem künftig wichtig sind. Das Beste für sich zu finden, ist also nicht ganz einfach.

Unser Buch fächert die Aspekte auf, wie wir heute das Beste, das vor uns liegt, auswählen und aufnehmen können. Doch das bestimmen nicht wir beide Autoren. Das Beste bestimmen Sie. Und das kann unterschiedlich sein, je nach Ihren Wünschen und Bedürfnissen, Ihrer Situation und Ihren Zielen. Die übersichtliche

*Struktur des Buchs soll es einfach machen, Sie dort ab-
zuholen, wo Sie gerade stehen und wo Ihnen akut der
Schuh drückt.*

Im ersten Teil geht es zunächst darum, dass Sie Ihre Energien sammeln. Denn unsere Haltungen und Erwartungen
prägen, wie wir mit unseren vorhandenen Energien umgehen und wie wir neue entdecken und aktivieren können.
Die vier Kapitel zeigen, wie kleine Veränderungen unseres
Blickwinkels neue Perspektiven schaffen können.

Mit unserer gesammelten Energie richten wir engagiert
den Blick auf unsere Zukunft. Im zweiten Teil des Buchs wollen wir Sie anregen, Ihre Motivation zu stärken und sich die
passenden Ziele zu setzen. Besonders wichtig ist das Neustarten, unsere Gesundheit und die Liebe, die in keinem
Alter zu kurz kommen sollte.

Schließlich, wenn wir uns neue Perspektiven erarbeitet
haben und voller Elan sind, dann kommt unser Alltag. In Teil
3 zeigen wir, wie sogar vermeintlich lästige Dinge uns mehr
Energie geben können. Dazu zählen die Energieräuber, die
uns auflauern und das Thema, uns nicht »ver-appen« zu lassen. So gewinnen wir mehr Zeit für uns, jeden Tag, auch zum
Durchschnaufen.

*Alle Teile im Buch sind miteinander vernetzt. Ich weiß
aus dem Coaching, dass eine Herausforderung im Alltag, unsere Energien zu aktivieren, dazu führen kann,
zunächst zu überlegen, wie ich meine Energien sammeln und ausrichten sollte. Zum Beispiel kann das Beherrschen von Energieräubern erst so richtig gelingen,
wenn ich meine innere Einstellung verändere. Und*

dafür ist am besten ein Verhalten geeignet, das ich ver-
ändern möchte. Über ein konkretes Problem, das ich
löse, kann ich die Wirkung meiner neuen Haltung spü-
ren. Für viele, nicht nur in unserem Alter, ist zum Bei-
spiel ein guter Anlass, mehr Zeit für das Wichtige zu ge-
winnen, bevor es zu spät ist.

Im Buch werden Sie eine Vielzahl von Themen und Situationen erkennen, die für Sie sehr leicht nachvollziehbar
und für Ihr Aufladen von neuer Energie besonders bedeutsam sein können. Dadurch entdecken Sie für sich ungeahnte neue Perspektiven. Das ist unser gemeinsamer
Wunsch. Sie werden beim Lesen immer mehr spüren:»Das
Beste liegt vor uns!«

Der guten Ordnung halber möchten wir darauf hinweisen,
dass wir aus Gründen der Lesbarkeit im Buch bei der Nen-
nung von Personen häufig das männliche Geschlecht einsetzen. Selbstverständlich werden damit alle Geschlechter
gleichermaßen unterschiedslos angesprochen.

Fangen wir gleich an. Zum Einstieg haben wir unsere
wichtigsten Überzeugungen als Thesen formuliert. So schaffen Sie für sich die Grundlage, um Ihre Energie zu halten
und zu erfrischen, sich komplett aufzuladen oder ganz neu
auszurichten.

PS: Und dann kam Corona ...

Während wir das Buch schreiben, hat uns die Natur gezeigt,
wer auf dieser Erde das Sagen hat. Sie gibt uns all unsere
Energie und kann sie uns letztlich aber auch wieder neh-

men. Wir erleben gemeinsam eine nie gekannte und kaum vorstellbare Situation. Das Coronavirus bremste in wenigen Wochen Millionen Menschen aus, was bei vielen zu existenziellen Krisen führte. Plötzlich stellt man Dinge infrage, die kurz zuvor noch selbstverständlich schienen. Die Auswirkungen werden noch lange spürbar sein, auch nachdem die akute Krankheitswelle schon längst abgeklungen ist.

Das Beste liegt vor uns. Der Titel dieses Buchs wurde viele Monate vor Corona festgelegt und soll nun gerade in Zeiten der Krise als Appell dienen. Wir sollten nach vorn schauen und bestmöglich unsere Energie wieder auf das positive Gestalten der Zukunft richten. Das fällt in schweren Zeiten nicht leicht. Lakonischer Zweckoptimismus, alles sei halb so wild und das wird schon wieder, hilft, wenn überhaupt, nur kurz.

Im letzten Kapitel, das ursprünglich nicht geplant war, möchten wir zeigen, wie wir mit großen Krisen umgehen können. Dazu zählt zuerst, nicht nur bei Corona, Schicksalsschläge »sacken zu lassen« und für sich Stabilität zu erlangen, vor allem emotional. Unser Blick wendet sich nicht nur auf das ferne Licht am Ende des Tunnels. Was direkt vor uns liegt, sollte nicht übersehen werden. Schritt für Schritt nehmen wir wieder unser Schicksal in die Hand. So gewinnen wir neue Energie, bauen neue Perspektiven auf und können unseren Lebensweg wieder ausrichten.

Das neue letzte Kapitel und der Auslöser Corona ändern nichts an unserer Überzeugung, dass unsere Zukunft viel bieten kann. Wir möchten weiterhin jede Leserin und jeden Leser anregen, die schönen Seiten zu entdecken, die jedes Leben bietet. Bleiben Sie in jedem Fall gesund und auch munter!

Unsere Überzeugungen

Ich bin im besten Alter

Ich muss nur wissen, für was. Das bewegt mich! Das brauche ich! Das möchte ich anderen geben! Das möchte ich entdecken! Das schafft mir Energie! Ich kann mich dabei meiner Situation laufend anpassen. Dann kann ich das Beste vor mir erkennen, aufnehmen und setze meine Energie optimal ein. Dazu gehört auch das Loslassen, um nicht unnötig Energie zu verschwenden.

Mein Verzicht schafft neue Chancen

Das Beste aufzunehmen erfordert Einsatz. Doch meine Energie wird immer endlich bleiben. Der bewusste Verzicht auf Energiefresser, die für mich wenig bedeutsam sind und die ich abschalten kann, schafft mir neue Ressourcen. Dazu gehören viele digitale Zeiträuber und Zeitvertreiber, die mich davon abhalten, etwas Neues aufzunehmen. Verzicht braucht nur etwas Mut.

»Ja, und ...« öffnet mir Perspektiven

Ich halte mich nicht mit Gründen auf, warum etwas nicht geht. »Ja, aber ...« gibt es genug. Das »Aber« bedeutet letztlich immer: Nein. Zweifel und Zögern zehren an mir. Mit diesen Gedanken verschwende ich unnötig meine Energie. »Ja, und ...« – das liegt vor mir. Das will ich tun. Das schafft mir neue Energie. Das »Und« öffnet Türen. Das »Aber« schaffe ich für mich ab!

Ich bin nicht allein

Niemand kann völlig aus sich selbst Kraft schöpfen. Ich kenne und akzeptiere meine eigenen Grenzen und schätze die Unterstützung durch Mitmenschen oder Mitstreiter, denen ich vertraue. Gemeinsam aufladen und Neues aufgreifen sorgen für zusätzliche Inspiration.

Mein Rezept ist wirksam

Ich gehe selbstbewusst den Weg, der zu mir passt. Gemeinsam mit Menschen, die mir wichtig sind. Mein Rezept, wie ich meine Energie erhalte und wiedergewinne, ist vielleicht nicht das beste – in der Theorie. Doch es ist das wirksamste für mich – in der Praxis. Und nur das zählt! Ich verändere meine Zutaten und schaffe so immer wieder etwas neue Würze in meinem Leben.

Meine Entscheidungen sind richtig

In der jeweiligen Situation treffe ich für mich die beste Entscheidung. Dabei wird es immer etwas geben, das nicht erfüllt werden kann, das schwer ist und das auch Nachteile haben könnte. Gewiss werde ich im Rückblick an einer Entscheidung zweifeln. Wenn nötig, korrigiere ich meinen Weg möglichst schnell, bevor ich unnötig weitere Energie verschwende. Und ich nehme wieder Neues auf, das vor mir liegt.

Ich werde etwas verpassen

Meine Spontaneität und Gefühle, für mich und andere, werden leiden, wenn das Leben komplett optimiert wird. Nach dem Motto: Bloß nichts verpassen und keine Zeit verlieren! Es ist gut, etwas zu verpassen, das ich nicht unbedingt erleben und erreichen möchte. Freie Zeit gibt Raum, damit das Leben auf mich zukommt, ich mich umschauen und orientieren kann. Das Beste für mich ist nicht immer absehbar oder gar planbar. Ich bin gespannt, was mich auf den Wegen erwartet, die ich noch nicht kenne.

TEIL 1

Energien sammeln

UNSERE HALTUNGEN
UND ERWARTUNGEN PRÄGEN

Im digitalen Zeitalter mithalten.
Ich lasse mich nicht »ver-appen«.

Bloß nicht in die eigene
»Ja, aber ... «-Falle tappen.
Ich habe mehr drauf,
als ich denke.

Mittendrin, statt nur dabei.
Ich habe mehr Gründe etwas
zu tun, als etwas zu lassen.

KAPITEL 1
Raus aus meiner Schublade

Nein, ich schwimme nicht mehr. Um das gleich am Anfang zu klären. Und das ist gut so! Stellen Sie sich vor, Ihr Leben würde immer nur von einer Aufgabe bestimmt. Schrecklich. Es würde schlicht die Zeit für neue Entdeckungen fehlen. Gut, ich kraule heute manchmal durch einen See oder im Meer. Im Sommer. Im Urlaub. Wie auch Sie vielleicht – und Millionen andere. Nachholbedarf habe ich im Wasser nicht. Ich bin ja früher bereits knapp 40.000 Kilometer geschwommen, meist hin und her. Das reicht, mir zumindest.

Legen wir uns nicht auf die eigene Vergangenheit fest. Als ob mit 40, 50 oder 60 die eigene Entwicklung aufhört. Fertig, das war's. Von wegen, von mir ein klares Nein! Ganz im Gegenteil. Mit Erfahrung können wir viel besser abschätzen, auf was wir uns einlassen können, was uns mehr fordert oder sogar überfordern könnte. Wir können schneller umschwenken und ... wieder Neues wagen. Fehlschüsse sollten seltener sein. Wer oder was hindert uns daran, etwas Neues aufzunehmen? Nur wir selbst.

Heute habe ich viel mehr Möglichkeiten als in meiner Jugendzeit. Mir steht die Welt offen. Der Einstieg geht spielend, durch das Mobiltelefon (wobei: Wer telefoniert damit noch?). Die Digitalisierung macht es möglich. Wir sollten deshalb nicht nur die Risiken durch die vielen Datenkraken von Google & Co. sehen. Wir sollten vielmehr auch die Chancen wahrnehmen durch das leichter und schneller zugängliche Wissen, das auch uns Älteren sehr viel nützt, um mitzuhalten. Mittendrin statt nur dabei. Darum geht es in diesem Buch.

Mittendrin mithalten. Das baut Druck auf. Allein die Flut an Nachrichten und Mitteilungen ist oft überflüssig. Es liegt einfach unfassbar viel vor uns, für mich manchmal zu viel, was die ganzen digitalen Kanäle, Services und Plattformen so bieten. Doch Abschalten ist keine Lösung.

Einiges macht unser Leben einfacher, angenehmer und faszinierender. Deshalb wollen wir in diesem Buch daran arbeiten, als analoge Generation fit zu bleiben und im digitalen Zeitalter das Beste zu finden, das zu uns passt.

Wir sind meistens fitter als unsere Mütter und Väter, bleiben länger jung. Der Körper ist das eine, wie wir später im Detail sehen werden. Der Kopf ist das andere. Und der entscheidet. Sie werden stets tausend Gründe finden, um etwas nicht zu beginnen oder zu verändern. Es reicht einer, um etwas Neues zu tun. Und der heißt: Ich möchte es, weil es mir wichtig ist.

Nicht im U-Punkt hängen bleiben

Ab 20 geht's bergab. Zumindest wenn gefragt wird, ob wir mit unserem Leben zufrieden sind. Mit 50 Jahren sind wir nach Meinung der Mehrheit auf dem Tiefpunkt. Danach steigt die Zufriedenheit langsam wieder an. Diverse Umfragen und Studien bestätigen seit Jahren den Verlauf der Lebenszufriedenheit in Form dieser U-Kurve. Dahinter steckt zum einen, dass wir im Berufsalter Glück und Erfolg gleichsetzen. Glücklich sein geht auch ohne Erfolg. Und Erfolg führt nicht automatisch zum Glück. Davon können Ihnen einige Prominente, ich nenne keine Namen, mehr als ein Lied von singen. Erfolg, Gesundheit, Geld – alles ist da, aber das Glücksgefühl fehlt.

Zweitens und noch wichtiger ist folgender Unterschied: Unser Glück haben wir selbst in der Hand. Der Erfolg ist von vielen Faktoren abhängig, die wir nicht beeinflussen können. Wenn wir das nicht beachten, stecken wir in der Schublade einer sich selbst erfüllenden Prophezeiung fest. Das bedeutet, die Umfragen bestätigen unser Vorurteil, wir seien nicht zufrieden. Wusste ich's doch!

Deshalb gleich zu Beginn der dringende Appell: Bitte nicht im U-Punkt hängen bleiben. Mit dieser Haltung können wir nicht das Beste aufnehmen, das direkt vor uns liegt, damit wir im Leben glücklich sind. Dieses Glück kann für jede Leserin und jeden Leser etwas anderes bedeuten.

Eine gute Gesundheit und ein schlechtes Gedächtnis, das antwortete der Arzt Albert Schweitzer auf die Frage, was ihn glücklich macht. Materielle Sicherheit und sichere Beziehungen sind häufig eine wichtige Grundlage, jedoch nicht alles. Glück ist sehr relativ. Genug zu essen macht Millionen von Menschen in Afrika sehr zufrieden. Einige Dutzende Paar Schuhe im Schrank können auch ein Glücksgefühl auslösen. Oder für sich Schmerz überwinden oder andere Menschen glücklich machen oder der Gedanke an ein erstes Date oder ... oder ...

Egal wie Sie für sich Glück bestimmen, in einem Moment oder Zustand, in einem Ziel oder in einer Beziehung. Die Bedingung, das eigene Glück finden zu können, ist: raus aus dem U-Punkt der Unzufriedenheit!

Der Start mit diesem kleinen ersten Schritt einer anderen inneren Haltung reicht. Dann folgt der zweite, ein nächster zur Seite und dann auch mal wieder zurück. Das ist normal und sollte uns nicht aus der Ruhe bringen. Nur einen Schritt würde ich mir nie verzeihen: den ich *nicht* getan habe.

Ach, was soll das, könnten Sie jetzt denken: Der Groß hat leicht reden, der hat doch viel erreicht. Da kann man locker zu neuen Pfaden aufbrechen. Und ich? Das Gegenteil ist richtig. Erstens, wie gesagt, Glück hängt nicht am Erfolg. Zweitens ist Erfolg das größte Hindernis für Veränderungen. Gewiss ist es schön, wenn im Leben ein Ziel aufgeht. Eine Wiederholung wäre noch schöner – vielleicht. Reflexartig wollen wir konservieren, welche Fähigkeiten oder Tätigkeiten dazu geführt haben. Wäre ich in der Schublade meiner Erfolge stecken geblieben, dann wären mir im Leben die meisten Erfahrungen, auch schmerzliche, und häufig überraschend positive Ergebnisse verborgen geblieben.

Was ich, gerade durch das Wechselspiel der Höhen und Tiefen, gelernt habe, ist schlicht: Genießen wir die Augenblicke unseres Glücks, im Kleinen und Großen. Ob Gold bei Olympia, die erste perfekte Übung im Yoga oder das 10:1 mit der Thekenmannschaft. Es gibt so vieles im Job oder in der Familie, in der Freizeit und bei Hobbys. Sie hatten sicher schon viele Erlebnisse, die stolz machen, doch sie sollten nicht träge machen. Festklammern, was wir haben und können, führt nur dazu zu verpassen, was noch alles auf uns wartet. Und das ist viel, wie dieses Buch Ihnen in unterschiedlichen Facetten zeigen wird. Deshalb möchte ich gleich zu Beginn hervorheben: Jeder von uns kann anders sein Glück finden, im Großen und Kleinen. Dafür gibt es keine Formel, die immer gilt. Dafür gibt es Zutaten, die jeder für sein Rezept, das Beste für sich zu finden, verwenden kann.

Ja, das eigene Rezept ist entscheidend. Wir liefern in diesem Buch viele Zutaten. Und deshalb meine Bitte: Starten Sie mit den Zutaten, die Ihnen besonders nützlich erscheinen, und ergänzen Sie welche, die Sie bereits kennen. Oder Sie gestalten ein neues Rezept, wenn Sie beim Lesen Lust dazu verspüren. Dann wählen Sie bitte in den verschiedenen Kapiteln wenige Zutaten aus, die Ihnen besonders gut gefallen.

Die Digitalisierung ermöglicht ganz andere Rezepte, unser Leben zu gestalten. Im Beruf zum Beispiel wird das Produzieren und Verkaufen von Waren unwichtiger. Das

Produzieren von Daten ist die Basis vieler neuer Services, die uns faszinieren. Sonst gäbe es ja kein Facebook & Co. Und das erschreckt viele von uns, aus unterschiedlichen Gründen und ganz unterschiedlich, ob »Babyboomer«, die folgende »Generation Golf« aus den 70ern und alle anderen, die keine »Digital Natives« sind, also eine Welt ohne Internet und Mobiltelefone kennen.

Datensicherheit und Datenschutz, Manipulation, Lug und Betrug im Netz und was sonst nicht alles. Schrecklich, nicht wahr? Nein, Schreck lass nach! Wir wollen uns deshalb nicht abschotten und wegschließen. Wir wollen unsere Komfortzone der Vergangenheit verlassen. Sonst kommen wir aus der Schublade nicht raus.

Doch ich bin zuversichtlich: Sie haben ja zu diesem Buch gegriffen, weil Sie Ihre Komfortzone verlassen möchten und sich nicht in eine Schublade stecken lassen möchten. Gut so!

Damit Ihnen das Verlassen der Komfortzone noch etwas leichter fällt: Lassen Sie uns kurz darauf schauen, was Digitalisierung eigentlich bedeutet. Dann werden Sie schnell erkennen, dass wir erst am Anfang einer rasanten Evolution stehen und dass wir uns nicht wegducken können. Und wenn doch? Dann werden wir nichts Neues finden, um unser Leben zu bereichern.

Absehbar ist: In den nächsten zehn Jahren wird sich unser Leben stärker verändern als in den vergangen zehn Jahren. Selbstfahrende Autos, die wir bald nutzen werden, geben uns jedes Jahr viele Tage zusätzliche Zeit. Was werden Sie damit machen? Sie werden sich irgendwann nur dunkel erinnern, wie sinnlos und nervig das war ... das Warten im Stau.

Die Trennung von Bit und Atom

Die Digitalisierung trennt das Bit vom Atom, trennt die Information von der Materie. Dieser Fortschritt liest sich banal, ist jedoch epochal. Das gab es seit der Erfindung des Buchdrucks nicht mehr: Macht wird auf alle Menschen verteilt. Die Digitalisierung bewegt die Welt und stellt vieles auf den Kopf, was bisher als »gesetzt« galt. Die Trennung von der Materie macht Information unendlich erzeugbar, vermehr- und erweiterbar. Alles ist für jeden jederzeit verfügbar, fast überall. Das gilt ohne Einschränkungen, ohne Rücksicht auf die Qualität der Inhalte.

Das Wachstum der Datenmenge ist gigantisch. Die Faustformel lautet: Die Menge verdoppelt sich alle zwei Jahre – mindestens. Bisher basierte dieses Wachstum vor allem auf unserer privaten Nutzung, ausgelöst durch die sozialen Medien und Videoplattformen. Bisher sind diese Daten selten mit realen Gegenständen verknüpft. Das »Internet of Things« führt zur Kopplung aller Geräte und Anlagen nicht nur in der Industrie bei der Produktion, in unseren Häusern und Wohnungen, vielmehr auch beim autonomen Fahren.

Alle selbstfahrenden Autos, die getestet und irgendwann ganz autonom überall fahren werden, lernen von allen »Erfahrungen« aller anderen Wagen dazu. Jedem Fahrzeug stehen alle Informationen zur Verfügung, um besser zu werden. Die Folge ist, dass jedes selbstfahrende Auto enorme Datenmengen produziert, an einem Tag Betriebszeit rund drei Terabyte, also die Speicherkapazität von zehn Mobiltelefonen. Das Wettrennen ist spannend, welche Technologie als Erste serienreif ist. Schaffen es Google & Co., ihrer Technik zum Selbstfahren das Autofahren schneller beizubringen, als die etablierten Autohersteller ihren Autos das Selbstfahren lernen? Die Antwort wird in Deutschland über die Zukunft einer ganzen Industrie und von Millionen Jobs bestimmen.

Das Datenvolumen wird nochmals exponentiell steigen, mit entsprechend vielfältigen Herausforderungen in der Datensicherheit und für den Datenschutz. Seriöse Schätzungen gehen von einer Verzehnfachung bis 2025 aus. Das Datenvolumen soll dann 163 Zetabyte betragen (eine Zahl mit 21 Nullen). Damit kann das aktuelle Netflix-Angebot fast 500 Millionen-fach angeschaut werden. Ob es nun 163, 143 oder auch 183 Zetabyte werden – in jedem Fall gigantische Dimensionen.

Die Trennung von Bit und Atom hat auch die Trennung von Daten, Information und Wissen zur Folge: Es wird für uns und auch in Unternehmen heute immer komplizierter, das für uns relevante Wissen aufzufinden. Zugleich entsteht durch unseren permanenten Austausch neues Wissen. Aus Daten, die jeder von uns und jede Maschine hinterlässt, können Informationen verdichtet werden, die Grundlage für neues Wissen, neue Produkte und Services sind. Jeden Tag entsteht etwas Neues.

Die Geschwindigkeit und der Umfang der Vernetzung – nicht nur bei Automobilen – ist an sich noch nicht die Herausforderung. Sie passiert auch ohne unser Zutun. Unser Umgang schafft das Problem. Ein Beispiel aus dem Alltag: die Qualität unserer Kommunikation und Information. Erwiesen ist, dass ein Drittel aller E-Mails überflüssig ist. Das weiß jeder, der sich mit E-Mails herumschlägt. Viele Stunden in der Arbeit und vor allem Freizeit gehen nutzlos flöten. »Ach, schreib mir mal ne Mail«. Sie kennen diese Floskel. Ich bin auch schon x-fach dem Drang erlegen. Im vorauseilenden Gehorsam schreiben wir immer erst einmal eine Mail. Denn da hat man es ja sofort schriftlich, was man will. Nur ist diese Information wirklich relevant? Wenn ja, dann kennt die Information außerhalb des Empfängerkreises niemand! Also muss man einen neuen Kanal nützen, wie WhatsApp zum Beispiel.

Das ist alles viel zu kompliziert. Daher von mir eine Wette. E-Mail, dein Ende naht! Briefe schreiben, auch digitale, ist so was von »oldschool«. In zehn Jahren werden wir viel mehr über eine einzige Plattform erledigen, weil es einfach praktischer ist. China ist schon so weit. WeChat ist eine Plattform, eine Bank zusammen mit Facebook und WhatsApp. Geld versenden mit einer Nachricht, das geht ganz einfach. Über 800 Millionen Chinesen tun dies bereits. Welche Plattform das bei uns sein wird? Keine Ahnung! WhatsApp wurde am 24. Februar 2009 gegründet und hatte weniger als zehn Jahre später über 1 Milliarde Nutzer. Nur mal so als Hinweis. So schnell kann sich durch die Trennung von Bit und Atom auch unser Verhalten ändern.

Das war bisher gar nicht so klar, dass ich mit fast 60 so fortschrittlich bin. Die E-Mail-Epoche habe ich übersprungen ... die Plattformen sind meine Heimat zum Austausch. Das ist viel einfacher, und es geht nichts in irgendwelchen Ordnern unter. Kann sich ja niemand merken, wo was liegt. Besonders wenn man älter wird. Dazu nehme ich für mich, ganz analog, Zettel und Stift. Was ich da schreibe oder kritzle, das bleibt mir im Kopf hängen.

Seien Sie froh, wenn auch Sie sich bald umgewöhnen dürfen. Denn was über Plattformen kommuniziert wird, das kann verknüpft werden, ist für sie, Freunde und Kollegen leicht zugänglich und muss nicht in Verzeichnissen oder Archiven gesucht werden. Übrigens, Sie können heute schon beginnen: Fangen Sie im Alltag an, auf E-Mails zu verzichten, die nicht geschrieben werden *müssen*. Reagieren sie nicht auf jede E-Mail, außer Sie *müssen*. Das spart Zeit und Nerven.

Lassen Sie uns bei diesen kleinen und anderen großen Herausforderungen des digitalen Wandels unser Selbstbewusstsein behalten. Nehmen Sie die Haltung als Gestalter ein, die Veränderungen durch digitalen Wandel nicht einfach hinnehmen und sich fremdgesteuert optimieren lassen. Es braucht nicht viel, nur etwas Mut und erweiterten Blick auf sich selbst. Den schaffen Sie, mithilfe dieses Buchs.

Wenn es nur die kleinen Dinge, wie E-Mails, wären. Im digitalen Zeitalter werden wir in neue Schubladen reingesteckt, ohne es zu merken. Wir bekommen immer mehr vom Gleichen serviert und nehmen nur das auf, was uns, laut den Algorithmen, gefallen soll. Aus dem Verhalten der Vergangenheit, von uns und vergleichbaren Nutzern, wird eine Prognose erstellt, was uns interessieren könnte. Und? Wir gehen der Fremdsteuerung auf den Leim!

Netflix sagt ganz offen, dass 80 Prozent der Streams der Kunden Empfehlungen des Systems sind, welche Serien oder Filme für die einzelne Person am besten sind. In Spotify werden für unsere Musik »Playlists« automatisch erstellt, die uns ebenso die Auswahl abnehmen. Ist ja so schön einfach und ... langweilig, zumindest langfristig. Also mein dringender Appell: Bloß nicht in neuen Schubladen stecken bleiben. Das wird in Zukunft noch schwerer.

Lassen Sie sich nicht »ver-appen«

Für niemanden wird es eine Zukunft ohne die Digitalisierung geben. Oder? Doch, es gibt eine! Alle internetfähigen Geräte abschalten und wegwerfen. Das ist jedoch keine hilfreiche Lösung.

Die Trennung von Bit und Atom beeinflusst alle Bereiche unseres Arbeitens und Lebens. Die Digitalisierung schafft enorme Chancen, die schnell genutzt, und viele Risiken, die schnell akut werden können. Veräppeln war gestern. Das »Ver-appen« ist heute unsere Herausforderung, also ferngesteuert durch das Leben zu gehen. Es liest sich vielleicht etwas pathetisch. Letztlich geht es darum, die Freiheit zu erhalten, selbst zu entscheiden, was für uns das Beste ist. Denn was in unserem Umfeld passiert, das liegt außerhalb unseres Einflusses.

Kein Unternehmen und auch kein Arbeitsplatz sind sicher, in Zukunft weiter zu bestehen. Ja, sogar die aktuell erfolgreichsten Internetkonzerne können sich nicht sicher sein, was die digitale Transformation als Nächstes bringt. Sie runzeln die Stirn: Wie bitte? Ganz einfach: Die Milliardengewinne von heute basieren auf Geschäftsmodellen, die gestern entstanden sind. Ein Beispiel:

Googeln? Wie alt ist das denn! So könnten Sie in zehn Jahren denken. Stellen Sie sich vor, Sie müssten nicht mehr googeln. Wenn die Smartspeaker, wie Amazon Alexa, überall verbaut und verknüpft sind, fragen wir einfach irgendein Gerät, das mit dem Internet verbunden ist, gehen nicht mehr an einen Computer oder ein Mobiltelefon und suchen im Internet. Wir werden uns vielleicht erinnern, wie umständlich das Googeln war, damals vor 2020! Und Schwupps ... schon ist das aktuelle Geschäftsmodell des Konzerns veraltet, jeden Monat mit den Anzeigen in der Suchmaschine Milliarden Euro an Gewinnen zu erzielen!

Der Macht der Digitalisierung kann sich niemand entziehen. Sicher ist der Fortschritt, und schneller denn je. Unsicher sind dessen Ergebnisse, Auswirkungen und Folgen auf jeden von uns. Das gilt vor allem, wenn wir eins tun – nichts! Wir können mehr denn je unser eigenes Leben gestalten. Niemand ist dafür zu alt oder zu erfahren.

Damit Ihnen die Gestaltung der Zukunft gelingt, sollten Sie sich von einigen Denkmustern der Vergangenheit lösen, die Ihr Verhalten häufig unausgesprochen bestimmen und verhindern, aus der Schublade rauszukommen. Mehr braucht es nicht. So schaffen Sie den Nährboden für das Wachstum Ihrer Energien, die sie in den weiteren Kapiteln kennenlernen und aktivieren werden.

Die »Ja, aber ...«-Falle

Ein Wort offenbart alle unsere Denkmuster, die unseren Weg in die Zukunft versperren. Das »Aber«. Ständig sagen wir »Ja, aber ...« und denken damit mehr oder weniger: Nein! Es wird bestimmt einen Grund geben, dass wir etwas nicht tun oder etwas Neues nicht klappen kann, ob privat oder auch im Job.

Natürlich tappe auch ich in diese selbst gestellte Falle. Jedoch inzwischen immer seltener, denn ich habe mich beobachtet. 20- bis 30-mal am Tag kam mir früher ein »Ja, aber ...« über die Lippen, oder ich habe so gedacht. Das habe ich mal täglich gezählt und aufgeschrieben. Ich war erschrocken, wie viele Chancen mir dadurch verwehrt blieben, weil ich das Aber nicht ersetzt und dadurch die Tür in die Zukunft geschlossen habe. Mein Ziel lautete, alle »Ja, aber ...«-Aussagen auf ein Minimum zu reduzieren. Oder ich sage eben gleich Nein.

Am wichtigsten ist jedoch, das »Aber« zu ersetzen durch: »Ja, und ...«. Welche Perspektiven schaffe ich dadurch? Was kann ich tun? Und was muss ich beachten? Sofort stehen die Gedanken im Vordergrund, wie ich mich weiterentwickeln, die eigene Zukunft gestalten und dabei die Unsicherheiten und Risiken reduzieren kann. Heute ertappe ich mich seltener bei einem »Ja, aber ...«. Das ist jedes Mal ein Weckruf, aufmerksam zu bleiben.

Lass mich die Praxis zeigen: Ich will abnehmen. Ja, aber ... ich habe schon so viel probiert, und langfristig hat nichts geholfen. Stopp! Aus dieser Schublade muss ich raus. Das geht so: Ich bin traurig, dass mir mein Lieblingskleid nicht mehr passt. Ich möchte es wieder tragen, bei der großen Geburtstagsparty meiner besten Freundin in einigen Wochen. Ja, und ... dafür werde ich in vier Wochen vier Kilo abnehmen. Dafür verzichte ich auf das Bier zum Feierabend und die Kekse beim Fernsehen. Und dann mache ich weiter, specke noch etwas ab, damit ich jeden Tag, wenn ich möchte, das Kleid anziehen kann.

Fangen Sie an, probieren Sie es aus, und schauen Sie, wie sich der Blickwinkel in Richtung »Ich kann, weil ...« ändert und welche neuen Energien so frei werden. Bitte nicht nur einmal, nicht nur einen Tag lang testen. So schnell zeigt sich die Wirkung nicht. Neue Routinen brauchen Zeit, um »in Fleisch und Blut« überzugehen. Nach einem Monat beginnt es, spannend zu werden. Dann beginnen sich die weiteren wesentlichen Denkmuster aufzulösen, die hinter jedem »Ja, aber ...« von uns stecken.

»Ich kann nicht, weil …«

Mit diesem alten Denkmuster bauen wir uns selbst sofort unzählige Hindernisse auf. Tatsächlich wird es *immer* und *überall* genügend Gründe geben, etwas nicht zu tun. Im Unternehmen, im Privaten oder auch bei unseren Hobbys. So viele Einflüsse und Abläufe, Strukturen und Menschen kann es geben, die gegen uns wirken und arbeiten. Wenn wir dies akzeptieren, bleiben wir dort, wo wir uns mit den vorhandenen Erfahrungen und Erkenntnissen befinden.

Nicht nur aus meinem Sport weiß ich, dass es immer spannend ist, neue Impulse zu nutzen und neue Perspektiven aufzubauen. Die Qual der Wahl ist das größte Problem. Probieren und dann wieder schnell sein lassen, zum Beispiel wenn eine neue Technik nicht taugt oder mich nicht voranbringt. Das gehört auch dazu. So erweitern sich die Chancen. Das digitale Zeitalter liefert uns laufend neue Ideen für das eigene Leben. Schön, dass ich dies mit 56 noch erleben und für mich nutzen kann.

Nichts tun, weil irgendetwas nicht passt oder einen hindert, und abwarten sind die schlechtesten Optionen. Dann findet Zukunft ohne unser Zutun statt. Nicht mit uns. Wir nehmen die Gestalterhaltung ein, wie Motivationspsychologen sagen: »Ich kann, weil …«. Frustrierende Momente gehören dazu, genauso das »Sackenlassen« und eine Nacht über Enttäuschungen schlafen. Manchmal muss man auch seine ursprünglichen Hoffnungen, die mit einem neuen Projekt oder neuen Produkt verbunden waren, loslassen. Nach dem Frust entdeckt man wieder, welche Möglichkeiten sich nun bieten. Jedes neue Rennen beginnt bei null, nicht nur im Sport.

»Ich habe noch Zeit«

Leider nein. Jede Sekunde verlieren wir eine Sekunde Lebenszeit. Die kommt nicht wieder, auch wenn wir noch so geduldig warten und warten und warten. Das klingt plausibel. Ja, klar! Nur warum denken wir trotzdem, noch Zeit zu haben? Nicht weil wir faul oder bequem sind.

Wir Menschen denken linear. Vom aktuellen Stand prognostizieren wir die Zukunft – ohne Innovationen, die noch nicht absehbar sind. Und was wir nicht kennen, kalkulieren wir nicht ein. Jedoch ist eine exponentielle Entwicklung sehr natürlich, wie in der Vermehrung. Eine erste Seerose ziert den Teich, dann zehn oder zwanzig, die nach einer Woche zu sehen sind, und ... eine Woche später ist der Teich zugewachsen.

Die Digitalisierung ermöglicht noch schnelleres und unkalkulierbares Wachstum, das alle Lebensbereiche und Branchen umfasst. Das zeigt der Vergleich, wie lange eine Technologie brauchte, um weltweit 50 Millionen Nutzer zu gewinnen. Beim Telefon dauerte dies 75 Jahre, beim Fernsehen nur noch 13 Jahre, beim sozialen Medium Facebook 3,5 Jahre und bei Pokemon Go im Jahr 2016 gerade einmal 19 Tage, bis diese Zahl an Downloads des Spiels erreicht war. Die Trennung von Bit und Atom macht's möglich.

Sie haben also keine Zeit zu verlieren, um Ihre Chancen für sich zu nutzen – ob privat oder bei der Arbeit. Einfach mal neue Anwendungen oder Technologien testen. Wenn's nichts ist für sie, okay. Das weiß man erst nach dem Probieren. Wissen Sie noch, wie das war mit den neuen Telefonen, die keine Tasten hatten? Wie konnte nur jemand so eine Idee haben! Hingen Sie auch am Blackberry fest und haben auf den Minitasten herumgefummelt, um eine Nachricht zu schreiben?

Sie schmunzeln heute darüber. Was fehlte Ihnen damals? Nur der Mut, sich auf etwas Neues einzulassen. Mehr brauchte es nicht. Damit sind wir bereits beim nächsten Denkmuster, das wir leicht ändern können.

»Ich habe nicht alles«

Natürlich! Irgendetwas fehlt immer. Nie werden Sie alle Ressourcen und Fähigkeiten haben, um etwas zu ändern. Das ist ja gerade das Ziel einer Veränderung, unbekanntes Terrain zu entdecken und sich dort zu entwickeln. Wie will man erfahren, was man auf einem Weg braucht, wenn man nicht losgeht?

Vor gut zehn Jahren lag bei mir das erste iPad auf dem Tisch. Wozu brauche ich nun noch einen PC, fragte ich mich. Was die Digitalisierung wohl noch so alles verändern wird, so richtig, nicht nur dass die Tastatur am Telefon oder vor mir auf dem Schreibtisch entfällt? Keine Ahnung, bestimmt viel, vielleicht alles? Durch meinen Beruf in der Beratung war zum Beispiel klar, dass die Zusammenarbeit und unser Zusammenleben, ob in der Familie oder im Unternehmen, bald ganz anders sein werden. Wie genau, das war nicht absehbar und – ist es immer noch nicht. Facebook war damals nicht Nummer 1 der sozialen Medien und WhatsApp gab es überhaupt nicht. Was ich selbst künftig brauchen werde, auch das: unklar.

Also auf geht's, die Entdeckungsreise beginnt. Schauen Sie, was Sie haben, was Sie sich erarbeiten können und welchen nächsten Schritt Sie unternehmen. Sie konzentrieren sich auf das Beeinflussbare und wollen im Hier und Jetzt Effekte erzielen, um Ihre Zukunft zu gestalten. Sie nehmen auch das Ungeplante auf, als Impuls für neue Ideen und für den eigenen Fortschritt. Sie erkunden im Handeln, was (noch besser) geht. Und bei allem Respekt vor Ihren Bedenken, wenn Sie sich und Ihr Umfeld aktuell betrachten: Ohne die Überzeugung, sich auf das Beeinflussbare zu konzentrieren, bleiben Sie in der Schublade der Vergangenheit stecken. Denken Sie auf Ihrem Weg, auch durch dieses Buch, immer an das chinesische Sprichwort: »Auch ein Weg von 1000 Kilometern beginnt mit einem ersten Schritt«.

Sobald Sie die alten Überzeugungen verlassen, schaffen Sie Platz für neue Denkmuster. Das neue »Ja, und ...« braucht ebenso einen Rückhalt, um zur Routine zu werden. Schreiben Sie auf, wann Ihnen das »Ja, und ...« eine neue Tür geöffnet hat und Sie mit frischer Energie nach vorn gegangen sind. Die positiven Erfahrungen stärken Ihre Überzeugung, dass die ständige Veränderung immer wieder Neues anbietet und Sie wachsam das Beste für sich auswählen können. Je weniger Sie sich im Laufe der Zeit an dieses neue Muster erinnern müssen, umso besser.

Halten Sie kurz inne, bevor wir weiterziehen, und ergänzen Sie für sich: Ja, und ... darum habe ich mich entschieden: raus aus der Schublade. Die klare Aussage macht Sie sicherer. Meine Offenheit ist richtig, mein Leben mutig zu gestalten.

Für alle anderen, die spontan noch keine Aussage treffen können: Keine Sorge! In den folgenden Kapiteln werden Sie vieles erfahren, sodass Sie irgendwann eine »Ja, und ...«-Aussage formulieren können. Vielleicht haben Sie diese bereits, sind sich nur noch nicht ganz sicher. Weil Sie mittendrin sein möchten, nicht nur dabei. Weil Sie sich im Job noch mal neu orientieren möchten. Weil Sie noch viel Neues erleben möchten.

Tipps & Tricks

Zum Abschluss aller Kapitel geben wir Ihnen einige weitere Impulse, damit Sie das jeweilige Thema selbst vertiefen können. Zu den Tipps & Tricks zählen Methoden, Instrumente oder auch andere Bücher, die wichtige Aspekte näher beleuchten. Weitere Ergänzungen finden sich im Anhang.

Im ersten Kapitel wurde aufgezeigt, warum wir unsere innere Haltung verändern sollten. Die nachfolgende Liste soll Sie dabei unterstützen zu erkennen, wo Sie bereits eine veränderte Haltung zeigen und wo Sie noch feststecken.

Tun & Lassen Liste

• **Tun:** Schreiben Sie auf, was Sie bereits alles getan haben und wie Sie sich dabei vielleicht sogar selbst positiv überrascht haben.

• **Lassen:** Hier notieren Sie alles, was Sie stört, worüber Sie sich unnütz aufregen und was Ihnen kostbare Energie raubt.

Betrachten Sie nach einiger Zeit die Liste, wenn sich insgesamt mindestens 20 Punkte angesammelt haben. Gibt es jeweils in den beiden Bereichen Gemeinsamkeiten oder Zusammenhänge. Dann notieren Sie diese!

Sammeln Sie weiter. Nach vielen weiteren Einträgen, prüfen Sie ob und was sich ändert, und ob Sie tatsächlich »raus aus den Schubladen« kommen.

Denken Sie daran, dass es Zeit und Geduld braucht, alte Verhaltensmuster aufzubrechen und neue Gewohnheiten zu etablieren. Dazu werden Sie in allen weiteren Kapiteln weitere Unterstützung bekommen.

Buch-Tipps zur weiteren Vertiefung

Woher unsere heutigen Anforderungen zur Veränderung kommen zeigt Andreas Rödder in *Konservativ 21.0: Eine Agenda für Deutschland* (2019). Spannend ist, dass die Herausforderungen unserer Gegenwart nicht durch die Digitalisierung entstanden sind, im digitalen Zeitalter jedoch unabweisbar werden.

Die Auswirkungen der Digitalisierung auf unser Leben zeigen Brad Smith und Carol Ann Browne in *Tools and Weapons – Digitalisierung am Scheideweg* (2020). Das Vorwort stammt von Bill Gates.

Einen umfassenden und spannenden Einblick in die Denkmodelle, die uns prägen, liefert Nobelpreisträger Daniel Kahnemann in *Schnelles Denken, Langsames Denken* (2012). Sein Buch, bereits ein Klassiker, zeigt sehr anschaulich, wie unsere Angst vor Verlusten und das Streben nach Sicherheit für uns viele negative Folgen haben.

Digitalen Stress beherrschen.
Ich bewahre die Vorteile
der analogen Welt.

Mit Work-Life-Blending in die
Zukunft. Ich finde die richtige
Mischung für mein Leben.

Optimierung in Grenzen
halten. Ich bestimme wenige
eigene Routinen.

KAPITEL 2

Mein Leben spüren

Das waren noch Zeiten. Damals bei den epischen Rock-Konzerten. Wie im Jahr 1981 in Köln bei Pink Floyd *The Wall*. Langsam wuchs die Mauer, während die Band um Roger Waters die legendären Songs spielte. Wir konnten alles mitsingen, jede Zeile. Dann der Höhepunkt. Die riesige Mauer bricht zusammen. Ein Knallen und Tosen, alles live und unverfälscht. Auf Konzerten sahen wir die Bühne und nicht die Bildschirme der Vorderleute. Uns einte das gemeinsame Erlebnis und keine Postings während der Konzerte. Und das Wichtigste, zumindest für mich: Niemand musste fürchten, dass irgendjemand Fotos macht und gleich der Welt kundtut, wer was mit wem wo gemacht hat. Heute so prominent zu sein, wie ich damals, in den Zeiten von »Flieg, Albatros, flieg«, das wäre längst nicht mehr so entspannt. Was wir alles gemacht haben, in unseren wilden Zeiten.

Dazu zählen auch viele bescheuerte Aktionen, aus der heutigen Sicht. Zum Beispiel wollten wir uns mal zwischen zwei wichtigen Wettkämpfen ablenken. Zu Hause sitzen zur Erholung ist ja schrecklich. Da drehen sich meine Gedanken im Kreis. Also sind wir zehn Tage täglich ins Kino gegangen, jeden Tag ein neuer Film. Ende 1985 gab es drei Fernsehsender. Die privaten Kanäle RTL & Co. waren gerade erfunden, interessierten aber niemanden. Videotheken

wären eine Alternative gewesen, die Fernseher waren aber
so klein. Ich bin Cineast, habe Filmwissenschaft studiert.
Also ab ins Kino. Und die Auswahl war damals gigantisch.
Einige Blockbuster von damals sind bis heute bekannt:
Männer, Zurück in die Zukunft, Police Academy 2, Rambo –
auch Teil 2. Danach sind wir immer noch in die Kneipe
für einen Drink, dann nach Hause und super geschlafen.
So habe ich mich damals entspannt. Der Druck und Stress
sind abgeperlt.

Jetzt werde bitte nicht zu melancholisch und nost-
algisch! In jeder Rückschau verklärt sich vieles. Vor
allem hängen wir so in den Erinnerungen fest, be-
urteilen unsere Zukunft nach der Vergangenheit. Ach
damals, wie schön. Mag sein. Aber abgehakt. Sonst be-
hindert uns die Vergangenheit unnötig, unser Leben zu
gestalten. Bleiben wir im Hier und Jetzt. Heute können
wir genauso unser Leben spüren, eben nur anders und,
wer möchte, auch wie früher.

Erinnerungen und Erfahrungen haben die Macht über unsere Vergangenheit. Wir sollten ihre Gewalt für unsere Zukunft
eindämmen. Unsere Erfahrungen und Erinnerungen sollten uns nicht davon abhalten, uns auf ganz neue Erlebnisse
einzulassen. Wer analoge Zeiten kennt, sollte sich nicht an
diesen festklammern, vielmehr die Eigenschaften im neuen
Umfeld wirksam werden lassen. »Das Beste liegt vor uns«
bedeutet nicht »Entweder ... oder ...«. Entweder ich hänge in
der Vergangenheit oder ich stürze mich in die Zukunft. Beides gehört zusammen. Keine Zukunft ohne Herkunft, so ist
das.

Wir können leben, ganz analog. Das haben wir in der Vergangenheit gelernt. Damit haben wir einen enormen Vorsprung vor den »Digital Natives«, also allen unter 25 Jahren. In der jungen Generation wächst die Sehnsucht nach digitalem Detox. Offline-Zeiten werden immer beliebter, wie viele Studien belegen, zum Beispiel von der DAK »Gute Vorsätze 2020«, die jährlich durchgeführt wird: Jeder Zweite bis 29 Jahre möchte weniger digitale Medien nutzen. Für die älteren Generationen gilt dies sowieso. In den Top 5 der Vorsätze für das neue Jahr sind jedes Mal diese Wünsche: Stress vermeiden oder abbauen, mehr Zeit für Familie und Freunde haben, mehr bewegen und Sport machen, mehr Zeit für sich selbst haben.

Im digitalen Zeitalter verursachen wir den Stress selbst. 24 Stunden können wir täglich online sein. Nicht nur die Geräte sind ständig unter Strom. Wir sind dafür verantwortlich, dass wir abschalten und die Spannung reduzieren. Wir müssen die digitalen Helfer loslassen, um aufgreifen zu können, was vor uns liegt. Zum Glück scheint bei uns Menschen die Intuition noch zu funktionieren, was uns besser tut, wie die Umfrage zeigt. Das Leben spüren geht nur mit unseren natürlichen Sinnen und direkten Reizen. Dazu brauchen wir Zeit, dazu brauchen wir Freiraum im Kopf. Dann entwickelt sich das innere Gespür, was uns im Leben guttut.

Digitales Zeitalter nicht verteufeln

Das Internet ist Fluch und Segen zugleich. Das wissen wir und spüren wir täglich. Wie in der Beziehung unserer Herkunft mit der Zukunft gibt es auch kein Schwarz-Weiß im Verhältnis von analoger und digitaler Welt. Beide Sphären können sich gut ergänzen. Wir sollten nicht vergessen, wie viel Entlastung uns die Digitalisierung verschaffen kann, um uns genau das zu geben, wonach sich viele Menschen sehnen: mehr Zeit und weniger Druck. Mit dieser Einstellung können wir unser Leben gestalten und entscheiden, welche Möglichkeiten wir nutzen oder verstreichen lassen. Die Organisation der eigenen Arbeit erfolgt immer häufiger selbstbestimmt. Der Zugang zu neuen Angeboten, ob privat oder beruflich, ist sehr einfach. Ganz leicht lässt sich heute ein Ausflug oder Urlaub planen, die beste Auswahl für Restaurants oder Hotels treffen und dann die Erinnerungen an Erlebnisse festhalten.

Erinnerungen an unsere Urlaube? Da muss ich schmunzeln. Du bist der Typ, der ewig an seiner Spiegelreflexkamera festgehalten hat. Nach dem Urlaub die Dias zum Entwickeln bringen, dann eine Woche auf das Ergebnis warten. Stundenlanges Auswählen und Rahmen der schönsten Aufnahmen folgte. Wochen später folgte der große Moment, der Dia-Abend in der Familie. Ein großes Ereignis. Der Projektor rattert und quietscht. Dias verhaken sich, und die Glühbirne im Gerät überhitzt. Irgendwann waren wir entnervt – immer. Unvergesslich ist dieses sehr authentische, analoge Erlebnis.

Unsere eigenen Sinne schaffen Erinnerungen für die Ewigkeit. Das Analoge wird künftig nicht völlig abgeschafft. Die Digitalisierung erleichtert vieles, erweitert unsere Möglichkeiten für das eigene Fühlen und Spüren. Denken Sie zum Beispiel an heutige Filme. Uns rühren und begeistern nach wie vor, ganz analog, viele Geschichten, die allerdings neuartig inszeniert werden. Perfekte Animationen wiederum können keine Erzählung ersetzen. Nur die bleiben in Erinnerung. Wir haben viel weniger Beschränkungen und bekommen mehr Freiraum. Das gilt in allen Bereichen der Gesellschaft und auch in Unternehmen. Beschäftigt zu sein ist kein Zeichen mehr dafür, dass man besonders leistungsfähig oder wichtig ist. Der Wettbewerb in Büros, wer macht als Letzter das Licht aus, ist beendet – Ausnahmen bestätigen die Regel. Beendet ist zugleich auch die Work-Life-Balance.

Das Konzept aus dem letzten Jahrhundert geht davon aus, dass wir zwei getrennte Bereiche – Arbeiten und Leben – gewichten und ausbalancieren. Heute ist alles eng verbunden. Nicht nur junge Mütter und Väter möchten ihre Arbeit so gestalten, um möglichst viel Zeit mit der Familie und Freunden zu verbringen. Die Arbeit von zu Hause, zwischendurch, wann es passt, gehört immer häufiger zum Alltag. Die Digitalisierung macht es möglich, jederzeit und überall arbeiten zu können. Insgesamt überwiegen die Vorteile. Doch machen wir uns nichts vor: Die Gefahr der Fremd- und Selbstausbeutung ist groß, sich keine Grenzen zu setzen. Davor schützen, das eigene Leben nicht mehr zu spüren, können wir uns letztlich nur selbst.

Mit Work-Life-Blending in die Zukunft

Selbstverständlich wird es, je nach eigener Lebenslage, Branche und Arbeit, weiterhin klar getrennte Freiräume geben können. Die Grauzonen, wo sich die Sphären von Arbeiten und Leben mischen, nehmen jedoch ständig zu. Streben wir weiterhin eine strikte Trennung von Arbeiten und Leben an, dann behindern wir uns selbst darin, die zunehmende Komplexität der Lebenswirklichkeit zu beherrschen. Jetzt sollten wir das Zusammenfließen aktiv gestalten, um für uns Freiräume zu schaffen.

Das Work-Life-Blending ist deshalb der passende Begriff. Blending bedeutet, dass wir freiwillig und selbstbewusst Arbeiten und Leben mischen. Unter Arbeiten fällt heute nicht nur die eine bezahlte Tätigkeit, auch die eigene Weiterbildung oder Arbeiten in der Freizeit gehört dazu. Wie alles verschwimmt, das zeigt das Thema Kommunikation. Früher ein überschaubares Vergnügen mit Telefonieren und Briefe schreiben, heute ein Wust an Kanälen und Plattformen.

Zum Work-Life-Blending zählt die freie Gestaltung, wann wir wie mit wem worüber kommunizieren. Theoretisch ist dies jederzeit und überall möglich. Praktisch sollten wir uns beim Blending tunlichst davor hüten, ständig online aktiv zu sein. Ein Drittel von uns, sagen Studien, beantwortet im Bett direkt nach dem Aufwachen die Nachrichten der Nacht. Und bis zum nächsten Einschlafen verfolgen uns die ständig tickenden Plattformen und Anwendungen – wenn wir das zulassen oder einfach nur gedankenlos hinnehmen.

Wir tragen eine große Verantwortung gegenüber uns selbst und unserer Umgebung, nicht alle Möglichkeiten immer zu nutzen. Die richtige Mischung macht's! Das Buch liefert Ihnen, besonders in den folgenden beiden Teilen, viele konkrete Zutaten für Ihr Rezept zum Blending.

Wie geht es Dir eigentlich bei diesem Digitaldeutsch? Work. Life. Blending. Und was sonst noch alles! Du hast Germanistik studiert. Was mit unserer Sprache im digitalen Zeitalter passiert, das ist erstaunlich. Jetzt hauen wir uns alle möglichen schicken Begriffe und Kürzel um die Ohren: Emojis, Selfies und Screenshots, KI und IoT. Eine ganze Armada an Schlagwörtern überwältigt uns. Im Digitaldeutsch »Buzzwords« genannt.

Da habe ich doch gleich einen weiteren Begriff aus dem Digitaldeutsch parat:»Life Hacks«. Das sind Routinen, um unser Work-Life-Blending zu gestalten. Meine »Hacks« im Alltag meiner Kommunikation sind: Ich schreibe weiter ganze Sätze und verzichte auf Sprachnachrichten. Warum ich das so kompliziert mache? So überlege ich mir genau, ob ich wirklich eine Nachricht schreiben möchte. Damit erreiche ich, nicht unnötig viel Zeit mit der digitalen Kommunikation zu verbringen. Eben für jeden Sch...

Prima. Ich warte noch immer auf Deine Antwort. Wie hältst Du es mit dem Digitaldeutsch? Was macht es mit Dir, wie sich unsere Sprache verändert?

Unser Fortschritt ist in der sprachlichen Welt ein Rückschritt. Wir reden miteinander wie die alten Ägypter. Deren Hieroglyphen und unsere Emojis. Da gibt es ganz schön viele Parallelen. Ein Zeichen kann Sätze ersetzen und ein Gefühl ausdrücken. Für manche Menschen schafft das sogar eine Erleichterung. Ein Bild kann viele Worte ersetzen. Und mitunter finden wir ja manchmal nicht die richtigen Worte. Da können die Bildchen eine Krücke sein. Ich sehe das entspannt. Wir werden nicht vergessen, unsere Sprache macht uns zum Menschen. Das spüren wir. Miteinander reden, Auge-in-Auge, Wort-für-Wort, Mensch-zu-Mensch wird anders, jedoch nicht ersetzt werden.

Manches gruselt mich. Im Restaurant sitzen die Leute am Tisch, und jeder hängt am Handy. Mal schnell ein Selfie machen und allen mitteilen, wo man mit wem ist, auch den Leuten am selben Tisch. Die posten dann zurück. Und so geht das den ganzen Abend. Das machen nicht nur Teenies so. Was haben sie gemeinsam erlebt? Linse-zu-Linse etwas, Auge-in-Auge wenig.

Hinter der Aufgabe des eigenen Work-Life-Blending können wir uns nicht wegducken. Es führt kein Weg zurück, wenn wir uns nicht völlig vom Informations- und damit Wirtschaftskreislauf auf diesem Planeten abtrennen wollen. Denn die zunehmende Komplexität, die dieses Jahrhundert immer stärker prägen wird, basiert in erster Linie auf der Revolution in der Informationstechnologie. Bisher eigenständige Systeme sind miteinander verknüpft und werden immer mehr vernetzt. Die Vermischung der Sphären hat bereits die ganz alltägliche Organisation unseres Tagesablaufs erreicht: Das Mobilgerät war bis vor gut zehn Jahren zumeist nur ein Telefon mit Zusatzfunktionen zum Kommunizieren. Seit Kurzem ist das Gerät an den Arm gewandert, wo bisher eine schnöde Uhr ihren Dienst tat.

Ohne groß darüber nachzudenken steuern wir so nun unsere Termine, führen die private und berufliche Konversation, ordern Taxis und den Pizzaservice, hören Musik oder speichern Eintritts- und Bordkarten, messen unseren Puls und demnächst noch andere Körperwerte. Alles wird in einem Gerät von uns eingesetzt, ob beim Arbeiten oder in der Freizeit. Das ist keine Balance mehr. Das Mischen der ganzen Anwendungen ist eine neue Fähigkeit – wir erstellen eine Playlist, um unserem Leben einen eigenen Rhythmus zu geben. Wir sind unser eigener AJ – App Jockey. Mitunter übersteigt der Grad an Komplexität – wie auch deren plötzliche Vereinfachung durch die Technik – unsere geistigen Fähigkeiten. Früher kannte jeder alle Funktionen auf seinem Mobiltelefon. Heute: niemand! Geben Sie Ihr Gerät dem Chefentwickler bei Apple oder Samsung. Sie oder er wird Ihnen nicht sagen können, was die Applikationen in Ihrem Gerät alles drauf haben. Keine Chance, nicht die geringste bei den zig Millionen von Anwendungen. Diese Anwendungen machen jeweils etwas einfacher oder überhaupt erst möglich. In Summe wird das System dadurch jedoch immer komplexer.

Ich selbst habe übrigens – nach einem ausführlichen Test – aktuell entschieden, keine Smartwatch am Handgelenk zu tragen. Damit verzichte ich bewusst auf einige neue Impulse. Vielleicht später mal, das will ich nicht ausschließen. Meine Überlegung ist einfach: Uhren sind fest mit dem Körper verbunden. Dadurch können sie viele Daten sammeln, was wir machen, besser machen können oder lassen sollten. Das möchte ich nicht. Mein Körper wird von mir ganz analog gesteuert. Mag sein, dass ich als ehemaliger Leistungssportler eine Ausnahme bin und auf meine geschulte Fähigkeit zur Selbststeuerung vertraue. Meine feste Überzeugung ist allerdings, dass wir niemals unsere Verantwortung abgeben sollten zu entscheiden, was gut für uns ist, egal wie viele Daten wir absondern und was die digitalen Helfer uns raten.

Die Smartwatches sind nur ein Vorspiel. Transhumanisten sind schon am Start, die mit Implantaten ausgestattet sind. Der Chip sendet alle möglichen Daten zu den Körperfunktionen. Es geht um nichts anderes, als die

Möglichkeiten von uns Menschen, ob intellektuell, physisch oder psychisch, durch den Einsatz technologischer Verfahren zu erweitern. Mensch und Maschine verschmelzen. Die Vision ist, den Tod abzuschaffen. Das ist ernst gemeint. In Wahrheit geht es darum, bisher unheilbare Krankheiten zu behandeln. Implantate in Form eines flexiblen Netzes können mit einer Spritze minimalinvasiv direkt in das Gehirn injiziert werden. Das Netz soll dazu benutzt werden, neurologische Krankheiten wie Parkinson oder durch Schlaganfälle verursachte Gehirnschäden zu behandeln. Das ist kein Albtraum, sondern optimiert unser Leben, sagen die Transhumanisten.

Da bin ich beruhigt. Du hast nicht vergessen, dass Work-Life-Blending auch falsch verstanden werden kann. Mir begegnen im Coaching manchmal Personen, die sagen: »Hurra, jetzt kann ich ja noch mehr schaffen!«. Das ist nicht das Ziel, das Leben, Kopf und den Körper komplett zu optimieren. Blending soll selbstbestimmt eine gesunde Mischung ermöglichen, um mehr Zeit zu haben, die nicht verplant, sondern ganz frei ist.

Zeit ist das vergänglichste Gut unseres Lebens und lässt sich nicht vermehren. Was weg ist, ist weg, für immer. Deshalb ist die eigene »Freiplanung« das wichtigste Ergebnis unseres harmonischen Work-Life-Blending. »Freiplanung« bedeutet, durch das eigene Mischen mehr Zeit zum freien Erspüren und Gestalten zu erhalten. Dazu zählt heute und in Zukunft, nicht ständig den verschiedenen digitalen Verführern zu verfallen, die um unsere Zeit buhlen. Die Verführung gelingt bereits ganz gut. Schaue ich mich auf dem

Bahnsteig oder an der Bushaltestelle um, dann sehe ich: Alle sind beschäftigt mit ihrer Fernbedienung, Pardon: ihrem Telefon. Wer unterhält sich noch, döst einfach mal einige Minuten herum, blättert in Zeitungen oder lässt seinen Gedanken freien Lauf? Durch »Freiplanung« können wir unser Leben spüren, erfühlen, was gut für uns ist, und erkennen, was wir aufnehmen sollten von der Vielfalt an Möglichkeiten, die vor uns liegen. Spannend ist, dass »Freiplanen« im Kopf auch erfolgt, wenn wir etwas »denkfrei« tun. Das ist häufig bei Hobbys möglich, im Sport und beim Musizieren, beim Handwerken oder während der Gartenarbeit. Da sind wir intuitiv bei der Sache und gehen in der Situation auf. Dort sollten wir uns nicht stören und abhalten lassen von irgendwelchen piepsenden oder rüttelnden Helfern. Zugegeben, das gelingt auch mir nicht immer. Ins Fitnessstudio bringe ich irgendwelche unerledigten Mails mit und erledige die dringenden in den kurzen Trainingspausen. Diese »Rückfälle« sind für mich der Weckruf: So geht's nicht, mein lieber Michael. Dafür bist Du jetzt nicht hier.

Nobody is perfect. Ich möchte Dich nicht in Schutz nehmen. Du weißt, dass ich Dir »sofort auf die Finger haue«, sobald Dein iPhone zwischen uns liegt. Ich möchte einen Vergleich ziehen: Ausnahmsweise ein Stück Schokolade schadet nicht, soweit ich mich sonst ausgewogen ernähre. Einmal beim Frühstück Mails checken ist auch okay, wenn dies unabweisbar nötig und damit der Druck weg ist. Die Mischung macht's. Wir sollten für uns wissen, wie viel wir uns und anderen zumuten möchten.

Tipps & Tricks

Hier zwei »Life Hacks« für den Alltag, einmal gegen die zunehmende Hektik und dann gegen die Verführung durch die digitalen Helfer. Beide geben uns mehr »frei geplante« Zeit, um unser Leben zu spüren und das zu tun, was uns guttut.

In vielen Situationen bricht Hektik aus, empfinden wir Druck und Stress. Beobachten Sie sich dabei, und schreiben Sie auf, in welchen Situationen immer wieder Hektik ausbricht oder Sie Druck empfinden. Sortieren Sie diese Anlässe in relevante Kategorien, zum Beispiel Situationen im Beruf, in der Familie, in der Partnerschaft, etc. Dieser Überblick könnte bereits Zusammenhänge oder vergleichbare Situationen sichtbar machen.

Nehmen Sie sich nun Zeit, und überlegen Sie, wie Sie vielleicht die Situation ganz vermeiden oder wie Sie anders reagieren könnten. Denn häufig können Sie ja die Situation selbst nicht ändern, zum Beispiel das Verhalten von Chefs und Kollegen. Stellen Sie sich jetzt ganz konkret vor, wie es sich anfühlt, wenn Sie anders reagieren. Fühlt es sich entspannter an? Nimmt der Druck ab? Oder falls Sie die Situation vermeiden möchten: Wird Ihr neues Verhalten die Situation verhindern, wie zum Beispiel unnötigen Stress und Streit in einer Partnerschaft? Dann probieren Sie es bei der nächsten Gelegenheit aus, und schauen Sie, was sich verändert, möglichst positiv natürlich.

Nun zur Verführung durch unsere digitalen Helfer. Beobachten Sie sich auch hier wieder genau, und schreiben Sie auf, wann Sie sich mit Smartwatch, Smartphone oder anderen schlauen Helfern beschäftigt haben, aber es dazu keinen zwingenden Grund gab.

Zum Beispiel, wenn Sie irgendwo warten, sich vorbereiten oder beim Essen.

Legen Sie nun fest, in welchen Situationen Sie künftig selbst analog smart sein möchten, sprich, bewusst das Gerät links (oder rechts) liegen lassen. Ideal wäre, wenn Sie sich stattdessen nichts anderes vornehmen. Das bedeutet »freigeplante« Zeit haben und jeweils sehen, was passiert. Falls Sie eine Alternative zur Beschäftigung benötigen, dann legen Sie fest, was Sie stattdessen machen, zum Beispiel analog eine Zeitung oder ein Buch zu lesen. Notieren Sie, wie häufig Ihre neue Routine klappt und was Sie so alles Schönes anderes machen. Das muss nicht sofort immer sein, aber möglichst immer öfter. Nach einigen Wochen sollte sich Ihr Verhalten automatisiert haben. Das bedeutet, Sie benötigen keine Erinnerung und Vergewisserung mehr. Sie sind smart, und die smarten digitalen Helfer sind da, wenn Sie diese wirklich brauchen.

Und zum Schluss noch ein Tipp zur Beruhigung, denn die Ideen der Transhumanisten haben Sie vielleicht etwas aufgeschreckt. Den Tod abschaffen und so weiter. Zur Idee des Transhumanismus gibt Janina Lohr in ihrem Buch *Trans- und Posthumanismus* (2018) einen guten Überblick.

Kritisch unter die Lupe nimmt das Thema Stefan Lorenz Sorgner in *Transhumanismus: Die gefährlichste Idee der Welt!?* (2016).

Träume können platzen.
Ich bin offen für Alternativen.

Leidenschaft kennt keine
Grenzen. Ich aktiviere die
Quellen meiner Energie.

Werte kann niemand kaufen.
Ich besitze ein starkes
inneres Fundament.

KAPITEL 3

Mir fehlt wenig

Wir haben viel. Manches brauchen wir nicht, bekommen wir allerdings geschenkt. Dafür sorgt das Alter automatisch. Zum Beispiel Falten und Ringe. Manche befinden sich dort, wo wir sie nicht haben wollen. Es lässt sich nicht vermeiden, dass uns das Alter irgendwie anzusehen ist, mehr oder weniger. Das bekommen wir sogar geschenkt. Doch Sie können beruhigt sein: Das möchte ich hier nicht genauer unter die Lupe nehmen.

Was brauchen wir? Bestimmt brauchen wir nicht möglichst viele »Follower«, die uns im Internet (ver-)folgen, weil wir jeden Mist mitteilen. Da bin ich jetzt rigoros und diskutiere gern jeden Widerspruch: Viele »Influencer«, digitaldeutsch für Meinungsbildner, zeigen viel und leisten wenig, außer viele »Follower« und »Likes« zu sammeln. Das ist auch eine Leistung, sagen zumindest die Unternehmen, die »Influencer« sponsern und von der Aufmerksamkeit profitieren wollen. Tatsächlich kann ein »Posting«, zum Beispiel ein Schminktipp, die Verkäufe unmittelbar ankurbeln. Spannend wird es, wenn sich die gleiche Influencerin zu anderen kontroversen Themen äußert. Ein Shitstorm ist dann gewiss. Die Botschaft lautet also: Bleib schön in deiner Schublade. Um die Sache abzukürzen: Diese ganze Szene brauche ich gar nicht. Das mag auch daran liegen, dass ich in der Vergangenheit genügend Aufmerksamkeit hatte, in den analogen Medien und sowohl positiv als auch negativ.

Lasst uns damit zufrieden sein, was wir haben und was vor uns in Reichweite liegt. Mit der Auswahl, welche Wünsche wir für die Zukunft verfolgen, haben wir genug zu tun, ohne nach der sofortigen, unmittelbaren Anerkennung im Internet zu streben. Davon sollten wir uns nicht abhängig machen lassen, nur weil die Anzahl der »Follower« und »Likes« im digitalen Zeitalter als Indiz für Erfolg dienen.

Wir sind unseren Kindern manchmal sogar peinlich, wie wir versuchen, auf Augenhöhe zu bleiben: »Markiere ja nicht meinen Namen, wenn Du über Facebook Freunden Urlaubsbilder sendest.« *Tatsächlich verschwimmen heute die Grenzen zwischen den Generationen. Im Netz treffen sich alle überall. Das finden die Jüngeren gar nicht gut. Die haben keinen eigenen sozialen Raum mehr, wie wir früher. Unsere Tochter sagte einmal:* »Wenn jetzt auch noch Oma in Facebook geht und mich anstubst, dann bin ich da weg«. *Zum Glück hat sie darauf verzichtet – die Oma.*

Für die eigene Haltung »Mir fehlt wenig« gilt es heutzutage, sich nicht verrückt machen zu lassen, was alles verpasst werden könnte. Wir werden garantiert etwas verpassen im Leben. Da können wir noch so viel versuchen und optimieren. Entscheidend ist, für sich das Beste zu finden und aufzunehmen. Verpassen und verzichten ist dabei ein wichtiges Element, sobald ich für mich das Beste, das erreichbar ist, bestimmt habe. Verzichten fällt umso leichter, wenn man das gefunden hat, was seine Bestimmung ist. Umgekehrt kann es auch passieren, dass unser Traum platzt und wir durch diesen Verzicht neue, faszinierende Perspektiven aufbauen können.

Träume können platzen – na und?

Meine eigene Lebensvision war schnell ausgeträumt und bewegt mich weiter positiv. Ich wollte Pilot werden, schon immer. Fliegen ist bis heute Teil meiner Lebensvision. Die Umsetzung, Verkehrsflugzeuge zu steuern, scheiterte ganz banal an meiner Körpergröße von über 2 Metern. Bei 193 Zentimetern Länge ist für Bewerber offiziell Schluss. Nach nur zwei Minuten Studium der Zulassungsbestimmungen war mein Traum geplatzt.

Die Faszination der Fliegerei ist bei mir weiterhin gewaltig, wahrscheinlich für immer. Wenn ich beim Start im Flugzeug sitze und merke, wie die Flügel kurz vor dem Abheben nach oben gezogen werden, dann wünsche ich mir, vorn zu sitzen und die Maschine sanft durch die Luft zu steuern. Noch immer kann ich stundenlang bei Interkontinentalflügen aus dem Fenster schauen und die Vielfalt und Schönheit unserer Erde genießen. Dieses Gefühl der Freiheit regt mich an für ganz andere, alltägliche Dinge, die ich aufnehmen möchte. Meine Lebensvision bewegt mich nach wie vor, nur ganz anders als gedacht. Auch unerfüllte Visionen können inspirieren, sogar wenn man nicht mehr konkret auf sie hinarbeiten kann.

Wie die eigene Lebensvision in Erfüllung gehen kann? Dafür gibt es keine Regeln und keine Anleitung. Es passiert durch die vielfältigen Einflüsse, was wir wann wie aufnehmen, welche Chancen sich plötzlich ergeben. Äußere Faktoren spielen – auf Basis der eigenen Haltung und Fähigkeiten – eine große Rolle. Und Schwupps, dann ist plötzlich eine Tür offen.

Die meisten Vorstände, mit denen ich bereits zusammengearbeitet habe, berichteten, dass sie sich beim Eintritt in den Konzern durchaus Gedanken gemacht haben, wie toll es wäre, einmal ganz nach vorn zu rücken. Vorstand zu werden, das war jedoch kein konkretes Ziel, das konsequent jeden Tag verfolgt wurde. Meist gab es viele Mosaiksteine, die zusammen das Bild fügten. Die Weiterbildungen und Auslandsaufenthalte, der wachsende Geschäftsbereich und die unterschiedlichen Aufgabenbereiche während der Karriere, der Abschied anderer Manager oder ein engagierter Mentor. Es gibt keine Erfolgsformel – und schon gar nicht zur Erfüllung der Lebensvision. Dafür gibt es für jeden Menschen den eigenen Weg ...

Hier ein Beispiel: Nach dem Studium mit Prädikat ist eine junge Managerin in das Nachwuchsprogramm eines Unternehmens eingestiegen, interessante Stationen im Ausland stehen bevor. Zugleich träumt sie davon, eine Familie und vier Kinder zu haben. Irgendwann werden sich die Chance und der Partner dazu ergeben. Ebenso real dieses Beispiel: Ein Seniorpartner einer internationalen Unternehmensberatung ist seit Jahren extrem erfolgreich und träumt davon, seine eigene Schreinerei zu eröffnen. An den seltenen freien Wochenenden werkelt er immerhin bereits in seiner Garage herum und baut die Möbel für sein Haus im Voralpenland. Ob er jemals Schreiner wird, ist völlig ungewiss, aber eine inspirierende Perspektive. Und schließlich: Ein Fahrzeugmechaniker arbeitet täglich von 7 bis 16

Uhr in einer Autowerkstatt. Insgeheim möchte er irgendwann einmal in der Formel 1 starten. Das wird er nie. Sein Herz geht ihm auf, wenn er bei Rennen auf der Tribüne sitzt und die Rennwagen fahren sieht.

Die Beispiele zeigen, dass wir Vertrauen haben sollten, das Beste vor uns aufnehmen zu können. Das bedeutet zugleich, dass nicht alles, was wir uns erträumen, auch vor uns liegen wird. Egal wie wir uns auch bemühen. Dafür liegt anderes, was wir nicht im Blick hatten, plötzlich vor uns. Eine Tür im eigenen Leben, zu anderen Menschen oder in der Karriere geht unverhofft auf. Andere Türen, die ersehnt werden, öffnen sich nie oder nur einen kleinen Spalt, zum Beispiel wenn wir Menschen beobachten, die den eigenen Traum leidenschaftlich leben. Im Sport geschieht dies sehr häufig.

Auch Entdeckungen, die zum Teil für die ganze Menschheit bedeutsam werden, sind die Folge einer persönlichen Zielvision. Neue Pfade zu beschreiten und den eigenen Horizont zu überschreiten geschieht zunächst zur Erfüllung eigener Vorstellungen. Dabei Spuren zu hinterlassen, denen andere folgen können, ist ein Nebeneffekt. Kein Entdecker oder Erfinder kann die Auswirkungen seiner Arbeit übersehen, geschweige denn planen.

Kurz gesagt: Ohne eine Lebensvision sollte kein Mensch leben. Sie besitzt langfristig, vor allem emotional, die größte Kraft, gerade weil sie sich nicht immer erfüllt oder erst spät. Sie ist eine Vorstellung, wo ich irgendwann und irgendwie landen möchte, auch zusammen mit anderen Menschen. Sie muss keinen Zweck verfolgen oder irgendwie nützlich sein. Seine Lebensvision kann man erfinden und entwickeln, erfüllen und erfahren. Zu erkaufen und zu erwirken ist sie nicht. Wer eine Vision für sich hat, dem fehlt nicht viel. Wir haben einen ständigen Begleiter, der uns begeistert und fasziniert.

Ich träumte als Mädchen immer davon, einmal ein eigenes Pferd besitzen. Das Reiten ist ja nur ein Teil der Beziehung. Dazu kommen die Stallarbeit, das Ausmisten und vieles andere. Mit 56 Jahren war es bei mir soweit. Now or never ... da stand mein Friese vor mir. Ein Prachtkerl. Ein Schlingel. Und ich meine nicht die Pferdeäpfel. Ständig bringt ihn etwas aus der Ruhe und fordert mich heraus. So wurde er zu meinem Lehrmeister, selbst gelassener zu werden und mich immer auf neue Situationen einzulassen. Mein ursprünglicher Traum, durch Wiesen und Wälder auszureiten, ist gar nicht mehr so wichtig.

Das ist ein wichtiger Hinweis. Uns fehlt wenig, sobald wir die Momente in unserem Leben genießen, die für uns besonders sind. Das Besondere entsteht nicht allein dadurch, dass diese Momente genau so sind, wie wir uns das in unseren kühnsten Träumen vorgestellt haben. Das Besondere sind die Erlebnisse, die sich spontan und unverhofft ergeben, in den von uns wichtigen Lebensbereichen. Durch diese Haltung ergeben sich viel mehr Glücksmomente, als in dem sehr engen Korridor einer bestimmten einzigartigen Situation. Dieses Gefühl kann sich nicht entwickeln, wenn wir immer auf noch etwas Besseres hoffen und darauf hinarbeiten. Das war noch nicht das Beste. Da geht noch mehr. Vieles Schöne, das vor uns liegt, würden wir liegen lassen.

Nur ein Rennen in meiner Schwimmkarriere würde ich als perfekt bezeichnen. Erst viele Jahre nach diesem Moment, dem Olympiasieg über 100 Meter Delfin in Los Angeles 1984, entfaltete sich das Gefühl: Das war er! Im Moment selbst hatte ich nicht dieses Bewusstsein. Da hatte ich nur ein, wenn auch wichtiges, Rennen gewonnen. Es brauchte einfach noch mehr Erfahrungen, also mehr Rennen und Abstand, um die Bedeutung dieser 53 Sekunden in meinem Leben in ihrer ganzen Dimension erfassen zu können. Die Schlagzeilen über den Erfolg waren da schon längst verklungen.

Fatal wäre es jetzt, die 15 Jahre Training mit fast 40.000 Kilometern im Wasser auf diese 100 Meter zu reduzieren. Selbstverständlich rückten spätestens während meiner Zeit in der Jugendnationalmannschaft viele Jahre zuvor die Vision Olympia und ein Sieg dort in den Fokus. Viele andere, wertvolle Ereignisse, Erfolge und Erlebnisse lagen vor mir. Später öffnete sich an sechs Tagen in meinem Leben die Tür zur Erfüllung der Vision Olympiasieger. An drei Tagen ging sie in Erfüllung.

Wenn Sie, liebe Leserinnen und Leser, jetzt denken, der Groß kann ja leicht davon reden. Wer das erreicht, dem fehlt wenig. Durch meinen Mann habe ich einige bekannte Sportler und auch andere erfolgreiche Menschen kennengelernt, die genau dieses Problem haben: Ihnen fehlt alles. Spektakuläre Erfolge im Sport oder woanders können den eigenen Blick völlig verfälschen. Das ganze Leben wird an den einmaligen und ehemaligen Maßstäben gemessen. Die gibt es nicht mehr. Das Scheitern ist so vorprogrammiert. Große Erfolge können, nicht nur bei prominenten Menschen, das Gefühl für die alltäglichen schönen Momente zerstören.

Wie die meisten von uns muss ich heute aufpassen, mich nicht in der Vielfalt der Möglichkeiten zu verlieren: So viel liegt vor uns! Dieser »Choice-Overload-Effekt« ist im digitalen Zeitalter zur täglichen Qual der Wahl geworden. Dazu gehen wir zu Beginn des dritten Teils noch genauer darauf ein. Hier geht es jetzt um unser grundsätzliches Bewusstsein, sich nicht davon ablenken zu lassen, was uns JETZT wichtig ist. Wenn uns das gelingt, dann fehlt uns wenig.

Das Wichtigste können wir nicht kaufen

Geld ist nur wichtig, solange wir den Sinn für die Dinge im Leben nicht verloren haben, die wir nicht kaufen können. Dazu gehören unsere Gesundheit, die eigene Bildung oder auch gegenseitige Liebe. Die Formel stimmt also, theoretisch. In der Realität stecken wir in einer Zwickmühle. Materielle Sicherheit schafft die Unabhängigkeit, sich mit den Dingen zu beschäftigen, die wir nicht kaufen können. Wenn wir uns diese Sicherheit schaffen, fehlt uns zwar weniger Geld. Jedoch durch den Aufwand, den wir betreiben, fehlt uns die nötige Zeit für die anderen Dinge, die uns wichtig sind. Aus dieser Zwickmühle gibt es einen Ausweg.

Uns fehlt wenig, wenn wir uns darauf konzentrieren, was vor uns liegt und nicht ganz weit weg ist. Kein normaler Arbeiter, Arbeitnehmer oder Arbeitsloser, kein Unternehmer oder keine Hausfrau hat den Wunsch, eine Mega-Jacht zu besitzen, sondern eher Dinge auf Augenhöhe: das Reihenhaus, den neuesten Flachbildschirm, die Weltreise. Was auch immer! Alles sind authentische Wünsche, für die mitunter jahrelang geschuftet wird. Der Kauf tut dann richtig

gut. Es fehlt einem noch weniger. Die materielle Wunscher-
füllung über die Grundbedürfnisse hinaus erfüllt uns durch
die notwendige eigene Anstrengung zur Erreichung. Diese
Qualität, was wir geschafft haben, begeistert uns, nicht der
eigentliche materielle Wert.

*Unsere Leidenschaft, nicht nur zum Sammeln von was
auch immer, ist eine enorme Energiequelle, die wir uns
nicht verordnen und kaufen können. Mein Appell lautet: Leidenschaft ist keine Frage des Alters! Wer sagt
denn, dass man mit 50, 60 oder 70 keine Leidenschaft
mehr entwickeln kann? Nur wir selbst tun das! Lassen
wir uns begeistern. Die Leidenschaft wird anders und
drückt sich anders aus, verliert jedoch nicht ihre Kraft.
Leidenschaft und Begeisterung für die Dinge, die uns
wichtig sind, dürfen uns jedenfalls nie fehlen. Sie halten uns am Leben.*

In unseren entzauberten und flüchtigen digitalen Zeiten
entwickeln etliche Menschen mehr Leidenschaft für ganz
analoge Lebenswelten: die Mythologie und die Religionen.
Wer spirituelle Versprechen verfolgt, kann das Gefühl entwickeln: Mir fehlt wenig. Die Attraktivität entsteht nicht zuletzt durch den deutlichen Kontrast zur Konsumkultur, des
ständigen Optimierens und unablässigen Fortschritts. Die
Vergänglichkeit vieler Reize erhöht den Charme des Unver-
gänglichen.

*Deine Offenheit für völlig andere Lebensentwürfe, weit
jenseits von persönlicher Leistung und Anerkennung,
entstand durch unsere Reisen. Vielleicht sorgt gera-*

de unsere Lebensform, mit den vielen oberflächlichen Verführungen der westlichen Kultur, für die Faszination. In diesem Alltag können wir für kurze Zeit zu uns selbst finden, ob beim Yoga oder in der Meditation. Letztlich streben wir mit beidem ebenso nach dem Besten für uns. Sehr spirituell geprägte Menschen gehen dafür weiter, viel weiter. Vielfach schauen sie nicht nur auf diese Welt und auf dieses Leben.

Freiheit von allen Bedürfnissen zu erlangen ist eine der schwersten visionären Vorstellungen überhaupt. Die Suche nach dem Nichts ist für gläubige Tibeter der Weg, damit es ihnen im nächsten Leben besser gehen möge. Die Leere schaffen, um sie mit allem zu füllen, was der Mensch in sich entwickelt hat: Darum geht es. Dann fehlt ihm nichts.

Die Nähe dieser Menschen, die wir beide mehrere Wochen während einer Tour mit dem Mountainbike im Himalaja erfahren konnten, offenbarte uns, dass gerade die völlige innere Freiheit von äußeren Bedürfnissen eine immense geistige Anstrengung erfordert. Pilger laufen Tausende Kilometer durch dieses weite, karge Land, um einmal in ihrem Leben im Jokhang-Tempel, der heiligsten Stätte in Lhasa, zu beten. Mönche leben in zerstörten Klöstern, die sie notdürftig repariert haben, um sich weiter auszubilden. Nur durch diese innere Stärke ist erklärbar, wie die Tibeter – bis auf wenige Ausnahmen – die Besetzung ihrer Heimat durch China und die äußerlich völlige Entfremdung von ihrer Kultur erdulden. Diese Haltung ist tief verankert.

Viele Jahre später im Tibet-Haus in Frankfurt trafen wir bei einer Veranstaltung zur Begrüßung einen Mönch, der hier lebt und frei reden kann. Kein böses Wort kam ihm über die Lippen. Er vergab den Besatzern seiner Heimat. Fast mitleidig trug er seine Hoffnung vor, dass auch die fremden Herrscher irgendwann wieder auf den richtigen Weg finden werden. Jeder Glaube kann viele unbekannte Energien geben.

Leichter erreichbar als Tibet ist Myanmar, bekannt als Land für die Götter und Geister. Im ganzen Land, nicht nur in den bekannten Städten wie Mandalay und Bagan, stehen wundervolle Tempel mit reich verzierten Pagoden. Manchmal wurden über Jahre viele Tonnen an Gold verbaut. Die Gläubigen spenden enorme Summen für immer neue Anlagen. Der größte liegende Buddha im Süden des Landes misst 182 Meter. Die Verzierung dauert noch lange, je nach den Spenden der Besucher und Bevölkerung. Das ist nicht genug. Unmittelbar in seinem Angesicht wächst das Betonskelett für die nächste Version: 200 Meter soll der neue Buddha messen. Um die Tempel herum leben viele Menschen in sehr einfachen Häusern, die Infrastruktur ist marode – ausgenommen das allseits prächtige Mobilfunknetz. Die Frage, warum ein großer Buddha nicht reicht, der ja genug Platz für alle bietet, ist für die Einwohner unverständlich. Wie es ihnen persönlich jetzt geht, das ist eher zweitrangig: »Wir möchten in unserem Leben möglichst viel Gutes tun. Das hilft uns, auch für das nächste Leben«.

Die Faszination für viele Menschen in den Industrieländern entspringt dieser Vision, frei von Bedürfnissen zu werden, zumindest von einigen, die uns lästig erscheinen. Der Glaube ist ein Weg, um die eigene Haltung zu stärken: »Mir fehlt wenig«. Wenig bedeutet aber nicht nichts. Selbst tibetische Mönche sind nicht völlig selbstlos. Sie hoffen auf später, auf ihr nächstes Leben. Das unbedingte Bedürfnis ist, dass alles, was sie jetzt tun, sich im nächsten Leben auszahlen wird. So prägen religiös inspirierte Lebensvisionen das alltägliche Handeln, zum Beispiel im wohltätigen Einsatz oder für spirituelle Erlebnisse. Der Lohn, die Erfüllung im Jenseits zu finden, besitzt enorme Anziehungskraft.

Lass uns im Diesseits bleiben. Lass uns versuchen, dass jeder Tag in unserem Leben der schönste ist. Für uns sollte es – ganz bodenständig – zunächst darum gehen, sich die eigene Lebensvision immer wieder ins Bewusstsein zu holen. Auslöser dafür können mögliche größere Veränderungen unseres Lebenswegs sein, wie ein überraschendes Jobangebot in einer anderen Stadt. Bei diesen Gelegenheiten können wir überlegen, wohin unser Weg uns insgesamt führen soll und wie die aktuelle Gelegenheit dazu einen Beitrag leisten kann. Dann können wir das aktuell Beste für uns aufgreifen und anderes vor uns liegen lassen.

Jede Lebensvision dient dazu, unseren Weg einzuleiten und uns zu begleiten. Überraschende Wirkungen und Entdeckungen, die sich auf unverhofften Abzweigungen oder Abkürzungen befinden, sind nicht ausgeschlossen. Ebenso können uns Verluste ereilen. Wir verlieren etwas, das wir leidenschaftlich festgehalten haben. Plötzlich fehlt uns wieder mehr, als wir haben, wie einen Menschen, den wir lieben. Dieser Weg, mit all seinen Höhen und Tiefen, ist wertvoll für uns. Die Vision bleibt im Alltag lebendig und wird nicht zur fernen Illusion.

Deshalb muss niemand traurig sein, wenn die Lebensvision nicht im »wunschlos Glücklichsein« erfüllt wird. Mich schreckt diese Perspektive sogar. Die mögliche Leere, wenn plötzlich alles da ist, nicht nur »mein Auto, mein Haus und mein Schiff«, macht zumindest mir eher Angst. Je näher ein finales Stadium rückt, desto stärker könnte das Bedürfnis werden, das Erreichte zu übertreffen. Da geht noch mehr, immer mehr. In diese Falle tappen wir Menschen zu oft, besonders bei der Erfüllung materieller Bedürfnisse. Nicht nur das Haus, auch die Wunschvorstellung wird immer größer. Unser Begehren kann keine Grenzen kennen.

Vom Fischer und seiner Frau. Sie kennen die Moral dieser Geschichte: Uns fehlt wenig. Das Märchen zeigt für diese Botschaft den Weg des hochmütigen, unersättlichen Menschen. Der bescheidene Fischer erfüllt seiner Frau, mithilfe eines Zauberfischs, alle Wünsche. Die Wünsche werden immer größer. Immer mehr soll es sein. Als sie sich wünscht, wie Gott zu werden, landet das Paar wieder in der armseligen Hütte und hat wieder sich, was ihnen anfangs auch genügte. Es ist schade, unseren ursprünglichen Werten und Bedürfnissen untreu zu werden. Es ist schade, wenn wir verlernen, zufrieden zu sein.

Ich bleibe bescheiden. Ich sortiere meine persönlichen Wünsche und konzentriere mich darauf, was ich jetzt verfolgen möchte und kann. Ich hadere nicht damit, wenn ein Wunsch Wunsch bleibt. Dann fehlt wenig, weil wir wissen, was vor uns liegt und aufgenommen werden kann – im Hier und Jetzt. Wichtig für diese Haltung ist, die eigenen Erwartungen positiv in die Zukunft zu richten. Mehr dazu erfahren Sie gleich im nächsten Kapitel.

Tipps & Tricks

Wir machen uns zu wenig bewusst, was wir brauchen und was uns wirklich fehlt. Wir lassen uns verführen und ablenken. Und irgendwann ärgern wir uns, dass wir irgendwie nicht auf dem richtigen Weg sind. Dann hilft es auch nicht mehr, für den Alltag Prioritäten der eigenen Aufgaben zu setzen. Ungeklärt ist nämlich, welche Aufgaben dazu beitragen, das wirklich Wichtige zu verfolgen.

Karte eigener Gedanken erstellen

Eine sogenannte »Mindmap« kann sehr hilfreich sein, für sich die wesentlichen Kernaspekte zu filtern. Im Ergebnis werden wenige Begriffe oder Aussagen sichtbar werden, die langfristig als gute Wegweiser dienen.

Nehmen Sie ein möglichst großes weißes Blatt Papier oder kleben Sie mehrere kleine zusammen. Die »Karte meiner Gedanken« wächst langsam. Schreiben Sie zunächst groß und verteilt alle möglichen Begriffe oder Namen, Ereignisse oder Erlebnisse auf, die Sie begeistert haben oder die Sie vermissen. Sie können sich mehrmals die Karte anschauen und ergänzen. Bloß kein Zeitdruck.

Im nächsten Schritt verbinden sie mit Strichen die Punkte, die für sie inhaltlich zusammenhängen, ebenfalls ganz subjektiv. Bei mir persönlich wäre dies zum Beispiel: Überraschungen erleben – Erfahrungen sammeln – Urlaub genießen.

Auf Ihrer Mindmap werden Schnittpunkte sichtbar, also Punkte, die viele Verbindungen haben. Falls das Ganze zu unübersichtlich und unklar wird, können Sie auch eine zweite Version erstellen und dort die Punkte anders sortieren und eher zweitrangige Verbindungen weglassen. Probieren Sie es einfach aus.

Zuletzt versuchen Sie, die Kernaspekte zu formulieren, also was jeweils hinter den Verbindungen und Schwerpunkten steckt. Optimal wären wenige, kurze und prägnante Aussagen, die zeigen, was *Ihnen* wichtig ist, also über einzelne Ereignisse, Anlässe oder Personen hinaus. Ein Beispiel für uns persönlich wäre: Neugierde leben, aktive Entspannung finden. Daraus ergibt sich unter anderem, dass wir viel Zeit investieren, um fit zu bleiben. Sonst könnten wir unseren Weg, der manchmal auch körperlich anstrengend ist, nicht gehen.

Ihre Mindmap wird so auch optisch zum Leitbild, was Ihnen wirklich fehlt. Das Bild können Sie hervorholen, wenn Sie mal wieder nicht wissen, was Sie aufnehmen sollten, das vor Ihnen liegt. Ebenso geeignet ist die Mindmap zur Bestimmung, wo und wie sie ansetzen, wenn die eigene Lebensvision ganz weit weg erscheint.

Sie können sie außerdem dazu nutzen, um Schnittpunkte mit Ihren Liebsten zu sehen – oder Unterschiede. Dadurch wird leichter akzeptabel, welche Freiräume gegenseitig gewährt werden. Gemeinsamkeiten können so viel intensiver genossen werden. Und insgesamt wird das Gefühl gestärkt, »auf einer Wellenlänge zu liegen«.

Die Perspektive entscheidet.
Ich bestimme meinen
Erfolgshorizont.

Erwartungen geben Energie.
Ich lenke mein Handeln zu
attraktiven Ergebnissen.

Erfüllung ist nicht
selbstverständlich.
Ich genieße das Erreichte.

KAPITEL 4

Mein Glas wird immer voller

Nie wird jemand das Glas ganz voll haben, quasi rundum glücklich sein, und das auch noch auf Dauer. Ja, wir ärgern uns, wenn Wasser aus dem Glas unseres Lebens abfließt. Wir versuchen, das Loch zu stopfen, zum Beispiel wenn uns die Gesundheit einen kleinen oder großen Streich spielt. Darauf haben wir nicht immer selbst Einfluss. Dann müssen wir uns darum kümmern, dass unser Glas nicht komplett leer wird. Das sind Ausnahmen, Notsituationen. Um die geht es in unserem Alltag nicht. Es geht vielmehr darum, nicht bei der Perspektive, was wir verlieren könnten, hängen zu bleiben. Wenn man krampfhaft versucht, das festzuhalten, was man hat, verpasst man viele Möglichkeiten, was vor einem liegt aufzunehmen.

Tatsächlich kann jeder das eigene Glas immer voller werden lassen. Wenn wir sagen, das Glas ist halb voll, statt halb leer, verschwenden wir keine Energie. Gestalten können wir immer, was wir in der jeweiligen Situation für die Zukunft erreichen möchten. Das ist die Erwartung an uns. Mehr nicht.

Sie merken, Erwartungen können enorme positive Energien freisetzen. Deshalb möchten wir uns mit dem Thema intensiver beschäftigen. Denn mit falschen Erwartungen verschwenden wir unsere Energie und versauen uns das ganze Leben.

Je konkreter Ihre Erwartung an das Ergebnis und die Folgen daraus sind, desto stärker ist Ihre Tendenz zum Handeln. Ihre Erwartung an ein Ergebnis ist ein starker innerer Auslöser für Ihr Handeln, stärker als jeder äußere Anreiz. Sie haben zu diesem Buch gegriffen, weil Sie eine Vorstellung entwickelt haben, welches verlockende Ergebnis die Lektüre bieten könnte. Dies kann ein konkreter akuter Bedarf sein, Ihr Leben zu verändern. Oder auch »nur« Unterhaltung, schöne Geschichten und neue Perspektiven, ohne ein konkretes Ziel.

Sie besitzen vielleicht noch keine konkrete Vorstellung davon, welche Folgen die Lektüre haben könnte, zum Beispiel in Form einer neuen Karrierechance im Beruf oder einer glücklicheren Partnerschaft.

Das kann sich im Laufe des Lesens zeigen. Schön wäre, wenn sich für Sie eine Ergebnis-Folge-Erwartung ergeben würde. Diese Abfolge sieht zum Beispiel so aus: »Mit meinem neuen Plan für meine Ernährung und meinem Sporttraining möchte ich als Ergebnis das folgende Gewicht und diese besseren Blutwerte erreichen. Als Folge kann ich wieder auf große Trekkingtouren gehen, bin zudem im Job belastbarer und kann daher die nächsten Karrierechancen nutzen.« Auf dieser Basis können Sie sich konkrete Ziele setzen, was für Sie das Beste ist, und später besser feststellen, was Sie aufgenommen und für sich erreicht haben.

Du neigst manchmal dazu, das Thema aus Deiner Brille der Motivationspsychologie zu sehen. Zack, zack, zack ... und das soll dabei herauskommen, wenn ich das Buch lese. Lassen wir uns doch gemeinsam

sehen, wohin und wie weit wir gemeinsam kommen.
Das kann sehr spannend werden.

Mein Sport hat mich ziemlich geprägt. Das leugne ich nicht. Gelernt habe ich dabei – und da hast Du sehr recht – es gibt nicht *das* Ziel und *den* Erfolg. Das gilt sogar für meinen Sport, das Schwimmen. Dort geht es letztlich nur um eins – die Zeit. Das ist dort der einzige Maßstab für meine Leistung. Die Leistung ist trotz der Objektivität nur eine Grundlage für den möglichen Erfolg. Denn es gibt ja noch den Wettbewerb. Und was da meine Leistung bedeutet, das kann sehr unterschiedlich sein.

Ich bin einmal mit einer eher mäßigen Leistung Weltmeister geworden. Damals, 1986 in Madrid, kam nach dem Rennen über 200 Meter Freistil mein Trainer auf mich zu und meinte kurz: »Junge, das war wohl nichts!« Und ich antwortete: »Stimmt!« Denn meine Zeit war so lala. Die anderen waren halt noch langsamer. Die Schlagzeile am Tag danach »Albatros fliegt wieder allen davon« betrachtete ich deshalb schmunzelnd: Ja, klar, weil die anderen flügellahm waren.

Umgekehrt bin ich mehrfach am ersten Platz vorbeigeschwommen und hatte zugleich die optimale Leistung gebracht. Häufig habe ich es schnell aufgegeben, nach einem zweiten oder dritten Platz lange zu grübeln, was ich hätte besser machen können. Wie bei meiner größten Niederlage. Im Olympia-Finale der 4 × 200 Meter Freistil in Los Angeles 1984. Mit über vier Sekunden unter dem eigenen Weltrekord, vier Hundertsteln hinter dem Olympiasieger USA und selbst der besten Leistung meines Lebens kann ich – nach der ersten Frustphase – nur sagen: Einfach

Pech gehabt. Das Rennen war für mich ein Erfolg, ganz unabhängig von der miesen Resonanz in den Zeitungen oder im Fernsehen. Das Internet und die sozialen Medien inklusive eines möglichen »Shitstorms« gab es bei mir noch nicht. Das Glas war dann halb voll, und ich habe mich gefragt, wie ich künftig mein Potenzial auffüllen, also schneller werden kann.

Ein Erfolg ist auch, das Ergebnis richtig einschätzen und dadurch für die Zukunft Veränderungen ableiten zu können. Wer sich allein von der Nummer eins abhängig macht, hat meistens bereits zu Beginn verloren. Erfolg ist auch ohne den Sieg im Wettbewerb möglich. Erster zu werden ist, wenn einmal die Chance dafür da ist, die schönste Nebenwirkung der eigenen Leistung. Wie würden Sie sich fühlen, wenn Sie gewinnen, weil Ihr Gegner jeden Ball ins Tennisnetz oder am Golfloch vorbeischlägt? Sie können sich nicht dagegen wehren zu gewinnen. Aber ist der Gewinn auch ein echter Erfolg? Nein! Durch Fehler anderer zu gewinnen ist viel unbefriedigender, als die beste Leistung zu bringen und selbst zu verlieren. Wir freuen uns besonders über einen Erfolg, wenn das Ergebnis auf den eigenen Fähigkeiten, der eigenen Disziplin oder Tüchtigkeit beruht und eben nicht auf äußeren Ursachen wie Glück oder Pech von anderen.

Umgekehrt übergehen wir leicht einen verdienten Erfolg, weil das Ergebnis erwartet wurde und selbstverständlich ist. Dies ist typisch in Situationen, in denen Ergebnisse wiederholt werden. Das Glas wird dadurch jedoch voller. Nach fünf gewonnenen Rennen ist auch das nächste genauso viel wert. Oder wenn ein Kunde auch den sechsten Auftrag erteilt. Die Ergebnisse von früher bedeuten nichts für das nächste Ereignis. Im Sport fängt jedes Rennen oder Spiel bei null an. Zwar geben positive Erfahrungen einen gewissen Rückhalt. Zugleich können sie aber auch unnötig Erwartungen hochschrauben: Alles andere als die Wiederholung eines Erfolgs wird als Verlust empfunden, obwohl sich vielleicht die Situation völlig verändert hat.

Dein Hinweis ist enorm wichtig. Häufig erlebe ich, dass meine Klienten im Coaching oder Kursteilnehmer im Fitnessstudio ihre Bedürfnisse nicht kennen und dadurch falsche Erwartungen entwickeln. Es reicht nicht, einen diffusen Wunsch zu äußern, wie »Ich möchte abnehmen« oder »Ich möchte fitter werden«. Wichtig ist die Festlegung: Das möchte ich als Ergebnis haben. Das folgt für mich daraus als positive Wirkung. Dann wird mir mein Bedürfnis klarer, und ich kann meine Erwartung danach ausrichten.

Die Erfüllung eigener Erwartungen krönt jede eigene Leistung. Das ist ein Erfolg, unabhängig davon, was eine Leistung im Wettbewerb bewirkt. In unserem Leben ist es die Regel, dass es gar keinen Wettbewerb gibt. Selbst im Sport ist der Wettkampf kein Alltag: Im Training, als Voraussetzung für die Leistung im Wettbewerb, ist ein Besiegen nicht möglich. Dennoch kann man erfolgreich sein, zum Beispiel indem man neue Techniken oder Taktiken beherrscht. Außerhalb des Sports und nicht nur in vielen Berufen ohne jeden direkten Wettbewerb, wie bei Ärzten oder Piloten, sind Erfolge erreichbar, die persönlich genauso bedeutsam sein können wie ein Olympiasieg für einen Schwimmer. Auch ohne Gewinn im Wettbewerb sind Erfolge möglich.

Erfolg ist also sehr relativ und wird durch unsere individuellen Erwartungen bestimmt. Besonders der Erfolg im Beruf hängt stark von der eigenen Erwartung ab. Daher kann das gleiche Ergebnis völlig unterschiedlich bewertet werden. Die neue Position als Teamleiter kann der Höhepunkt einer Berufskarriere sein, wenn man zuvor kaum erhofft hat, einmal diese Führungsposition einnehmen zu können. Oder umgekehrt: Man empfindet diese neue Aufgabe als Unterforderung, wenn die Leitung der ganzen Abteilung aufgrund der Ausbildung und vielen Weiterbildungen als Mindestziel gesteckt worden ist.

Erfolg, Erfolg, Erfolg ... Deine Perspektive ist nachvollziehbar. Einerseits. Anderseits gibt es viel mehr. Das Beste für mich muss ja nicht sein, die Beste oder der Beste zu werden. Unsere Erwartungen können sich ja auf ganz andere Themen beziehen, auf andere Menschen oder unsere Familie, auf neue Erfahrungen oder Erlebnisse. Das Leben bietet uns noch so viel. Ich möchte meine Erwartungen nicht einschränken. Je älter ich werde, desto vielfältiger können meine Erwartungen werden. Denn wir haben schon einiges erlebt und erreicht, verspüren weniger Druck.

Meine Erwartung sollte mich begeistern, um das zu greifen, was vor mir liegt. Erwartungen sind ein Anreiz, meine Energien zu aktivieren. Das ist besonders wichtig für uns, wenn unser Vorhaben schwer ist. Das stundenlange Üben als Sportler, Musiker oder Artist kann sehr erfüllend sein, egal ob im Job oder als Hobby. Die Vorstellung über das Lächeln des Patienten oder die Begeisterung des Publikums können Ärzte im Krankenhaus oder Schauspieler im Theater zusätzlich anspornen. Ein öffentliches Lob im Büro, ein Dank des Patienten und der Applaus des Publikums sind meistens emotional viel mehr wert als der materielle Lohn. Der emotionale Genuss schafft eine Zufriedenheit, die neue Energien erzeugt. Geld brauchen wir alle, irgendwie. Es wird jedoch nie nachhaltig diese Kraft besitzen. Je größer unsere Erwartung, durch unser Handeln einen relevanten ideellen »Lohn« als Anerkennung zu erhalten, desto mehr engagieren wir uns und lassen auch bei Schwierigkeiten oder großen Herausforderungen nicht nach.

In den Schoß fällt uns selten etwas. Einige unserer Erwartungen haben sich, trotz aller Anstrengungen, nicht erfüllt, im Job und auch privat. Vielleicht waren die Erwartungen zu optimistisch, oder wir haben uns überschätzt. Das weiß ich nicht. Klar ist für mich nur: Ohne Erwartungen fehlt dem Leben die Orientierung. Schlimmer als unerfüllte Erwartungen ist es, keine Erwartungen zu haben, was vor uns liegen könnte. Dann weiß ich ja nicht, wonach ich wo suchen soll.

Erwartungen können aber auch anstrengend sein. Das beginnt bei der Aufgabe, sich den eigenen Erwartungshaltungen bewusst zu werden. Erwartungen geben uns Impulse zum Nachdenken: »Ja, und genau das möchte ich ...«. Unsere Vorstellung sollte konkret sein. Einfaches Beispiel: Ich möchte abnehmen. Dieser Wunsch ist noch keine Erwartung mit einer konkreten Vorstellung von einem Ziel. Ich möchte 10 Kilo abnehmen und dafür Folgendes tun! Wenn ich die 10 Kilo geschafft habe, dann mache ich ... Die

Vorstellung jeder Erwartung sollte möglichst greifbar sein, wie in einem konkreten Bild, Ereignis oder einer Szene, was bei der Erfüllung eintritt. Allein die Vorstellung, was folgen könnte, wenn ich meine Erwartung umsetze, kann viel Energie aktivieren. Die Zahl 3 für die Stunden vor den Minuten, beim Zieleinlauf im Marathon. Der Blick in den Spiegel, wenn das Lieblingskleid wieder passt. Das Lächeln der Kinder, wenn das Baumhaus fertig ist. Für diese kurzen Momente lohnen sich lange Anstrengungen.

Im Alltag schaffen wir uns viel zu selten Klarheit über eigene Erwartungen. Dadurch verzichten wir auf vielfältige Impulse, das Leben kraftvoll zu gestalten. Wir bleiben bei diffusen Wünschen hängen. Wir reagieren eher spontan und regen uns tendenziell eher auf, dass irgendetwas nicht so funktioniert, wie ich mir das vorgestellt habe. Nur was habe ich mir eigentlich zuvor vorgestellt? In den Tipps & Tricks am Ende dieses Kapitels zeigen wir, wie Erwartungen konkret zu fassen sind. Dazu gehören auch fremde Erwartungen. Je älter wir werden, desto mehr fremde Erwartungen beeinflussen unser Leben. Denn wir übernehmen immer mehr Rollen und Aufgaben. Ein Kind kann und darf nur Kind sein. Später sind wir Lebenspartner oder Liebhaber, Chef oder Kollege, Vater oder Mutter, Freund oder Gegner und vieles mehr.

Wir spüren, dass uns diese äußeren Erwartungen Druck machen. Meistens unterscheiden sich die Eigen- und Fremdwahrnehmung. Ohne sich bewusst und transparent zu machen, was gegenseitig erwartet wird, sind Enttäuschungen und Frust vorprogrammiert. Ignorieren oder Aussitzen bringt jedoch nichts, wenn wir das Aufnehmen des Besten vor uns nicht als Ego-Trip verstehen – nach dem

Motto: Mir egal, was andere denken und von mir wollen.
Ich mache mein Ding. Das möchte wohl niemand.

Jetzt sind wir zum ersten Mal bei einem heiklen Thema.
Gerade in Beziehungen haben Partner viele gegen-
seitige Erwartungen, leider häufig unausgesprochen.
Ich weiß von Dir, dass ich für Dich vieles verkörpern
soll. Natürlich eine zuverlässige Ehefrau und Mutter.
Zugleich selbständige Unternehmerin. Dann fordern-
de und selbständige Sparringspartnerin. Und nicht
zuletzt auch die perfekte Liebhaberin. Niemand kann
alle Erwartungen und Wünsche jederzeit erfüllen.
Deshalb ist es wichtig, zielorientiert und verständnis-
voll miteinander zu reden. Und dies nicht nur einmal.
So nähern wir uns gegenseitig den Erwartungen an.
Enttäuschungen minimieren wir, merzen diese jedoch
nicht völlig aus. So gestalten wir einen gemeinsamen
Weg für weitere spannende Erlebnisse.

Die Energie fremder Erwartungen aufsaugen

In meiner Sportkarriere wusste ich genau, dass vor großen
Wettkämpfen markante Schlagzeilen zu meinen Erfolgs-
aussichten, aber fast nie zu meinem Leistungspotenzial
zu lesen sein würden. Reduziert wurden die Erwartungen
auf plakative Aussagen: »Groß wieder auf Goldkurs«. Oder
auch sehr prosaisch: »Heute! Albatros hebt ab!«. Manchmal
auch: »Stürzt der Albatros diesmal ab?« Und am nächsten
Tag, wenn Gold verpasst wurde: »Albatros: Flügel gestutzt!«

Die fremden Erwartungen bezogen sich immer auf das Ergebnis im Wettbewerb, nicht auf die eigentliche Leistung – in meinem Sport Schwimmen also die Zeit. Nie wurde geschrieben: »Groß heute 1:47,5« Das interessierte niemanden. Die Erwartung des Publikums war einfach: Gewinnen! Die Zeit, also die Leistung, war egal. Gleiches passiert allen von uns, weniger spektakulär, aber genauso fordernd, in unseren Jobs. Das Ergebnis zählt, weniger die Leistung dahinter. Und das ist fair, aus Sicht der Unternehmen, die nicht nur erwarten, dass wir uns bemühen und anstrengen.

Fremde Erwartungen können uns viele Nerven kosten und viel Energie rauben, wenn wir keinen Weg finden, konstruktiv mit den Impulsen umzugehen. Ich verknüpfe die fremde Erwartung mit meiner eigenen. Ich mache die Erwartung für mich positiv relevant.

Der erste Schritt dazu ist, schlicht anzuerkennen, *warum* die Erwartung da ist. Medien möchten von mir Gold. Meine Frau möchte geliebt werden. Meine Kumpels ein Partywochenende machen. Mein Unternehmen Geld verdienen. So ist das, ganz nüchtern betrachtet. Das kann ich nicht ändern. Ich hadere nicht damit, dass die Anforderungen von außen da sind. Und ich möchte das auch nicht ändern. Ich mache den zweiten Schritt, indem ich für die Erwartungen eine gemeinsame Zukunft schaffe.

Im Sport verband ich meine Erwartung an eine bestimmte Zeit mit entscheidenden Elementen meiner Leistung, zum Beispiel in der Renntaktik. Je besser mir das gelang, umso größer war die Chance, die fremden Erwartungen auch zu erfüllen, quasi als Nebeneffekt. Unterm Strich war es so leicht, mit den Erwartungen umzugehen. Da ich ja nie einen direkten Einfluss darauf hatte, ob ich gewinne, konnte ich dieser fremden Erwartung, Gold zu holen, sehr gelassen begegnen.

Daher hatte ich auch nie ein Problem, die Zeitungen zu lesen oder Vorberichte im Fernsehen zu sehen. Schön, dass ihr alle meint, ich könne wieder gewinnen, dachte ich dann. Wenn mir dies nicht gelang, dann hatte ich stets das Gefühl, in der Situation trotzdem das Beste geschafft zu haben. Dieses Konzept führte dazu, auf dem Startblock niemals Versagensängste zu haben. Sportler, die genau dieses negative Gefühl umtreibt, können nicht zeigen, was sie drauf haben. Heute vor Präsentationen mache ich mir klar: »Ich weiß, was mein Kunde gegenüber erwartet, was meine Argumente dafür sind. Ich habe alle Themen gut vorbereitet und so verpackt, dass ich verstanden werden kann.«

Erwartungen zu beherrschen bedeutet nicht, sicher vor Enttäuschungen zu sein. Wie oft bist Du frustriert, wenn ein Kunde Dich nicht versteht und ein Projekt verloren geht. Und früher im Sport warst Du manchmal einige Tage unausstehlich, wenn ein Wettkampf mies gelaufen ist. Selbst wenn die Erwartungen erfüllt wurden, Letzter zu werden ist nicht schön. Da brauchte ich viel Fingerspitzengefühl, um Dich wieder runterzuholen.

Natürlich möchte ich das Beste, das vor mir liegt, auch aufnehmen, wenn ich die Chance habe – und zwar nur jetzt. Das gilt bei Olympia genauso wie bei Ausschreibungen im Job. Die Gelegenheit ist halt nicht jeden Tag da. Sich zu ärgern, wenn die Chance verpasst wird, ist nur vermeidbar, wenn man keine Erwartung hat.

Aus eigenen Erwartungen Energie gewinnen

Die Formulierung von eigenen Erwartungen ist eine Selbstermutigung für eine konkrete Situation. Dieser Mut wird nicht einfach eingeredet oder emotional angeheizt. Vielmehr macht man sich dadurch bewusst, was man von sich erwartet, welche Stärken man nutzen und wie man sie einsetzen kann. Wir freuen uns anschließend besonders über einen Erfolg, wenn das Ergebnis auf den eigenen Fähigkeiten, der eigenen Disziplin oder Tüchtigkeit beruht und eben nicht auf äußeren Ursachen, wie Glück oder Pech von anderen, oder auch zu geringen fremden Erwartungen. Die größte Herausforderung ist, Erwartungen zu revidieren. Meine Ansprüche waren zu hoch, sie hatten mit mir – trotz aller Anstrengungen – nichts zu tun. Und wenn die Tatsachen nicht so sind, werden wir immer einen Weg für eine dieser Interpretation finden – wenn wir zuvor die fremden Erwartungen *nicht* für uns angenommen haben. Sich einzugestehen, dass Erwartungen nicht erreichbar sind oder gar falsch waren, erfordert ein hohes Maß an Selbstkritik. Selbstkritik bedeutet nicht Selbstzerfleischung.

Niemals ist alles schlecht oder haben wir alles schlecht gemacht, wenn Erwartungen unerfüllt bleiben. Die Anerkennung einer Leistung, wenn wir eine Erwartung verfehlen, und das Erkennen von Fehlern bei einer Erfüllung unserer Hoffnung. Beides gehört dazu, um Erwartungen für die Zukunft zu revidieren. Ein ganz einfaches Beispiel liefert der Fußball: In der letzten Spielminute ein Spiel zu gewinnen, bedeutet längst nicht, alle Erwartungen an die eigene Leistung zu erfüllen. Es kann sogar das Gegenteil richtig sein. Umgekehrt bedeutet die Niederlage mit dem 0:1 in der Nachspielzeit nicht, dass alle Erwartungen verfehlt wurden. Menschen, die hier unterscheiden können, werden auf Dauer ihr Potenzial mobilisieren.

Glaube bloß nicht, Du wärst der große »Erwartungskünstler«. Was für ein toller Typ, was der sich so alles vornimmt. Was wärst du, was wäre jeder Mensch, ohne Begleiter? Dein Trainer war ein toller Impulsgeber. Auch unsere Kinder relativieren viel. Für sie spielt überhaupt keine Rolle, welche Erwartungen wir beherrschen. Sie möchten nur eins: unser Vertrauen. Eine größere Erwartung an einen Menschen gibt es kaum.

Richtig, wir brauchen manchmal einen »Schubs von außen«, um den eigenen Blick zu klären und auszurichten. Würde jeder von uns aus sich selbst heraus alle Kräfte mobilisieren, wären alle Trainer im Sport überflüssig, die vor einem Spiel Erwartungen an die Mannschaft und jeden Spieler formulieren. Genauso können im Beruf besonders ambitionierte Zielvorgaben durchaus positive Energien aktivieren.

Grundsätzlich gilt, dass wir uns tendenziell eher überfordern sollten, als von Anbeginn unterfordert zu sein. Das Beste für uns ist ja nicht irgendetwas Beliebiges, sondern etwas Besonderes und Wundervolles. Wenn wir sicher sind, etwas wird uns gelingen, bevor wir anfangen, bleiben wir unter den eigenen Möglichkeiten. Diese Neugierde, einen nächsten Schritt zu wagen, steckt in jedem Menschen.

Das Sprichwort »Bauklötze staunen«, also positiv überrascht den eigenen Augen nicht zu trauen, stammt aus dem Erleben jedes Kindes. Die Freude, erstmals einen

Turm mit Bauklötzen zu bauen, der nicht umfällt, können wir in jedem Alter wiederholen, wenn wir mehr als das Erwartete erschaffen und uns dazu, wenn wir beginnen, gefühlt etwas überfordern könnten. Wer in einer Prüfung nur nicht durchfallen möchte, der fällt häufig durch. Wer eine Eins schreiben möchte, kann daran mit einer Zwei schnell vorbeischrammen, wird jedoch sehr selten durchfallen. Wer 20 Kilo abnehmen möchte, kann bei 15 Kilo landen, die halten und sich so wohlfühlen. Das geht nicht bei 5 Kilo, die keinen großen Unterschied machen und leicht erreichbar sind.

Schon gar nicht werden wir unsere Erwartungen erhöhen, weil wir uns zuvor unterfordert haben. Denn wir haben uns ja bereits angestrengt und Erwartungen erfüllt. Da kommt kaum jemand auf den Gedanken: Ach wie schön, jetzt lege ich noch mal 5 oder 10 Kilo drauf.

Den »Erwartungshorizont« zu senken, wenn wir uns tatsächlich überfordern sollten, das geht immer. Wir können eher zurückschrauben, als die Erwartungen nach oben revidieren – zum Beispiel mitten im Jahr für die eigenen Ergebnisse im Job. Das ist eher schwierig: Meist fehlt die nachvollziehbare Begründung, warum wir plötzlich noch mehr fordern. Denn wir haben eine eigene attraktive Perspektive aufgebaut, die uns bewegen und begeistern kann. Das werde ich tun.

Mit fordernden Erwartungen brauchen wir keine Angst vor dem Scheitern zu haben. Von Anbeginn ist diese Option, Erwartungen nicht oder nur teilweise zu erfüllen, Teil der eigenen Anstrengungen. Das Versuchen macht bereits zufrieden. Wir bleiben dabei, weil eine Aufgabe für uns fordernd ist, wie früher beim Bauklötzebauen. Und wir staunen und werden glücklich, wenn die Erwartungen an ein Ergebnis und die Folge daraus aufgehen.

Erfüllte Erwartungen genießen

Was motiviert mehr als eine erfüllte Erwartung? Nichts! Das Beste, was wir uns für uns vorgestellt haben, ist wirklich passiert. Toll, irre, sagenhaft. Und was machen wir, nicht nur wenn wir älter sind: Prima, das ist schön. Weiter geht's. Einen Moment, bitte. Es gehört doch dazu, solche Glücksmomente zu genießen. Wir gehen im Alltag viel zu häufig über unsere persönlichen Erfolgserlebnisse hinweg. Erfolg zu haben darf nicht normal sein, nur weil wir es erwarten.

Den Augenblick einer erfüllten Erwartung und das Gefühl der inneren Zufriedenheit sollten wir speichern – langfristig als Erinnerung und kurzfristig als Energie für unser weiteres Streben und Schreiten, Scheitern und Weitermachen.

Nur einmal wurde ich zum ersten Mal im Leben Olympiasieger, am 29. Juli 1984. Am nächsten Morgen, gut zwölf Stunden später, standen die nächsten Wettbewerbe an. Dennoch war es wichtig, den Augenblick zu genießen. Wer weiß, ob er sich wiederholt? Mit meinen besten Mannschaftskameraden und dem Trainer sind wir in eine nahe Kneipe gefahren, um zwei Bier zu trinken. Eine ganz alltägliche Sache hatte eine große Bedeutung. Mein Kopf bekam die wichtige Zeit nachzuvollziehen, was der Körper zuvor geleistet hatte. Diese Anerkennung meiner erfüllten Erwartung ist mir bis heute besser in Erinnerung als die Siegerehrung.

Niemand kann jahrelang auf Olympia trainieren, auf eine Abschlussprüfung lernen oder für einige Jahre durch die Karriere im Job eine Wochenend-Beziehung führen, ohne zwischendurch Höhepunkte zu erleben. Als Inspiration für das tägliche Arbeiten kann ein mögliches Erlebnis oder Ergebnis in einigen Monaten oder gar vielen Jahren nicht dienen. Die kleinen Anreize zwischendurch machen den Unterschied. Einen Teil dieses Buchs abschließen und zum Verlag senden. Das haben wir vereinbart. Für uns bedeutet diese erfüllte Erwartung: Durchschnaufen, sich etwas gönnen und danach am nächsten Teil weitermachen.

Überraschungen als Anerkennung bleiben im Gedächtnis. Der Blumenstrauß, die Konzertkarten oder etwas ungestörte Zeit. Diese Aufmerksamkeiten zeigen: Hier denkt jemand jetzt an mich und schenkt mir Aufmerksamkeit. So entsteht Begeisterung und Energie. Routinen, wie der fest eingeplante jährliche Bonuscheck, sind emotional viel weniger wirksam. Die Ausnahme ist: Die Routine bleibt aus. Dann sinkt mein Energielevel gegen null.

Viele Zwischenetappen verdienen unsere eigene Anerkennung. Die Außenwelt nimmt die Schritte meistens nicht wahr. Auf dem Weg zum gewünschten Ergebnis können viele Ereignisse eintreten, die wertvolle Energie spenden. Je älter wir werden, desto wichtiger werden diese kurzen Zwischenstopps zum Aufladen. Die körperliche und geistige Leistungsfähigkeit nimmt spätestens ab dem 40. Lebensjahr ab, zunächst eher unmerklich. Sobald wir spüren, schneller erschöpft zu sein, versuchen wir, diesen Effekt zu minimieren. Im Job kann Erfahrung einiges kompensieren, wo die eigene Energie am besten investiert wird und wo nicht. Im Sport habe ich Etappen sehr schätzen gelernt. Bestzeiten im Training waren elementar, um mein Engagement zu erhalten. Qualifikationen für die nächste Meisterschaft wurden begossen, auch als Olympiasieger. Heute sind es abgeschlossene Projekte, mit allen Höhen und Tiefen darin, die optimal geeignet sind, um auch mal innezuhalten. Als Motivationsstärker für das Schreiben dieses Buchs diente die Freigabe der Konzeption durch den Verlag. Wir haben die richtige Struktur entwickelt. Jede Zeile, die wir jetzt schreiben, kann sinnvoll sein. So war die Erwartung in diesem Moment.

Du hangelst Dich durch das Leben. Mir war bisher nicht so klar, wie wichtig die vielen kleinen Fortschritte und Anerkennungen für Dein Durchhaltevermögen sind. So entsteht die Inspiration, die Dich antreibt. Nur mit Transpiration, also Disziplin, läuft bei Dir wenig, zumindest nicht auf Dauer. Das liest sich ja ziemlich normal. Bestens! Dann kann ja jeder gut diesen Impuls für sich nutzen.

Blicken Sie mal zurück und überlegen Sie, wo Sie im Alltag Ihre innere Stimme gehört haben, nachdem sie etwas vollbracht hatten:»Ja, da war doch was!«Schreiben Sie diese Situation und Ihre Gefühle auf. Machen Sie sich ein genaues Bild, was es für Sie jetzt bedeutet, dass sich eine Erwartung erfüllt hat, wie das Glas Ihres Lebens voller wird. Gönnen Sie sich einen Genuss, der Ihnen emotional viel wert ist, ohne materiell viel wert sein zu müssen. Nach 20 Kilo Gewichtsverlust und den ganzen Entbehrungen zur Belohnung an einem Abend eine Tafel der Lieblingsschokolade wegputzen! Dieser kurze Genuss motiviert, in Zukunft seine neue Routine, hier zur Ernährung, langfristig zu verfestigen.

Mit diesem Innehalten bewahren Sie dieses Gefühl in der Erinnerung und können, wenn es einmal nicht so gut läuft, an die Glücksmomente anknüpfen, wo sie Erwartungen erfüllt haben. An den ersten Glücksmoment in unserem Leben können wir uns nicht erinnern. Jede und jeder hat ihn erlebt: Wir haben uns riesig gefreut, als wir es zum Beispiel nach unzähligen Versuchen geschafft haben, die Bauklötze zu stapeln. Erwartung erfüllt, Energie geschöpft.

Fatal wäre es, nur auf das Ende zu schielen. Auf dem Weg dorthin würde vieles unentdeckt bleiben, das wir aufgenommen und richtig gut gemacht haben. Die Freude über eine extrem gelungene Präsentation als Motivation für den nächsten Wettbewerb – trotz Platz zwei. Die persönliche Bestzeit im Olympia-Finale – als Letzter. Die wundervolle neue Frisur für die Kundin – auch ohne Trinkgeld. Die perfekte Nachtschicht – und dann nörgelnde Kinder beim Frühstück. Alles sind Tropfen, unser Glas mit erfüllten Erwartungen zu füllen. Die innere Zufriedenheit, die aus diesen Momenten entsteht, besitzt einen unschätzbaren Wert zur Stärkung unserer Motivation und Verstärkung unseres Handelns. Machen wir weiter so!

Tipps & Tricks

Meine Vorstellung der Erwartung

Machen Sie sich ein eigenes Bild darüber, wie es sein wird, wenn sich Ihre Erwartung erfüllt. Dieses Selbstbild sollte ganz konkret sein. So soll es sein, im neuen Job zu arbeiten. So wird mein Wochenende verlaufen, wenn ich umgezogen bin. So kann es sich anfühlen, erstmals die Platzreife im Golf zu schaffen. Schreiben Sie die Situation als Geschichte auf, oder drehen Sie ein Selfie-Video, falls Ihnen das Freude macht.

Diese Bilder erhöhen Ihre Motivation, sich für das Ergebnis zu engagieren und auch mögliche Nachteile zu akzeptieren. Denn wenn Sie eine Erwartung konsequent verfolgen, könnten andere Chancen vor Ihnen liegen bleiben. Niemand kann alles anpacken. Selbstverständlich kann es zudem passieren, dass sich Ihre Vorstellung nicht realisiert. Das ist kein Problem. Schlimmer wäre, keine Erwartungen zu haben. Falls sich Ihre Erwartungen nicht erfüllen, dann sollten Sie bewerten, was dies nun ganz konkret für Ihre Zukunft bedeutet.

Meine Bewertung der Erwartung

Nehmen Sie Ihr Selbstbild, die Geschichte Ihrer Erwartung oder das Video und blicken Sie auf das Ergebnis. Zum Beispiel wie es ist, im neuen Job zu arbeiten. Die erste Frage lautet: Hat sich die Erwartung voll und ganz, im Wesentlichen, teils teils, eher nicht oder gar nicht

....

erfüllt? Begründen Sie Ihre Antwort. Falls die Antwort eher negativ ist, fragen Sie sich: War die Erwartung rückblickend richtig oder zu optimistisch, vielleicht völlig unrealistisch? Was hätte ich besser oder anders machen können? Was hat mich davon abgehalten? Angesichts Ihrer Antworten ziehen Sie Ihre Schlussfolgerungen. Erstens ziehen Sie Konsequenzen für die Situation, zum Beispiel für Ihren neuen Job. »Das ändere ich aktuell, bespreche ich mit meinen Team oder Chef etc.« Sie sollten sich nicht einfach damit abfinden, dass sich Ihre Erwartungen nicht erfüllen. So schaffen Sie es, sich Ihren Wünschen und Zielen anzunähern. Zweitens überlegen Sie, ob Sie künftig Ihre Erwartungen anpassen oder anders ausrichten.

Dauerhaft wäre es sicher etwas frustrierend, wenn sich Ihre Erwartungen nicht erfüllen. Vielleicht wäre es besser, aktuell von sich etwas weniger zu verlangen. Dabei spielen auch die fremden Erwartungen eine Rolle.

Fremde Erwartungen beherrschen

Niemand sollte Erwartungen anderer Menschen ignorieren, ob in einer Partnerschaft, in der Familie, im Job, bei Hobbys oder in Sportvereinen. Dabei geht es nicht allein darum, es den anderen recht zu machen, also fremde Erwartungen eins zu eins zu erfüllen. Dies kann sogar Energie rauben. Vielmehr ist es wichtig, dass die fremde Erwartung für die eigene Person relevant oder sogar attraktiv wird. Dann können sogar unerwartet neue Energien bei uns aktiviert werden. Dazu beantworten Sie folgende Fragen:

....

- Welche Gründe stehen hinter der Erwartung?
- Ist die Erwartung für mich nachvollziehbar?
- Wie gehe ich mit Faktoren um, die für mich die Erwartung als unbegründet oder unberechtigt erscheinen lassen?
- Welche Impulse ergibt die Erwartung für mein Handeln?
- Was kann ich konkret tun, um die Erwartung zu erfüllen?
- Was bedeutet es für mich, wenn die Erwartung erfüllt wird?

Je mehr Antworten Sie geben können, umso relevanter wird die Erwartung. Sie können für sich sagen: »Ja, gern nehme ich auf, was von mir erwartet wird!« Ebenso können Sie das Ergebnis auch mit dem Träger der Erwartung besprechen, also zum Beispiel mit Ihrem Partner oder Ihrer Partnerin. Sich mit den Erwartungen anderer Menschen zu beschäftigen, zeigt die große Wertschätzung für gemeinsame Interessen.

TEIL 2

Energien ausrichten

UNSERER MOTIVATION UND UNSEREN ZIELEN FOLGEN

Leistung, Macht und Anschluss.
Ich aktiviere den Dreiklang
meiner Motivation.

Verborgene Energien wecken.
Meine Kraft kommt von innen.

Vormacher sind nicht nötig. Ich
bin mein bester Motivator.

KAPITEL 5
Meine Quellen für Energie ausschöpfen

»Super, jetzt kann ich sofort durchstarten. Ich bin bereit. Meine Energien habe ich gesammelt. Das Beste, was vor mir liegt, schnappe ich mir. Klasse. Genau das möchte ich.« So könnten Sie jetzt denken, nachdem Sie den ersten Teil des Buchs gelesen haben. Es freut mich, wenn Sie bereits so viel Energie gesammelt haben. Eine Frage habe ich noch, bevor Sie starten: Was ist das Beste für Sie?

Meine persönliche Antwort teile ich gern mit ihnen: Mich bewegt im tiefsten Inneren, dass ich allein Einfluss auf meine Leistung und die Ergebnisse meines Handelns habe. Am besten ist, dies gemeinsam mit Menschen zu machen, die ebenso davon begeistert sind, sich immer wieder neuen Herausforderungen zu stellen. Eher unwichtig ist für mich, andere Menschen zu beeinflussen, ihnen zu sagen, was das Beste für sie ist und was dafür zu tun ist.

Diese Antwort hätte ich genauso bereits 1977 geben können, mit 13 Jahren. Da habe ich die erste wichtige Entscheidung in meinen Leben getroffen, nachdem ich einige Monate aus dem Schwimmbecken ausgestiegen war und Basketball probiert hatte. Als 2-Meter-Mann bin ich ja für das Korbspiel ganz gut geeignet, vom Körper. Jedoch nicht im Kopf. Und der entscheidet. Im Mannschaftssport sind

Einzelleistungen zwar ebenso sichtbar, jedoch weniger entscheidend im Gesamtergebnis. Dazu kommt die Politik, wer wann wie spielt. Auf dem Platz wird ein Spiel nicht allein entschieden. Ich bin schließlich zum Schwimmen zurückgekehrt. Dort wusste ich genau, was ich vor mir habe. Eine einsame Bahn für mich allein. Dort habe ich im Sport meine ganze Energie investiert. Das Beste für mich lag hier vor mir, zusammen mit meinen Kumpels, die genauso fasziniert waren. Wir hatten viel Spaß, vor allem außerhalb des Beckens. Was auch daran lag, dass im Schwimmen Jungs und Mädels zusammen trainieren und unterwegs sind.

Da kann ich wohl von Glück reden, dass ich Dich überhaupt kennenlernen durfte, bei so vielen Mädels täglich mit Dir im Becken. Anscheinend waren wir damals, 1986, bereits Seelenverwandte. Unsere Motivation im Leben ist sehr ähnlich. Und ich habe mir Mühe gegeben, Dir ein Leben außerhalb des Beckens schmackhaft zu machen. Auf dem Tennisplatz, in der Squashhalle oder auf dem Rennrad hast Du ebenso eine gute Figur abgegeben.

Das ist der entscheidende Punkt, wie jeder Mensch für sich herausfinden kann, was das Beste für die eigene Person ist. Wer weiß, was einen motiviert, kann schnell seine Energiequellen entdecken und voll ausschöpfen. Unsere Motivation ist eine nie versiegende Quelle, denn die Struktur unserer Motivation ist ein stabiler Teil unserer Persönlichkeit. Wer diese Struktur kennt, weiß genau, was das Beste für einen ist.

Je tiefer eine Quelle erschlossen werden kann, desto ergiebiger ist die Energie zum Aufladen. Das gilt das ganze Leben lang. Es lohnt sich also, sich ein bisschen genauer mit der eigenen Motivation zu beschäftigen.

Jeder Mensch ist anders motiviert. Das ist nichts Neues. Für viele ist allerdings neu, sich genauer damit zu beschäftigen, was einen begeistert, und umgekehrt, was Energien raubt. Im digitalen Zeitalter mit den vielen, leicht verfügbaren Verführungen lassen wir uns allzu schnell von den eigenen Energiequellen ablenken. Oberflächliche und allgegenwärtige Bespaßung benötigen nicht nur immer wieder neue Reize, um spannend zu bleiben. Viel schlimmer: Der Reiz stumpft ab. Irgendwann fühlen wir uns sogar leerer als zuvor, wenn keine Verbindung zu unserer eigenen Motivation besteht. Wahrer Spaß entwickelt sich als nie versiegende Quelle von Energie.

Du musst uns jetzt aufklären, was Dich antreibt. Wie kann jemand auf die Idee kommen, jeden Tag so um die 10 Kilometer zu schwimmen? Immer hin und her. Meistens im gleichen Becken. Das wäre nichts für mich. Ich weiß, es ist die dämlichste Frage, die Dir jemand stellen kann: Aber wie genau fühlt sich das an, jeden Tag stundenlang Kacheln zu zählen?

Nie wiederholte sich früher ein Training, genauso wie sich heute kein Arbeitstag wiederholt. Zwar wiederholen sich in beiden Fällen die Tätigkeiten. Das ganze Leben besteht aus Routinen. Die wirklich freie Zeit für uns ist winzig. Weshalb ja die eigene Haltung zur »Freiplanung« so wichtig ist, wie im ersten Teil bereits gezeigt.

Ich habe einen Trainingsabschnitt nur dann mit Absicht exakt wiederholt, um den Fortschritt zu überprüfen. Es gibt unendlich viele Varianten, neue Übungen oder andere Serien, die geschwommen werden können. So folgte ich jeden Tag meiner Motivation, die eigene Leistung zu entwickeln. Und das machte ich nicht allein. Mein Team war da, zum Austausch am Becken und Wettbewerb im Becken. Dieser Anschluss an eine Gruppe war elementar. Denn beim Schwimmen kann man sich im Training ja nicht unterhalten. Die schlimmste Zeit war, allein zu trainieren. Keine Orientierung und keine Rückmeldung durch Gleichgesinnte rund um das Becken. Das Resultat meiner engen Beziehung zum Team, die bis heute anhält, war, dass ich *immer* in den Staffeln schneller war als in den Einzelrennen.

Meine Motivation entdecken

Zwei wichtige Wörter sind gerade bereits gefallen, die Elemente der Motivation jedes Menschen sind: Anschluss und Leistung. Dazu kommt noch ein Begriff: Macht. Diesem Dreiklang folgt jeder von uns ganz unterschiedlich gewichtet. Diese Struktur sollten Sie kennen, um Ihr Verhalten entsprechend auszurichten. Das macht unser Leben einfacher und schöner, für uns und die Menschen, die uns wichtig sind. Aufgrund dieser großen Bedeutung möchte ich mit Ihnen einen kurzen Ausflug in die Psychologie machen, damit Ihnen die Hintergründe deutlich werden, was uns bewegt, und wir entscheiden können, was das Beste für uns ist.

Motivation zu besitzen ist ein positiv aktivierender Zustand unseres Bewusstseins, der in einer konkreten Situation entscheidend die Richtung und Dauer unseres Handelns prägt. Wir engagieren uns, manchmal mehr, als wir uns selber vorstellen konnten. Deshalb können eigentlich hoffnungslos unterlegene Sportmannschaften plötzlich zum »Pokalschreck« werden. Wenn sie gegen ein Top-Team spielen und nur dieses eine Spiel zählt, sind alle hoch motiviert. Dagegen bewerten die Spieler der anderen Mannschaft die identische Situation völlig anders. Der subjektiv empfundene Anreiz ist geringer. In einem WM-Finale zu stehen, das ist psychologisch für einen Nationalspieler etwas anderes, als gegen die Regionalliga zu spielen.

Du brennst für Deinen Job. Du brennst für dieses Buch. Jeder von uns kennt dieses Gefühl. Das Wundervolle ist, dass wir sehr glücklich werden können, wenn wir unsere Motivation aktivieren, sogar ohne Anerkennung von außen. Das ist das i-Tüpfelchen. Die berühmte Extrameile gehen wir, weil wir heiß darauf sind. Einfach so.

Das Brennen ist keine Frage des Alters oder des Umfelds. Das kann jeder und jederzeit. Das Brennen entsteht durch die passende Kombination unserer Arten der Motivation. Wir können einen harmonischen Dreiklang entfalten aus den Elementen Anschluss, Leistung und Macht.

Die Leistungsmotivation bedeutet, für sich etwas zu erreichen und zu bewirken. Die Anschlussmotivation heißt, mit anderen zusammen und für andere Menschen viel zu bewegen. Die Machtmotivation lässt uns andere Menschen beeinflussen oder kontrollieren.

Lassen Sie uns genauer darauf blicken, was hinter diesen drei plakativen Sätzen steckt.

Der Exzellenz als Maßstab folgen

Die Leistungsmotivation dreht sich um den Erhalt oder die Steigerung der eigenen Tüchtigkeit. Diese zeigt sich vor allem bei Tätigkeiten, die einen verbindlichen Maßstab für die Güte einer Leistung besitzen. Das sind zuallererst individuelle Maßstäbe auf Basis persönlicher Ziele. Allgemeingültige Systeme, wie in Unternehmen, können zusätzliche Impulse geben, um die eigene Motivation zu aktivieren.

Zeiten, Höhen und Weiten im Sport bilden die einfachsten und objektivsten Maßstäbe. Noten, Zensuren und Bewertungen in Schule und Studium sind zwar auch einheitlich strukturiert, aber durch das Urteil anderer Menschen bereits subjektiver. Und Zielvereinbarungen, Kundenentscheidungen oder Leserkritiken sind völlig individuell.

Ein leistungsmotivierter Mensch hängt nicht davon ab, ob die Ausführung gelingt oder misslingt. Der Weg ist für ihn auch ein Ziel, sogar wenn das eigentliche Ziel verfehlt wird. Eine schwierige Aufgabe zu meistern, etwas besser oder schneller zu tun als zuvor, Probleme zu überwinden und einen höheren Standard zu erreichen, das eigene Talent zu beweisen und auch andere im Wettbewerb zu übertreffen – das alles sind Ausdrucksformen einer Leistungsmotivation.

Meine persönliche Motivation ist – wie bei Millionen anderen Menschen – nichts Außergewöhnliches. Da bin ich ehrlich. Es geht mir schlicht darum, meine bestmögliche Leistung zu erbringen. Welchen Erfolg ich damit im Wettbewerb erzielen kann, ist mir nicht egal, zunächst allerdings sekundär. In meinem Job, in meinem Unternehmen wirkt sich mein Leistungsmotiv im Anspruch aus, immer besser werden zu wollen, um zu den Besten gehören zu können. Eine Garantie für diese positive Folge gibt es nicht. Ebenso gibt es heute, im Unterschied zum Sport, für mich keinen konkreten Maßstab für Leistung. Einzig das Gefühl zählt, dass diese Leistung das Optimum für meine Mitarbeiter und mich darstellt und die beste Lösung für unsere Kunden ist.

Der Erfolg im Wettbewerb folgt dann bestimmt. Davon bin ich überzeugt. Deshalb verschwende ich keinen Gedanken daran, ob ich einen Misserfolg ernten könnte. Früher auf dem Startblock hätte ich ansonsten bereits verloren. Heute in Präsentationen würde ich genauso verkrampfen und völlig unnötig an ein mögliches negatives Ergebnis denken. Das tue ich nie – wohl wissend, dass ich weniger als die Hälfte der »Wettkämpfe im Büro« gewinne.

Den Anschluss braucht jeder

Die sozialen Bindungen sind elementarer Teil unserer Gesellschaft. Ohne Engagement in vielen ehrenamtlichen Tätigkeiten würde unser Gemeinwesen kollabieren: im Sportverein, in Kirchen und sozialen Organisationen, in Fördervereinen von Schulen oder Universitäten. Die Leistungen der zig Millionen freiwilligen Helfer sind buchstäblich unbezahlbar. Die Grundlage, damit wir selbstlos aktiv werden, bildet die Anschlussmotivation von uns allen. So entsteht Vertrauen, das wichtigste Gut zwischen Menschen. Bekanntschaften machen und Beziehungen eingehen, mit anderen Menschen kooperieren und sich Gemeinschaften anschließen – die Menschheit wäre ohne diese Motivation ausgestorben. Die Liste ist unendlich, wie wir alle Gutes tun für andere und unser Umfeld.

Die Arbeit im Sportverein ist für mich ein naheliegendes Beispiel, das leicht auf alle anderen Engagements übertragen werden kann. Hier als Trainer oder Betreuer mitzuwirken bedeutet, vertrauensvolle Beziehungen mit den Sportlern aufzubauen. In der täglichen Zusammenarbeit, bei den Reisen zu Wettkämpfen und der Organisation des ganzen Vereinslebens ergeben sich Möglichkeiten zur Verwirklichung von Motiven, die in anderen Lebensbereichen verschlossen sind. Der Selbstwert, der gewonnen wird und den man vielleicht im Beruf nicht bestätigt bekommt, wird erheblich gesteigert. Man würde als ehrenamtlicher Helfer das letzte Hemd für seine Schützlinge im Verein geben und tut im Job seinen Dienst nach Vorschrift. Man verdient sein Geld, das war's.

Geld ist für die Anschlussmotivation sogar ein Negativanreiz. Die meisten Menschen empfinden es im freiwilligen Ehrenamt als Beleidigung, eine finanzielle Entlohnung angeboten zu bekommen. Umso wichtiger ist die emotionale Anerkennung, von Ehrennadeln im Verein bis hin zu einem Bundesverdienstkreuz. Wenn wir der Anschlussmotivation folgen, tun wir immer auch etwas für uns selbst.

Umso tiefer ist dann übrigens auch die Enttäuschung, wenn die Anschlussmotivation ins Leere läuft, nicht erwidert wird oder unsere Erwartungen sich zerschlagen. Für anschlussmotivierte Menschen spielt die Vorstellung über die beabsichtigte Reaktion anderer Menschen eine entscheidende Rolle. Das Schlimmste ist, wenn der Empfänger der Leistung regungslos bleibt. Der hätte ja wenigstens Danke sagen können, schimpfen wir innerlich. Unsere Hoffnung auf Anschluss und Bindung geht immer auch einher mit der Furcht, zurückgewiesen und enttäuscht zu werden.

Die Kontrolle haben

Eher weniger selbstlos als bei der Anschlussmotivation und anders selbstbezogen als bei der Leistungsmotivation ist das Verlangen der sogenannten Machtmenschen, wirken zu wollen, Einfluss zu nehmen und Kontrolle auszuüben.

Doch Achtung, bevor Sie die Machtmotivation vorverurteilen. Macht gehört zu unserem Zusammenleben und zu jeder Gemeinschaft. Die Welt braucht Macht, Menschen, die Häuptling sein wollen, Führung übernehmen, die Richtung weisen. Nur durch Anschlussmotivation kämen Individuen, Gruppen und unsere Gesellschaft nicht wirklich weiter.

Macht bedeutet, dass ein Mensch in der Lage ist, einen anderen zu veranlassen, etwas zu tun, was dieser sonst nicht tun würde. Für unsere Motivation ist entscheidend, dass es zum Erlebnis dieser Kontrolle kommen muss. »Macht bedeutet jede Chance, innerhalb einer sozialen Beziehung den eigenen Willen auch gegen Widerstreben durchzusetzen«. In dieser Definition des Soziologen Max Weber in seinem Buch *Wirtschaft und Gesellschaft* von 1921 ist der Konflikt vorprogrammiert.

Macht ist notwendig, um Ziele in Unternehmen und natürlich in der Politik, aber auch in Vereinen zu erreichen sowie den Zugang zu entsprechenden Ressourcen zu erhalten. Dazu gehört, als Politiker durch die gewonnene Herrschaft entsprechenden Einfluss auszuüben. Führung und Interessenausgleich in Unternehmen brauchen ebenso machtmotivierte Menschen. Die Geschlossenheit der Mannschaft und den Teamgeist zu stärken, geht im Sport nicht ohne eine klare Machtposition des Trainers. Nicht zuletzt in der kleinsten Einheit einer Gesellschaft, in der Familie. Die Autorität in der Erziehung von Eltern gründet ebenso darauf, Kontrolle auszuüben und Spuren zu hinterlassen. Das Erreichen von Kontrolle über andere Menschen sollte immer sehr verantwortungsbewusst eingesetzt werden. Das Problem entsteht, wenn Menschen sich das Machtstreben völlig zu eigen machen, sich selbst und auch die Inhalte unterordnen. Dann geht es nur um das Prestige, den Einfluss und die Kontrolle. In *Menschliches, Allzu Menschliches* bringt der Philosoph Friedrich Nietzsche 1878 das Problem auf den Punkt: »Man greift nicht nur an, um jemandem wehzutun, ihn zu besiegen, sondern vielleicht auch nur, um sich seiner Kraft bewusst zu werden.«

Macht spielt im ganz normalen Alltag eine wichtige Rolle. Es heißt immer, ohne Macht könne man seine inhaltlichen Ziele nicht erreichen. Der Prozess, Macht zu erlangen, zum Beispiel in Wahlen, ist nur die Vorstufe, um Macht auszuüben. Dann – einmal an der Macht – ist das Wichtigste für Machtmenschen in der Politik allzu häufig, die Macht zu erhalten. Denn häufig stellt die Machtmotivation das Einzige dar, mit dem Politiker halbwegs kompetent umgehen können. Positive inhaltliche Wirkungen für uns alle sind durch Entscheidungen in demokratisch legitimierten Machtprozessen natürlich nicht ausgeschlossen.

Du zeigst uns, wie Menschen ticken. Und ich habe gerade einige Beispiele im Kopf. Ich kenne Angela Merkel nicht. Nur mit einer Leistungs- oder Anschlussmotivation wird niemand Bundeskanzlerin. Sie widerlegt, dass Machtmotivation eine männliche Domäne ist. Das war noch nie so. Vergessen wir nicht, woher der Begriff »stutenbissig« kommt. Das ist kein Klischee. Wenn ich mich so in meinem Pferdestall oder in Boutiquen umschaue, dann gibt es schon interessante Verhaltensweisen, die das angeblich schwache Geschlecht zeigen kann, um zu klären, wer das Sagen hat.

Tatsächlich ist die deutsche Bundeskanzlerin Angela Merkel ein Paradebeispiel dafür, wie Machtmotivation subtil eingesetzt werden kann. Ihr Werdegang entspricht exakt Erkenntnissen aus Versuchen, was Machtmenschen von anderen unterscheidet: Sie gehen bewusst höhere Risiken für einen Kontrollgewinn ein und haben viel mehr Zutrauen in die eigenen Kontrollfähigkeiten. Die Kanzlerin prägt, wie andere Menschen mit großer Machtmotivation, der enorme Anreiz des Ziels, unabhängig von der Erfolgswahrscheinlichkeit. Sonst wäre es unmöglich, den eigenen politischen Ziehvater, Helmut Kohl, ohne Zögern bei passender Gelegenheit Ende der 90er zur Seite zu schieben, anschließend den Parteivorsitz gegen eine Heerschar von Konkurrenten zu übernehmen und dann wie selbstverständlich die Kanzlerinnenschaft anzustreben. Chapeau!

Das müssen wir ihr zugestehen, egal wie man ihre Politik findet. Wir würden unsere Möglichkeiten einengen, uns nur auf eine Art von Motivation, die uns in Bewegung bringt, zu reduzieren. Selten sind Menschen allein von einem einzigen Motivationsbereich geprägt. Auch machtbewusste Menschen, wie Angela Merkel, zeigen andere Facetten. Legendär ist, dass sie, 1989 als in Berlin die Mauer fiel, wenige Kilometer weiter mit Freundinnen in der Sauna saß. Dass nebenan ein System zusammenbricht, war nicht so wichtig, um einen schönen Mädelsabend abzubrechen. Spekulation ist, wie sie reagiert hätte, wenn sie damals bereits Politikerin gewesen wäre.

Das Beispiel zeigt, wie sich unsere Motivation entwickeln und entfalten kann, wenn der passende Anlass da ist. Allein in der Wüste ist es schwer, machtvoll sein zu wollen. Die Suche nach Abschluss kann zum Antrieb werden, sich selbst aus der Einsamkeit zu retten. Motivation braucht passende Situationen, damit wir unser Handeln ausrichten können. Es muss etwas vor uns liegen, das uns begeistern kann. Sonst geht unser Tatendrang oder der Erlebnishunger ins Leere. Deshalb wird Motivation im Standardwerk von Falko Rheinberg, das erstmals im Jahr 2002 erschien, bestimmt als »die aktivierende Ausrichtung des momentanen Lebensvollzugs auf einen positiv bewerteten Zielzustand«.

Im Beruf gibt es sehr viele Auslöser, die unterschiedlich wirksam werden, je nach Ihrer Motivation: Ein Kollege wird befördert und geht an einen anderen Standort. Je nach Ihrer Motivation kann Sie diese Beförderung ganz anders aktivieren. Wollen Sie es dem Kollegen gleichtun, werden Sie nachhaltig an Ihren Leistungen arbeiten und die neue Konstellation vielleicht auch dazu nutzen, Ihre eigene Machtposition auszubauen. Wollen Sie dagegen Ihr Team stärken, werden Sie die Beziehungen intensivieren, um Ihre bestehende Position zu sichern. In beiden Fällen kann das sehr unterschiedliche Ergebnis für sie positiv sein: Einmal machen Sie selbst Karriere, und im anderen Fall stärken Sie Ihre bestehende Position. Jede Folge kann Ihre Erwartungen erfüllen und Ihre Bedürfnisse befriedigen.

Auch neue persönliche Erfahrungen werden häufig zum Auslöser für reizvolle Ziele. Plötzlich merken wir, was in uns steckt. Das Erlebnis, als Zuschauer einen Marathon in New York erlebt zu haben, kann Sie als Hobby-Jogger dazu anregen, Ihr Leben für das notwendige Training umzuorganisieren, um auch einmal dort durch das Ziel zu laufen und die Gemeinschaft von 40.000 Gleichgesinnten zu erleben.

Wir wissen gar nicht, was alles vor uns liegt. Egal wie alt wir sind. Wir schauen gar nicht richtig hin und haken viel zu schnell etwas ab, das uns inspirieren könnte. Nur weil wir in der Vergangenheit etwas nicht gekonnt oder noch nicht gemacht haben. Na und? Was bedeutet das für die Zukunft? Wir sollten es endlich versuchen! Wir haben doch keine Zeit zu verschenken.

Von außen ist der Grad unserer Motivation schwer zu beurteilen. Lassen Sie sich vor allem nicht einreden, Sie wären nicht zu begeistern oder könnten neue Aufgaben nicht für sich entdecken. Wer kann schon sein Leben lang das machen, was sofort und immer begeistert? Niemand! Doch?

Ausnahmen unter den Leserinnen und Lesern bitte sofort bei mir melden! Ich werde Sie in der nächsten Auflage des Buchs an dieser Stelle sofort als leuchtende Ausnahme aufnehmen.

Du hast mich überrascht! Damals 1986, kurz nach unserem ersten Treffen. Du bist ein Leistungsmensch und hast studiert. Kein Sport, keine Medizin wie viele andere Sportler, auch keine Naturwissenschaft oder irgendein anderes Fach, wo die Leistung objektiv gemessen werden kann. Dass Deine Schulnoten nicht gut genug gewesen sind, kann allein ja nicht der Grund gewesen sein.

Germanistik, Politik und Medienwissenschaften mit dem Abschluss einer Doktorarbeit über Goethe und Schiller. Es gibt wohl kaum eine andere Fachkombination und ein anderes Thema, wo subjektiver beurteilt wird. Das passt ja, auf den ersten Blick, gar nicht zu einem Leistungssportler, der unerbittlich nach Zeiten gemessen wird. Das könnten Sie jetzt vielleicht denken.

Zum einen faszinierte mich genau dieser Kontrast zum Sport, den ich bereits aus der Schule kannte. Mit Goethes *Faust* in der Abiturprüfung. Vor allem war mein Studium ein Team-Sport. Außer den wenigen Klausuren stand das Arbeiten in Gruppen im Mittelpunkt. Meine Anschlussmotivation kam im Sport nur begrenzt, im Studium jedoch voll zum Tragen. Und machtmotiviert musste ich auch nicht sein. Kurz: Für mich war das perfekt. Und bei der Doktorarbeit konnte ich, nach der Sportkarriere, noch einmal zeigen, dass ich auch ein guter Einzelkämpfer bin.

Mein Werdegang ist genauso unbekannt wie der von fast allen anderen Menschen. Und meine Karriere ist genauso normal, den Sport einmal ausgenommen. Die erste Berufswahl Pilot klappte nicht. Später im Job bin ich mehrmals umgestiegen, insgesamt dreimal. Familie gründen, Haus bauen ... und der ganze Rest, was das Leben so bietet. Doch halt: Vielleicht gibt es einen Unterschied, den heute auch meine Studenten und Verlage, Mitarbeiter und Kunden bemerken. Das ist die »milde Form der Besessenheit«, die stark motivierte Menschen auszeichnet. Immer wieder zu neuen Ufern aufbrechen. Die Faszination der Weite im Ozean zu spüren, wenn der ersehnte Hafen ganz weit weg ist. Sturm und Wellen zu trotzen. Das ist mein Ding. Ich bin gespannt, wohin meine Reise noch führen wird. Diese Leidenschaft können wir uns nicht verordnen. Jeder Mensch kann zulassen, seine Motivation leidenschaftlich auszuleben.

Ja, Du brennst für das, was Du tust. Fast noch wichtiger ist Deine Fähigkeit, neue Flammen wachsen zu lassen, wenn ein Feuer erlischt. Oder wenn ein Feuer zerstört wird. Das passiert heute allzu oft. Auch uns. Wir werden ausgebremst. Wir werden nicht mehr gebraucht, zumindest im aktuellen Job. Dann können uns meist nur wenige Menschen helfen. Auf jeden Fall können wir selbst wieder den Blick nach vorn richten. Eine Tür ist zu. Eine andere Tür geht auf. Mal sehen, was da vor uns liegt!

Manchmal ist keine Tür mehr auf. Oder wir trauen uns zunächst nicht, eine zu öffnen, weil wir fürchten, was dahinter steckt. Dann hilft es, sich zuvor über die eigene Motivation klar geworden zu sein. Dadurch gewinnen wir Selbstvertrauen, unseren Weg durch alle Wirren und mit den vielen Überraschungen gestalten zu können. Wie sagen die Briten so passend:»Keep Calm and Carry On«. Sich nicht verrückt machen lassen und weitermachen.

Niemand kann uns motivieren

Um es abschließend ganz klar zu sagen: Niemand von uns kann von außen motiviert werden, schon gar nicht nachhaltig. Glauben Sie niemandem, der etwas anderes verspricht. Das ist schlicht falsch. Zahlreiche Experimente zeigen, dass die intrinsische Motivation, also das eigene Streben ohne Belohnung, entscheidend dafür ist, das gewünschte Ergebnis zu erzielen. Die extrinsische Motivation, also die Wirkung meines Handels, wie eine Anerkennung zu bekommen, mobilisiert nur einen Bruchteil der Energie.

Für unseren Weg, das Beste für uns aufzunehmen, ist die Botschaft, dass uns andere Menschen nicht motivieren können, eine gute Nachricht. Denn die Arbeitswelt des digitalen Zeitalters benötigt die Fähigkeit zur Eigenmotivation für eigenständiges Arbeiten und Lernen. Unsere Selbstverantwortung, Kooperations- und Kommunikationsfähigkeit sind elementar. Ein Einpeitscher kann kurzfristig den Druck und die Geschwindigkeit erhöhen, uns eben »Feuer unter dem Hintern machen«. Dass unsere Flamme nicht nur entzündet wird, sondern auch am Brennen bleibt, ist eher unwahrscheinlich.

Du wirst es selbst nicht schreiben oder sagen. Ich weiß, wie Du Dich manchmal aufregen kannst. Über die Motivations-Gurus. Über die einfachen Rezepte. Über falsche Versprechen. Dein Warnhinweis lautet: Glauben Sie ja nicht, Tschakka hilft. Das schaffe ich. Da springe ich jetzt runter. Jetzt laufe ich über heiße Kohlen. Tschakka. Denn am nächsten Tag im Büro passiert ... nichts. Der Impuls ist verpufft.

Wir möchten Impulse geben, die für Sie nachhaltig wirksam werden. Wir aus der älteren Generation sind im Vorteil, diese Impulse aufzunehmen. Wir brauchen nichts mehr beweisen oder irgendwelche Zertifikate oder Pokale erreichen. Das könnten wir, wenn wir wollten. Wir müssen es aber nicht. Motivation können Sie sich selbst oder anderen nicht verordnen – so nach dem Motto:»Jetzt bin ich mal riesig motiviert und strenge mich mehr an!« Eltern können ihre Kinder oder Manager ihre Mitarbeiter mit einem»Sei mal motiviert« nicht wirklich erreichen. Sie alle können aber jene Bedingungen schaffen, damit sich die Motivation entfalten kann.

Bleiben wir bei uns. Auslöser für die Aktivierung der eigenen Motivation sind, wie bereits kurz angedeutet, häufig äußere Situationen und Reize, wie im Sport der Wettkampf, im Beruf die Präsentation oder im Studium die Prüfung. Der Alltag bietet uns eine Vielfalt an Reizen, die besser geeignet sind, als nur ein Spiel oder Rennen zu gewinnen.

Wer hat bereits einen Marathon gemacht? Ich wette, niemand von Ihnen, liebe Leserinnen und Leser, hat das einfach mal so gemacht, ganz allein. Sie sind bei einem Rennen gestartet. Sie sind die gut 42 Kilometer nicht gelaufen, um als Erste oder als Erster durch das Ziel zu rennen. Sie haben Ihre eigenen Ziele. Ankommen, schneller als beim letzten Mal, schneller als eine Freundin oder Freund. Manche laufen rückwärts. Es gibt viele Wege zum Ziel. Die Auslöser, einen Marathon zu laufen, sind ganz unterschiedlich. Wieder die Figur in Schuss bringen. Die tolle Reise nach New York. Für die Freunde das Rennen und die Vorbereitung organisieren. Beim Marathon treffen sich alle Arten von Motivation. Die Leistung ist längst nicht alles. Die Gemeinschaft zu erleben, andere Menschen zu begeistern und sich begeistern zu lassen, gehören genauso dazu. Sonst würden nicht Zehntausende von Menschen sich jeweils gemeinsam auf den Weg machen, in Berlin, Hamburg, Frankfurt oder sonst wo.

Den größten Reiz schaffen wir selbst. Das zeigt das Beispiel Marathon sehr anschaulich. Was Ihnen nun fehlt, sind konkrete Ziele, die Ihre Motivation mobilisieren. Für Ziele, die große Bedeutung für Sie haben, möchten Sie sich anstrengen, mitunter überwinden und konsequent dranbleiben. Dadurch bestätigen Sie Ihre eigene Motivation und mobilisieren weitere Energie. Ein wunderbarer Kreislauf für unser Leben.

Kurz gesagt: Wer weiß, welches schöne Ufer man ansteuern möchte, für den ist jeder Wind der richtige. Mit dieser Einstellung sind eine Brise, die uns ins Gesicht weht, und ein Sturm, der uns zeitweilig vom Kurs abbringt, nicht mehr so brisant.

Tipps & Tricks

Bestimmt haben Sie bereits ein Gefühl, wie Sie motiviert sind. Ein »Schnelltest«, den sie im Anhang finden (Seite 118), unterstützt Sie, sich Ihrer Motivationsstruktur klarer zu werden. Beim Ergänzen der Aussagen, die Sie dort vorfinden, sollten Sie ehrlich sein. Es bringt nichts zu ignorieren, dass Sie vielleicht mehr nach Macht streben, als Ihnen bisher bewusst war. Was Sie motiviert, das können Sie ohnehin nicht dauerhaft unterdrücken. Besser ist es, Ihr Verhalten in die Richtung zu steuern, wie Sie am besten Ihre Energien mobilisieren können.

Der Test ist ganz einfach: Sie ergänzen insgesamt 12 kurze Sätze jeweils mit einer Wertung, die mit folgender Anzahl an Kreuzen verbunden ist. Die Ergänzung eines Satzes mit »elementar« bedeutet drei Kreuze, »sehr wichtig« entspricht zwei Kreuzen und »etwas wichtig« ein Kreuz. Die Ergänzung »unwichtig« bekommt kein Kreuz.

Je mehr Kreuze Sie über die Aussagen in einem Bereich sammeln, desto prägender ist diese Motivation. Das Resultat, das sich ergibt, kann eindeutig, sehr vielfältig oder auch gleichrangig sein. Letzteres hieße, alle Motivationsarten sind bestimmend. Jedes Ergebnis ist gut. Das Bild stärkt Ihr Bewusstsein, was Sie bewegt. Damit haben Sie bereits viel erreicht.

....

Hier die 12 Sätze zum Ergänzen mit jeweils einer der vier Wertungen.
Bitte seien Sie ehrlich zu sich:

A. Meine Leistungsmotivation

* Tüchtig sein ist für mich ...
* Eigene Ergebnisse verbessern ist für mich ...
* Sich für meinen Erfolg einsetzen ist für mich ...
* Den Wettbewerb besiegen ist für mich ...

B. Meine Anschlussmotivation

* Nach Anerkennung streben ist für mich ...
* Sich für andere einsetzen ist für mich ...
* Beziehungen pflegen ist für mich ...
* Gemeinschaften anschließen ist für mich ...

C. Meine Machtmotivation

* Menschen führen ist für mich ...
* Wirken wollen ist für mich ...
* Einfluss nehmen ist für mich ...
* Kontrolle ausüben ist für mich ...

....

....

Addieren Sie bitte die Kreuze in jedem der drei Bereiche. Je mehr Kreuze in einem Bereich, desto prägender ist dieser für Ihre Motivation.

Zur Überprüfung können Sie auch eine gute Freundin oder einen guten Freund bitten, den Test zu Ihrer Person zu machen. Sie oder er geben eine Einschätzung ab. Bei großen Unterschieden im Ergebnis oder bei einzelnen Sätzen sollten Sie die unterschiedlichen Einschätzungen besprechen. Dabei ist nicht Einigkeit der Bewertung das Anliegen. Vielmehr geht es darum, den eigenen Blick zu schärfen.

Falls Sie noch mehr zum Thema »Motivation« interessiert, möchte ich Ihnen das Standardwerk von Jutta Heckhausen ans Herz legen. In ihrem Buch *Motivation und Handeln* (2018) finden Sie auch viele Details zu wissenschaftlichen Studien.

....

Mehr als ein Ziel haben.
Ich stehe auf zwei Beinen.

Die Mischung macht's.
Ich verbinde große und
kleine Schritte.

Jeden Tag öffnen sich Türen.
Ich gehe unverhoffte Wege.

KAPITEL 6

Mein Olympia liegt nah

Das Jahr beginnt für viele Menschen mit guten Vorsätzen. Das war auch bei mir 1984 im Trainingslager in Los Angeles so. Am ersten Januar standen wir nachmittags am Beckenrand des künftigen Olympiabeckens. Ich dachte vor dem Training an das, was vor mir lag, und welche konkreten Ziele ich mir für die nächsten Monate setzte. An erster Stelle das Abitur, irgendeine Note nahe der 2,0 sollte es werden (es wurde dann eine 2,3). Und schließlich die Olympischen Spiele, wenige Wochen nach den letzten Tests in der Schule. Ein Olympiasieg sollte es werden. Es wurden zwei.

Gute Vorsätze? Die brauchen wir beide heute nicht. Wir brauchen nicht einen Stichtag, um uns etwas vorzunehmen. Das passiert laufend, nicht fest geplant, mehr nach Anlass. Das Spektakel brauchen wir auch nicht mehr. Olympia? Das war einmal und kommt nie wieder! Zum Glück weißt Du das. Zum Glück braucht kein Mensch spektakuläre Ziele, um seine Motivation zu aktivieren. Die Ziele sollten »nur« eins tun, nämlich die eigene Person emotional bewegen. Dann bringen sie uns in Bewegung, im Kopf und im Körper.

Olympiasieger zu werden ist einmalig. Oder auf einen 8000er klettern. Oder im Triathlon einen Ironman beenden. Oder irgendwelche anderen extremen Ziele ... dann kann ich sagen: Ja, das Beste habe ich geschafft.

Nein, das alles ist nicht notwendig, um attraktive Perspektiven zu haben und seine Ziele zu erreichen. Unsere Energiequellen sind zudem nicht unendlich. Es ist absolut okay, die eigenen Grenzen zu kennen oder sich selbst Grenzen zu setzen. Der Schlüssel ist, nicht alles auf eine Karte zu setzen und seine Ziele anzupassen, sobald sich andere Bedingungen ergeben. Im Job passiert das im digitalen Zeitalter garantiert. Fünf oder zehn Jahre im Voraus planen, was wir machen möchten, ist heute eine Illusion. Noch viel schlimmer ist es, wenn wir stur auf ein fernes Ziel hinarbeiten. Dadurch verpassen wir viele andere Chancen, die rechts und links vor uns liegen. Das eigene Olympia kann so nahe sein.

Kein Mensch sollte außerdem nur ein Ziel haben. Wie langweilig wäre das. Und wie abhängig würden wir werden. Natürlich kann es notwendig sein, sich für eine gewisse Zeit auf eine Tätigkeit zu fokussieren. Das sind Ausnahmen. Wir Menschen stehen auf zwei Beinen. Das sollten wir auch emotional tun. Wenn ein großes Ziel aus dem Blick gerät, sollten wir mindestens noch eine weitere attraktive Perspektive vor uns haben.

Es gilt vor allem, flexibel zu bleiben, denn die Umwelt entwickelt sich rasant, und viele Anforderungen sind für manche der älteren Generation gar nicht mehr zu erfüllen. Wichtig ist, mehr Schritte zur Seite zu machen und manchmal auch etwas zurückzutreten, um wieder den Überblick zu bekommen, was das Beste für einen ist. Wir können und brauchen nicht alles aufnehmen. Wir sollten vor allem eines: unser »Zielhaus« einrichten und intensiv bewohnen.

Mein Zielhaus bewohnen

Wie ein richtiges Haus besteht das »Gebäude unserer Ziele« aus verschiedenen Ebenen und Räumen. Viele werden gemeinsam mit anderen Menschen, manche weniger bewohnt, manche auch renoviert, je nach Bedarf. Das Bild unseres Zielhauses ist also durchaus so zu verstehen, wie auch ein Haus in Wirklichkeit bewohnt wird. Es ist immer Bewegung in unserer Bude. Das steht fest.

Das Zielhaus bietet einige wesentliche Vorteile für die Gestaltung unseres Lebens. Wir haben mehr Möglichkeiten, attraktive Ziele zu setzen und diese in verschiedenen Lebensbereichen miteinander abzustimmen. Dazu zählen die langfristigen Perspektiven für eine Lebensphase, also die nächsten Jahre, die vor uns liegen.

Die Phasen befinden sich im Haus im Obergeschoss, denn sie sind übergreifend wichtig für uns. Dann gibt es Abschnitte, die im Erdgeschoss sind. Das sind die Ziele für die nächsten Monate, was direkt vor uns liegt. Und schließlich die Eingangstür, dort, wo wir jeden Tag vorbeikommen. Sie steht symbolisch für unsere Perspektiven. Jeder Tag kann uns neue schaffen oder erhoffte verschließen.

Mit dem Zielhaus wird unsere Lebensplanung flexibel, wenn irgendetwas dazwischenkommt oder sich neue Optionen ergeben. Das Umjustieren wird leichter, wenn sich ein Vorhaben plötzlich als unerreichbar erweist oder wir ein neues Projekt in unser Haus einbauen möchten. Und das Zielhaus schafft ein Zuhause, wenn es stürmt im Leben. Denn im Haus wird es immer einen Platz geben, wo sich Ziele für uns befinden oder bestimmen lassen. Das können ganz kleine Fortschritte sein, um im Alltag wieder Fuß zu fassen. Und es wird sich immer ein Platz finden, um unsere Energie aufzuladen und wieder in Schwung zu kommen. Dazu gehören Räume, die mit anderen bewohnt werden und wo man sich gegenseitig Mut gibt. Das Zielhaus sorgt für eine stabile Konstruktion für das vielfältige Zusammenwirken aller Energien, auch derjenigen, die von außen und negativ auf uns wirken.

Mit unserem Zielhaus machen wir die vielfältigen Ereignisse und Erlebnisse auf dem Lebens- und Berufsweg nutzbar, sei es das unverhoffte Jobangebot oder der ebenso überraschende Jobverlust. Denn es wäre sogar schade, wenn wir unser Zielhaus nur am Reißbrett gestalten, bauen und bewohnen müssten. In jedem Fall gibt es im eingerichteten Zielhaus Räume, die einmal aufgemöbelt werden könnten oder in die man sich zurückziehen kann, wenn in einem Bereich plötzlich ein Schaden entsteht. Selbst in ganz kritischen Situationen, wie Unfällen oder Krankheiten, die uns das Gefühl geben, das ganze Zielhaus droht einzustürzen, gibt es immer einen Bereich, der für den nächsten Tag eine Perspektive schafft. Mit einem Zielhaus geben wir uns mehr Chancen. Jederzeit.

Wir beide sind seit über 30 Jahren an der gemeinsamen Hausplanung. Jeder hat so seine eigenen Räume mitgebracht und neue aufgebaut. Irgendwann kamen in unser Haus neue Mitbewohner. Bald werden uns die eigenen Kinder wieder verlassen. Räume im Haus werden buchstäblich ein- und wieder ausgeräumt. Parallel ist in unseren eigenen Zimmern ziemlich viel los. Manchmal wird gemeinsam umgebaut, wie bei unserem Unternehmen vor einigen Jahren. Phasen, Abschnitte und einzelne Tage – alle Ebenen ergänzen sich bei uns. Ich bin gespannt, was bei uns noch so alles renoviert oder neu gebaut wird.

Unsere Lebensvision kann für uns enorme Energie entfalten, wie wir bereits im dritten Kapitel »Mir fehlt wenig« gesehen haben. Daher sollte die Lebensvision ein Teil unseres Zielhauses sein. Um in diesem Bild zu bleiben: Der Ort für unsere Vision kann durchaus der Dachboden sein. Das bedeutet, dass sie im Alltag zwar nicht immer präsent ist, sie aber dennoch da ist und über allem schwebt.

Deine Lebensvision, ein Pilot zu werden, ist im hintersten Winkel gelandet. Auch privat hast Du nicht versucht, den Pilotenschein zu machen. Ich habe Dich ja häufig genug daran erinnert, dass dies gar nicht so schwer wäre, aber eben Zeit kostet. Faszinierend ist zu sehen, wie Deine Begeisterung für die Fliegerei spontan ausbricht. Beim Start, wenn sich die Flügel kurz vor dem Abheben leicht nach oben biegen. Oder Dein Feingefühl, dass der Pilot nach einiger Zeit die Maschine ein paar Tausend Fuß steigen lässt, weil der Flieger leichter geworden ist. Das interessiert niemanden – aber Dich begeistert es.

Nur weil ich meinen Traum etwas nachlässig behandle, bedeutet das nicht, dass die Lebensvision nicht aktiv im Zielhaus verfolgt werden kann. Im Gegenteil! Das Zielhaus bietet dazu mehrere Möglichkeiten, die sich ergänzen und verknüpft sind. Es bestehen drei Bereiche parallel, die alle ihren eigenen Wert und ihre Bedeutung besitzen.

Erstens unsere Lebensphasen. Hier verfolgen wir manchmal über mehrere Jahre ein einziges Ziel. Beispielsweise im Studium einen Abschluss schaffen oder im Job eine Karrierechance. Innerhalb der Phasen gibt es Abschnitte, der zweite Bereich im Zielhaus. Im Studium sind dies Semester oder im Job ein Quartal, jeweils mit konkreten Zielen, was wir wie erreichen möchten, zum Beispiel in Seminaren oder Projekten. Schließlich der einzelne Tag als Verbindung zu den beiden anderen Bereichen. Der Tag ist quasi die Eingangstür in unser Zielhaus und in die verschiedenen Zielräume, die wir ständig durchschreiten. Wir stehen zum Beispiel vor einer Präsentation oder Prüfung. Sie schließen einen Abschnitt oder sogar eine ganze Phase ab, zum Beispiel ein Projekt der letzten Monate oder eine Weiterbildung der letzten Jahre. Für diesen Tag haben wir ein konkretes Ziel.

Die meisten Türen öffnen sich jedoch ungeplant. Eine E-Mail, ein Posting oder eine Meldung auf einer Plattform – alles kann uns täglich einen Impuls geben, für uns ein neues Ziel zu entdecken und anzustreben. Seien Sie also wachsam, was plötzlich vor Ihnen liegt. Das Gute liegt manchmal sehr nah!

Die heutige Schnelllebigkeit wird zum Vorteil, wenn wir ein Zielhaus besitzen. Wir können die Ereignisse um uns sofort verorten, welches unserer Ziele profitiert oder auch gefährdet wird. Die kurzfristigen Ereignisse und Entwicklungen werden für uns nutzbar oder besser zu bewältigen. So kommen wir über »Durststrecken« bei den langfristigen Vorhaben einer Lebensphase hinweg. Oder wir können sogar über die täglichen Fortschritte wieder Fahrt aufnehmen, wenn sich eine langfristige Planung zerschlägt.

Unsere Lebensphasen als Meilensteine

Die Zielvorstellungen für die nächsten fünf oder auch zwei bis drei Jahre sind die großen Pfeiler. Und das zu Recht, denn wir investieren ja sehr viel Zeit und Energie in die entsprechenden Aufgaben. Dazu zählt zum Beispiel die passende Aus- und Weiterbildung, um seinen Beruf ergreifen oder weiter ausüben zu können. Zugleich kann allein durch die Länge einiger Jahre einiges dazwischenkommen, die Justierungen in der Zielsetzung notwendig machen. Eigentlich kommt man selten aus einer Phase genau so und genau zu der Zeit heraus, wie man es sich vorgenommen hat.

Beispielsweise möchte man sich im Beruf weiterentwickeln, gelangt im aktuellen Job aber häufig schnell an das Ende der Fahnenstange. Im Sport visiert man eine konkrete Leistung an, muss sich jedoch – bei ehrlicher Betrachtung – eingestehen, keine Chance zu haben, die nächste Liga zu erreichen. Und im ehrenamtlichen Engagement können durch vielerlei Einflüsse die eigenen Wünsche Schiffbruch erleiden, da andere nicht so mitziehen wie erhofft.

Nur die Schule, das Studium und die Berufsausbildung besitzen einen fest bestimmten Zielpunkt, den aber deshalb auch nicht jeder erreicht. Äußere Umstände, wie Wirtschafts- und Ehekrisen, Finanz- oder Gesundheitsprobleme, erfordern Anpassungen oder Umwege, führen aber nicht zwingend dazu, die gesamte Perspektive zu verändern.

Du hast Glück gehabt, bisher. Unverhoffte radikale Brüche blieben Dir bisher in Deinem Leben erspart, zum Beispiel durch eine Verletzung im Sport oder eine ernste Krankheit. Das ist meistens einfach Schicksal. Wir müssen dann die verschiedenen Phasen im Leben abstimmen. Dazu zählt auch, nicht zu lange in einer Phase hängen zu bleiben. Da bin auch ich mitunter überrascht, wie früh Du die Reißleine ziehst. Man soll aufhören, wenn es am schönsten ist, sagst Du immer.

Im Rückblick habe ich bisher jeden Übergang fließend gestaltet, also mit Vorankündigung – wie 1991 das Ende der Sportkarriere. Wie bitte, der Groß hört auf? Nur gut ein Jahr vor den nächsten Spielen in Barcelona? Das kann der doch noch durchziehen! So war der Tenor in den Medien. Auch Einige in meiner Mannschaft wunderten sich: Mach weiter! Du wirst gebraucht! Denn weitere Medaillen bei Olympia 1992 lagen in Reichweite. Mein Körper war fit, mein Kopf schon weiter. Alle waren etwas überrascht, dass ich bereits mit 26 Jahren meine Sportkarriere beendete. In der Phase Sport hatte ich alles erlebt, inklusive zum Schluss eine Weltmeisterschaft für das erst kurz zuvor wiedervereinigte Deutschland. Ein Traum ging dort in Erfüllung.

Im Wasser hielt mich nichts mehr. An Land lag viel vor mir, der erste Job, die Chance auf eine Promotion und eine tolle Partnerschaft mit meiner Frau. Eine Familie entsteht nicht allein im Wasser. Daher umarmte ich sie so lange wie nie, als wir uns in Bangkok zum Urlaub trafen, nachdem ich von meinen letzten Rennen bei der WM aus Perth in Australien angekommen war.

Du warst echt völlig zufrieden damals, als wir uns in Bangkok trafen. Du kamst aus Perth mit dem letzten Deiner Weltmeistertitel im Gepäck. Ich war überrascht, wie einfach Dir die Entscheidung fiel. Offenbar hielt Dich nichts mehr dort, wo Du Erfolge gefeiert hast, die Du nie mehr in Deinem Leben wiederholen wirst. Das ist, wie ich jetzt weiß, für jeden Menschen ein wichtiger Maßstab für eine Veränderung: Wer alles in einem Bereich erlebt hat, der sollte etwas Neues beginnen, allein oder gemeinsam, ob im Beruf oder im Privaten. Das Erreichte ist dabei weniger bedeutsam, schon gar nicht die Wiederholung. Und Erfolge der Vergangenheit sind ein schlechter Ratgeber.

Noch nie habe ich mich in einer Lebensphase bis auf die eigenen Knochen durchgebissen. Die derzeit letzte große Wandlung habe ich ebenso selbst ausgelöst. Anfang 2012 habe ich mein Unternehmen stärker auf die Bereiche Change Management & Talent Management ausgerichtet, um Kunden im digitalen Zeitalter fit zu machen. Meine Frau ist wieder eingestiegen. Die Firma wurde umbenannt, verkleinert und ist umgezogen. So konnte ich auch andere Interessen verfolgen, wie beispielsweise als Buchautor tätig zu sein. Das braucht Zeit, die ich vorher nicht hatte. Ob die Pläne realisiert werden können und wohin sich die eigene Arbeit genau entwickeln wird – das war damals

absolut nicht gewiss. Die Zeit war für mich reif zum Ein-
läuten der nächsten Phase.

*Was uns eint, und deshalb verstehen wir uns so gut,
ist unsere gemeinsame Überzeugung: Am schlimmsten sind die Schritte im Leben, die wir nicht gemacht
haben. Was wir erfahren haben, an Höhen und Tiefen, wäre ohne die vielen ersten Schritte, die wir gemeinsam gegangen sind, nicht denkbar. Deshalb geben
wir jedem ersten Schritt, der nötig ist, eine faire Chance.*

Die Qualität unserer Ziele, was uns emotional begeistert,
besonders in einer Lebensphase, ist immer ergiebiger als
jede Quantität, dazu zählen zum Beispiel das höhere Gehalt oder mehr Gewinn. Das sind mögliche kurzfristige
Folgen aus einer langfristigen Perspektive in der Lebensphase. Was mir heute immer fehlt, ist die Möglichkeit, der
Beste der Welt zu werden. Aber dies war in der Lebensphase Sport ebenfalls nur ein quantitatives Ziel: Das kann
meine Leistung im Vergleich zu allen anderen Menschen
bedeuten. Im Sport war ich insofern extrem abhängig vom
Umfeld. Also konzentrierte ich mich auf das qualitative
Ziel, das durch meine eigene Leistung beeinflusst werden
kann. Im Schwimmen ist das die Zeit.

Diese Aussicht, eines eindeutigen qualitativen Ziels
für eine Lebensphase, hatte ich einmal und werde sie nie
mehr wieder bekommen. Und das zum Glück, davon bin
ich überzeugt. Denn in jeder Lebensphase einer gleichen
Zieldimension zu folgen, führt garantiert zu Misserfolgen
und verhindert, für sich immer neue Perspektiven zu
schaffen. Gerade erfolgsverwöhnte Menschen versuchen

genau das – und verzweifeln daran, weil sie sich in der nächsten Lebensphase die gleichen Maßstäbe setzen. Das Umschalten gelingt nicht.

Ein Unternehmer, der extrem erfolgreich war und nach dem Verkauf erneut startet und dann fast immer scheitert, macht einen entscheidenden Fehler. Sie oder er setzen sich, emotional nachvollziehbar und rational falsch, ein vergleichbares Ziel. Viele Sportler, Schauspieler oder Politiker – die große Bühnen gewohnt waren – stehen plötzlich allein da und versagen, sich anders zu definieren.

Wir sollten uns nicht von den möglichen Erfolgen in vorherigen Phasen blenden lassen. Außergewöhnliche Höhepunkte und daraus folgende Anerkennung lassen sich nicht einfach auf die nächste Phase übertragen. Der Wert eines Olympiasiegs war in meiner Promotion und im Einstieg als Unternehmer gegen null. Und das war gut so, um wieder neue faszinierende Ziele entwickeln zu können.

So gesehen haben es die meisten »normalen« Menschen sogar leichter. Denn sie sind freier in ihrer Wahl. Sie werden eher nicht der Trägheit verfallen, keine neue Perspektive für eine folgende Lebensphase zu entwickeln. Bei radikalen Umbrüchen, wie mit neuen Partnerschaften, privat und im Job, gelingt dieses Umschalten zwangsläufig. Der Weckruf ist deutlich, und jedem Menschen wird klar: Jetzt muss etwas anderes passieren. Es gibt keine Alternative.

Aus der Verantwortung, für jede Lebensphase eigene Perspektiven zu entwickeln, entlässt uns niemand. Im Beruf können vom Unternehmen Jahresziele ausgegeben und für die nächsten Jahre Karriereperspektiven geschaffen werden. Aber passen diese zu meinen eigenen Planungen und Stärken, die ich habe und ausbilden möchte? Wer aufhört, sich eigenständig neue Ziele setzen zu wollen, fängt an, Misserfolg zu produzieren. Und wer sich mit seiner eigenen Vergangenheit misst, besonders nach erfolgreichen Lebensphasen, programmiert das Scheitern vor.

In den verschiedenen Lebensphasen zählen unterschiedliche Stärken, die nicht in der Schule, Berufsausbildung oder im Studium gelernt werden. Diese müssen wir vielmehr in uns selbst entdecken und ausbilden. Mit diesem Neuerfinden sollten wir Ältere uns eigentlich auskennen.

Ja, das stimmt – eigentlich. Doch seien wir ehrlich: Leider treffen wir nahezu täglich nicht nur Altersgenossen, die in ihren Überzeugungen festhängen. Sie folgen, meist unbewusst, sogenannten Glaubenssätzen. Viele werden uns buchstäblich in die Wiege gelegt. Da höre ich in meinen Gesprächen: »Ich konnte mich noch nie durchsetzen« – »Ich bin schwach, wenn es darauf ankommt«. Warum, frage ich dann. »Ja, weil früher …« Stopp! Genau das, was vor einem liegt, wird das Gegenteil beweisen, wenn man versucht, etwas Tolles daraus zu machen. Sogar aus Steinen, die vor einem liegen, kann etwas Schönes gebaut werden.

Seine Lebensphasen aneinanderzureihen – dafür gibt es eben keine feste Regel und kein allgemeingültiges Erfolgsrezept, das in jeder Situation und der jeweiligen Anforderung für jeden passt. Jede unserer Lebensphasen hat eine eigene Qualität und Bedeutung im Leben. Das sollten wir nicht übersehen, auch wenn wir ein Vorhaben verfehlen. Viel größer wäre das Problem, sich kein Ziel für eine Lebensphase zu setzen. Dann würde uns nämlich vor allem eins fehlen: ein Rahmen für die nächste Ebene im eigenen Zielhaus, unsere Lebensabschnitte.

Unsere Lebensabschnitte als Antreiber

Eine Phase ist viel zu lang, um unsere Motivation im Alltag zu aktivieren. Niemand kann vier Jahre für Olympia trainieren, ohne die vielen kleinen Abschnitte dazwischen. Hier kommen wir weiter und können uns engagieren, spüren den gewünschten Fortschritt – oder merken, was noch fehlt.

Sie nehmen sich konkrete Ziele für das beginnende Semester oder das nächste Quartal im Beruf vor. Im Privaten geht das auch: die nächste Sommersaison im Garten oder das Üben für das nächste Konzert im Herbst. Das sind naheliegende Perspektiven, die uns bewegen. Spektakuläre Ziele sind bei diesen einzelnen Abschnitten eher die Ausnahme, sogar im Sport!

Letztlich bin ich von Saison zu Saison geschwommen, also von einem Lebensabschnitt zum nächsten. Nach der Doppelweltmeisterschaft und der ersten Ehrung zum »Sportler des Jahres« am Ende des Jahres 1982 fragte ich mich natürlich auch: Wie geht es weiter? 18 Monate später standen bereits die Olympischen Spiele an, dazwischen ein Jahr »nur« mit Europameisterschaften. Dass ich zu Olympia wollte, war klar. »Jetzt will ich den Olympiasieg«, kam mir aber nicht in den Sinn. Das war zu weit weg. So viele Monate noch und absolut unkalkulierbar, was bis dahin alles passieren konnte.

Vielmehr blickte ich auf die nächste Saison, den konkret greifbaren naheliegenden Schritt. Dadurch wurden auch lange Phasen in emotional attraktive Teile zerlegt, die selbst schon einen hohen Wert besitzen. Bekannte Ziele für einzelne Abschnitte sind die Klausuren zum Ende eines Semesters oder die nächsten Quartalszahlen. Wenn keine so eindeutig formulierbaren Endpunkte vorliegen – und die sind die Ausnahme –, sollten wir uns diese selbst schaffen. So gebe ich mir vor, im Beruf bestimmte neue Projekte zu starten. Diese Maßnahmen starte ich, um Kunden zu begeistern und Neue zu gewinnen.

Ein weiterer Vorteil der Lebensabschnitte – neben mehr Gelegenheiten, Erfolge feiern zu können – ist die Aktivierung unserer Motivation in komplexen und schwierigen Umfeldern. Im Bild gesprochen bedeutet das: Die einzelne Stufe eines Lebensabschnitts macht auch die steilste Treppe zu einer Lebensphase in unserem Zielhaus begehbar.

Das größte Potenzial liegt in den einzelnen Abschnitten. Dort können wir schnell sehen, was geht und was nicht. Wir können sofort reagieren, vor allem wenn etwas nicht klappt. Wie oft ändern sich heute die Rahmenbedingungen, und wir werden gezwungen, etwas zu verändern. Meistens warten wir jedoch zu lange und vergeben die Chancen, die uns einzelne Abschnitte bieten.

Auch ich habe mich manchmal dabei erwischt: Wenn es gut läuft, wollen Menschen meistens nichts verändern. Dabei weiß eigentlich jeder, die Stärken von heute, die zu den tollen Ergebnissen geführt haben, sind die Schwächen von morgen – auch im nächsten Lebensabschnitt. Nicht ob, nur wann, in wenigen Wochen, Monaten oder Jahren, das ist die Frage. Vor dieser Erkenntnis scheuen wir zurück. Und diese Ignoranz fällt uns im digitalen Zeitalter im Beruf schneller denn je auf die Füße.

Auch viele Manager und Unternehmen lassen die Muskeln erst spielen, wenn Probleme nicht mehr zu leugnen sind. Oft fehlen ihnen das Geschick und Gespür, Mitarbeiter zu faszinieren und überzeugt an neuen Zielen mitzuwirken, wenn es gut läuft. Ebenso übersetzen sie selten für eine aktuelle Saison, wie die kurzfristigen, meist rein finanziellen Ziele erreicht werden sollen. Was ist Faszinierendes zu tun, wie können sich Mitarbeiter einbringen, wie kann ich meine Ziele mit dem Job abstimmen? Zwangsläufig haben Mitarbeiter häufig Probleme, ihre eigenen Vorstellungen für den aktuellen Lebensabschnitt mit ihren Möglichkeiten im Unternehmen zu verbinden. Also sind sie gefordert, eigene Perspektiven aufzubauen, gerade wenn Ziele von außen vorgegeben sind. Jeder von uns hat die spannende Aufgabe, die Wege zum Ziel und entsprechende Zwischenziele zu formulieren. Uns bleibt dann sogar etwas übrig, wenn äußere Ziele nicht erreicht werden. Die eigenen Ziele können so am stärksten aktivieren, besonders wenn sie uns fordern.

Aufgepasst! Herausfordernde Ziele. Damit kennst Du Dich wahrlich bestens aus. Das ist nicht jederfraus und jedermanns Sache. Braucht auch nicht jede und jeder. Deshalb bitte etwas vorsichtiger an das Thema herangehen. Ohne ziellos zu werden, versteht sich.

Du hast recht. Nicht jeder muss Olympiasieger oder so werden, um erfolgreich zu sein. Bloß nicht! Aber das *eigene* Olympia liegt nahe. Dessen Attraktivität steigt über die eigenen Ansprüche. Viele Beispiele zeigen, dass einfache Ziele schnell langweilig werden. »Kein Problem, das packe ich schon.« Dieser Gedanke ist gefährlich. Dann bewegen wir uns von Anbeginn weniger als nötig. Man tut intuitiv nicht mehr, als man meint, tun zu müssen.

Meine eigenen Erfahrungen, die Praxis im Beruf und wissenschaftliche Experimente kommen unisono zu dem Ergebnis, dass Menschen über ambitionierte Vorhaben ihr Können mobilisieren und größere Genugtuung erfahren. Das Engagement und auch die Leistung von Menschen nehmen mit der Schwierigkeit von Zielen zu. Nichts ist langweiliger als ein Ziel, das ich ohne große Mühe quasi schon morgen erreicht haben kann.

Erst von dem Punkt an, an dem Versuchspersonen an die Grenzen ihrer Leistungsfähigkeit stießen und auch der größte Wille nicht mehr hilft, resignieren sie. Erst bei völliger Überforderung und wenn auch Improvisation versagt, schlägt ein forderndes Ziel in Frustration um. Dann ziehen wir uns zurück und machen eher nichts mehr. Doch keine Sorge. Das Zurückdrehen seiner eigenen Anforderungen geht immer, das Hochschrauben ist eher schwierig. Das haben Sie ja bereits zum Abschluss des ersten Teils im Buch erfahren!

Zugespitzt gilt: Wer alle seine Ziele erreicht, hat ein Problem – die falschen Ziele. Nur wer sich unterfordert, kann die meisten Ziele erreichen. Anstatt von Erfolg zu Erfolg zu eilen, ist ein hart erkämpftes Ziel nachweislich viel inspirierender. Eine herausfordernde Aufgabe zu bewältigen, die man sich vielleicht gar nicht zugetraut hat, das erhöht die Zufriedenheit und aktiviert zusätzliche Energien.

Unser Lebenstag als Aufgabe

Früher hatte jeder Trainingsabschnitt im Schwimmen eine klare Aufgabe, mitunter mehrere, was ich neu lernen, verstärken oder überprüfen wollte. Wäre dem nicht so gewesen, hätte ich wirklich nur Kacheln zählen können – und hätte schnell aufgegeben. Genauso heute im Beruf. Das meiste, was ich jeden Tag tue, wiederholt sich, ist aber deshalb noch lange nicht langweilig. Im Gegenteil: Ich muss mir wirklich vornehmen, einen Tag zu wiederholen – früher im Bad und heute im Büro.

Jeder Tag bringt etwas Neues, meist im Kleinen. Selten passieren die großen Schritte. Schon gar nicht passieren diese Sprünge völlig unerwartet. Eher arbeiten wir zielstrebig auf diese Momente eines besonderen Tages hin: Diese Ereignisse sind im Sport die wichtigsten Wettkämpfe einer Saison oder Abschlussprüfungen bei der Aus- oder Weiterbildung. Hier enden an einem Tag sogar ganze Lebensphasen. Gleiches gilt für unerwartete Ereignisse eines Tages, die manchmal auch negative Auswirkungen haben: Wenn der Arbeitgeber eine neue Struktur einführt, Pleite geht oder durch eine eigene Krankheit die ganze persönliche Planung über den Haufen geworfen wird. Dann erinnern wir uns ein ganzes Leben lang an diese Momente.

In solchen Krisenmomenten hilft uns der Blick auf den einzelnen Tag. Schritt für Schritt »wieder Land gewinnen«.

Langsam wieder kleine Dinge, die vor uns liegen, aufnehmen. Die Perspektive auf den einzelnen Tag, den Eingang in unser Zielhaus, unterstützt ungemein, neue Energie zu gewinnen, um wieder neue Räume zu eröffnen.

Im Sport erfolgt in diesen Situationen die Konzentration auf das nächste Spiel, wie in einem Abstiegskampf, und das nächste Rennen, wie bei mir bei Olympia in Seoul 1988. Durch einen Bandscheibenvorfall lief die Vorbereitung sehr viel anders als gedacht, im ersten Rennen blieb ich unter den Möglichkeiten. Der Fokus lag dann automatisch auf den nächsten Rennen. Sonst hätte ich Olympia gleich abhaken müssen. So konnte ich mein Potenzial mobilisieren. Das Schwimmen habe ich ja nicht verlernt. Der nächste Olympiasieg später war die Folge, sich auf wenige Tage zu konzentrieren, was nun verändert werden kann.

Das sind Ausnahmesituationen, die außergewöhnliche Energien mobilisieren. Now or never! Manche Tage bieten Ereignisse und Gelegenheiten, die nie wieder kommen. An seltenen Tagen sind diese Gelegenheiten sogar absehbar oder planbar. Das zeigt sich häufig jedoch erst später, dass ein Tag und eine Entscheidung unser Leben verändert haben. So erging es mir. Da treffe ich in Hawaii so einen deutschen Schwimmer. Der hatte auf Maui ein Auto, ich war damals zu jung zum Mieten. Aber ich hatte mit meiner Freundin ein schöneres Apartment. Jetzt schreibe ich nach 34 gemeinsamen Jahren mit diesem Menschen ein Buch zusammen. So kann es gehen.

Kein Mensch kann absehen, welche Folgen ein einzelner Tag für das eigene Leben haben wird. Wir gestalten den weiteren Weg und reagieren dabei auf viele Einflüsse, besonders von Menschen, mit denen wir lieben, leben und arbeiten.

Kein Mensch hat für jeden Tag ein Ziel, wenn man aufwacht. Das ist die Ausnahme, bei Wettkämpfen, Prüfungen, Präsentationen und anderen vorausschaubaren Ereignissen. Wir wissen, das ist eine Wegmarke. Dann mobilisieren wir die ganze Energie. Wenn nicht dann, wann sonst!

Spannend ist der Alltag, wie wir uns Erlebnisse und Ereignisse bewusst machen. Ein Anruf bietet uns die Chance, ein fernes oder gar verloren geglaubtes Ziel doch noch zu erreichen. »Wir haben gehört, dass Sie uns helfen könnten, und möchten mit Ihnen ein Thema besprechen.« Das unverhoffte Lächeln eines Patienten oder das Lob eines Kunden zeigt uns, dass sich unsere Anstrengungen lohnen. Das alles gibt uns neue Energie.

Die Kombination von unerwarteten Erfahrungen und erhofften Erlebnissen, Enttäuschungen eingeschlossen, die im Wechsel täglich in der Tür unseres Zielhauses stehen, sorgen dafür, dass das Beste vor uns greifbarer wird. Diesen Weg machen wir uns nicht bewusst. Wir sollten uns das eigene Leben und Erleben buchstäblich vor Augen führen.

Mein Trainingsbuch dokumentierte früher im Schwimmen *jeden* Meter, jede Erfüllung einer neuen Aufgabe, zeigte Defizite, was ich nachholen wollte, und vor allem die Siege im Alltag. Fett unterstrichen wurden die tollen Serien, die besten Einzelzeiten. Meine Trainingsrekorde waren genauso wichtig wie die im Wettkampf, die ohne den alltäglichen Antrieb über das Buch, das ich akribisch, andere sagen pedantisch, führte, nicht möglich gewesen wären. Auf den ersten beiden Seiten standen immer zu Beginn einer Saison die aktuellen Trainingsbestzeiten, so um die 30 verschiedene Strecken und Übungen.

Das Durchstreichen der alten und das Ersetzen durch eine neue persönliche Bestzeit waren ein Höhepunkt. Im Alltag war diese Erfahrung so wertvoll wie jede Medaille später. Vor allem war das gute Gefühl unabhängig von jeder Anerkennung Dritter oder eine Auszeichnung im Wettbewerb. Es ging zunächst nur um mich. Und das Durchblättern öffnet noch heute bei vielen Eintragungen positive Erinnerungen. Meine Bestzeiten zu erreichen und einzutragen vergewisserten mich, auf der richtigen Spur zu sein, gerade wenn es aktuell insgesamt nicht gut zu laufen schien.

Dein Buch ist ein gutes Beispiel, was jeder für sich selbst tun kann. Sehr hilfreich ist, ein Glückstagebuch zu führen. Es hilft wirklich ungemein, täglich die schönen Erlebnisse und Erfahrungen aufzuschreiben. Negative Erlebnisse bleiben kurzfristig ohnehin in der Erinnerung. Meine Ausbilderin zum Coach hat Erbsen in der Hosentasche. Morgens startet sie mit allen Erbsen in der linken Hosentasche und für jedes tolle Erlebnis am Tag legt sie eine Erbse in die rechte Hosentasche. Oft ist sie abends freudig überrascht, wie positiv ihr Tag verlaufen ist, da sich viel mehr Erbsen rechts befinden, als sie für möglich gehalten hat.

Nur an sechs Tagen, in meiner Karriere über 15 Jahre, hatte ich den ultimativen Höhepunkt in meinem Sportlerleben im Blick. Das waren die Rennen bei Olympia. Ohne die vielen, mehreren Hundert Tage mit dem ganz persönlichen Fokus »Trainingsbestzeit« wären die letztlich goldreichen drei Tage nicht möglich geworden.

Du hast Dich gefreut wie ein Schneekönig. Bestzeit im Training. Besser geht's nicht. Der Energieschub für Deine Motivation war stets gewaltig. Daran musste ich mich auch erst gewöhnen, wie wichtig jedes einzelne Training für Dich sein konnte. Genauso gehst Du heute in den Arbeitstag. Du hoffst auf einen neuen Fortschritt. Zum Glück war das auch im Training früher nicht immer so. Dann bist Du nicht so enttäuscht, wenn tägliche wirklich sichtbare Fortschritte eher selten sind.

Heute bei der Arbeit habe ich täglich einen erfüllten Moment, meist kurz. Sei es eine gute Präsentation, intensive Diskussionen mit Studenten oder eine anregende Stunde im Fitnessstudio. Ohne all diese Erfahrungen des Tages müsste ich auf Dauer etwas anderes tun.

Tendenziell sehen wir tagesaktuell eher die negativen Ereignisse und übersehen positive Resultate. Ein psychologisch nachvollziehbarer Effekt, da wir uns das positive Ziel ja vorgenommen haben, die Erfüllung also »normal« ist. Sie kennen den Effekt beim Autofahren: Die grünen Ampeln fallen uns kaum auf. Wir erwarten sie ja, um schnell zum Ziel zu kommen. Jede rote Ampel, besonders die, die kurz zuvor noch grün war, regt uns auf. Oder in unseren Beziehungen: Jede negative Erfahrung kann viele positive Eindrücke zunichtemachen. Umso wichtiger ist es für unsere tägliche Arbeit, sich Fortschritte in das Bewusstsein zu rücken.

Vertrauen wir unserem Gehirn, der beste und wirksamste Organizer, und der zudem immer verfügbar ist. Unser Gehirn arbeitet mit Bildern, die wir schaffen, am besten. Bilder sagen mehr als tausend Worte – und alle Eintragungen in Online-Kalendern. Unsere Handschrift schafft Bilder, Eintippen nicht. Was wir schreiben, das merken wir uns. Der Klassiker ist der »Spicker« in der Schule. Damals war ich frustriert. Nutzlos, dachte ich. Denn sehr selten habe ich die Zettelchen auch gebraucht. Nein, das stimmte nicht! Erst durch die Verschriftlichung wurde das Wissen bildhaft gespeichert und dadurch nicht vergessen.

Spickzettel haben wir wohl alle in der Schule eingesetzt. Wie kreativ wir waren, um möglichst viel leicht greifbar zu haben. Das Erstaunliche ist: Alles, was wir akribisch und eigenhändig aufgeschrieben haben, das wussten wir. Der Spickzettel blieb dann meistens stecken.

Das analoge Buch, in das wir schreiben, ist in den flüchtigen und schnellen digitalen Zeiten wichtiger denn je. Alle elektronischen Helfer haben nicht diese Haptik und Sinnlichkeit, für uns Aufgaben mit Hand und Herz entwickeln zu lassen. Die uneingeschränkte Verfügbarkeit und Nutzbarkeit hat nur ein Buch oder Papierkalender. Jeder Tag hat ein eigenes Blatt. Dort kann ich mich lesen, sehen und fühlen, auch nachträglich, eben durch die Handschrift als prägnantes Bild.

Meine Notizen verdeutlichen mir: Bei den vielen vermeintlichen Routinen im Alltag gibt es immer etwas zu entdecken. Oder nach mehreren erfolglosen Bewerbungen oder einer geschäftlichen Flaute, die auch mir passiert. Welche Defizite habe ich, was habe ich vielleicht übersehen? Aber zugleich festhalten: Das war gut, daran kann ich anknüpfen.

Was meiner Kladde heute fehlt, ist die Liste an Bestleistungen. Das gilt ja für die meisten Menschen. Dafür stehen vorn in meinem Jahresbüchlein handgeschrieben meine Themen, die mich übergreifend bewegen, im aktuellen Lebensabschnitt. Und im Büchlein entwickeln sich fortlaufend, ohne Unterstützung und Einengung eines schematischen Kalenders, die Wochenaufgaben und -ziele, auch für einzelne Tage, wie zum Beispiel bei wichtigen Präsentationen oder auch privaten Ereignissen.

Sich die täglichen Fortschritte, Erfahrungen und manchmal auch Enttäuschungen vor Augen zu führen, das ist kein lästiger Papierkram. Das sind sehr gut investierte wenige Minuten. Ohne die kleinen Erfolgsgefühle im Alltag, eine wichtige Aufgabe geschafft zu haben, verlieren auf Dauer auch die Ziele für einen Lebensabschnitt oder eine längere Lebensphase an Attraktivität, die immer unerreichbarer scheinen. Jeden Tag können wir unser Gespür schärfen: Mein Olympia ist so nah.

Tipps & Tricks

Das Zielhaus ist einerseits ein Bild, um unseren Wünschen im Kopf eine Struktur zu geben. Das könnte Ihnen ausreichen, wenn Sie gedanklich alles so gut im Griff haben, nicht so viel planen und sich nicht dadurch zu sehr einengen möchten. Das ist absolut okay.

Anderseits können Sie gern auch konkret ein Zielhaus bauen und aufzeichnen, mit verschiedenen Ebenen und auf diesen Ebenen verschiedenen Zielräumen. Das geht recht einfach.

1000 – 100 – 10 – 1

Diese Zahlenreihe steht für Tage. Sie sammeln Ihre eigenen Vorhaben und zeigen Verbindungen auf.

1000 bedeutet: Das sind meine Vorhaben für die nächsten Jahre, also mehr oder weniger 1000 Tage. 100 steht für die aktuellen Abschnitte, eher etwas mehr als diese Zahl an Tagen. 10 ist als Symbol für die nächsten Wochen innerhalb des Abschnitts. Und die 1 steht für den einzelnen Tag.

Bauen Sie optisch ein Haus mit vier Stockwerken, zum Beispiel auf einem DIN-A3-Blatt, mit den 1000 als Zahl der oberen Ebene. In diese Ebene schreiben Sie Ihre Vorhaben für die aktuelle oder kommende Lebensphase. Das können durchaus verschiedene Lebensbereiche sein. Die Formulierungen sollten konkret und greifbar sein. Also nicht nur zum Beispiel »Familie gründen« oder »Studium erfolgreich abschließen«. Auch den Maßstab für das Ergebnis und was sie dabei erleben möchten.

100 steht in der nächsten Ebene für die Lebensabschnitte, also maximal ein halbes Jahr. Teilen Sie die Ebene in mehrere Spalten (wie einzelne Räume), damit sie fortlaufend weitere Abschnitte ergänzen können. Hier stehen konkrete Perspektiven für das Semester, die Weiterbildung, das nächste Projekt oder auch für die eigene Gesundheit, Partnerschaft, Hobbys usw. Erneut plastisch formulierte Vorhaben und deren Wirkung, also zum Beispiel welche Wirkung eine Weiterbildung für Sie haben soll. Die Spalten wachsen im Lauf der Zeit an. Idealerweise entstehen einige Verbindungen besonders zur oberen Ebene der Phasen.

Die 10 steht für die nächsten Wochen. Diese Zwischenebene setzen Sie ein für Teilabschnitte, die Ihnen akut sehr bedeutsam sind. Das kann sogar ein Urlaub sein und was er für Sie bedeutet, oder was Ihnen sehr guttun würde, zum Beispiel keine Mails bearbeiten oder x Stunden mit yz verbringen, dem Partner, für Sport oder Besichtigungen, zum Lesen usw.

Die 1 steht für den einzelnen Tag. Picken Sie sich Ereignisse heraus mit Bezug zu den oberen Ebenen und Zielräumen zuvor, die für Sie emotional bedeutsam sind, auf die Sie hinfiebern. Das können vorgegebene Termine sein, wie bei Prüfungen, oder frei gewählte Höhepunkte, der Konzertbesuch in vielen Monaten usw. Diese Ebene wird laufend ergänzt, wenn sich neue Höhepunkte ergeben.

Zögern Sie nicht, die Vorhaben in einzelnen Räumen zu verändern. Schreiben Sie dann dazu, warum Sie dies gemacht haben. Insgesamt macht 1000 – 100 – 10 – 1 Ihr Zielhaus sichtbar und lebendig. Es wächst und verändert sich.

Der Druck zur Veränderung
steigt. Ich mache mich
nicht unnötig verrückt.

Trennen für den Neubeginn.
Ich kann loslassen.

Eine Vielfalt an Möglichkeiten.
Ich treffe eine klare Wahl.

KAPITEL 7

Ich möchte neu durchstarten

Vor über zehn Jahren hielt ich das erste iPhone in der Hand. Hey, cool, was das alles so kann. Hätte ich ja nie gedacht. Zugleich kam bei mir die Frage auf: Wohin führt das Ganze? Was kommt noch alles an Technologien? Und weiter: Wie verändert sich mein Leben und auch der Job? Niemand muss Prophet oder Zukunftsforscher sein, um kurz und bündig zu antworten: Sehr stark!

Was genau passieren wird, wann und wie, das wusste ich damals nicht. Heute weiß jeder, die Veränderungen sind bereits enorm. Wer hätte gedacht, dass durch das allseits verfügbare Internet ein Unternehmen heute unsere individuelle Kommunikation bestimmt, das am 24. Februar 2009 gegründet wurde: WhatsApp. Niemand kann abschätzen, was in zehn Jahren unseren Alltag, die Arbeit und Zukunft bestimmt. Manche Forscher prophezeien sogar das Ende der Mobiltelefone: Tippen? Wie lästig ist das denn!

Jeder kann für sich ein Szenario aufbauen, besonders für den Job. Fragen Sie sich: Wozu muss es mich in fünf oder zehn Jahren noch geben? Was möchte ich können, was kein Computer mir abnehmen kann? Was sollte ich heute selbst für meine Zukunft tun? Und antworten Sie ehrlich.

Lieber ein Ende der eigenen Perspektiven mit Schrecken als ein Schrecken ohne Ende für die eigenen Perspektiven. Die Erkenntnis ist anfangs schmerzhaft, zweifellos. Doch dann folgt die Befreiung. Sie lassen liegen, was Sie nicht weiterbringt, und bekommen die Hände frei für Neues, das vor Ihnen liegt. Sie starten jetzt durch!

Mein Szenario war, künftig viel kurzfristiger und vor allem ständig meine Kenntnisse zu erweitern, ohne genau zu wissen, welche das künftig sein werden. Mein Platz ist dort, wo kein Computer wirken kann, zumindest so lange ich lebe. In digitalen Zeiten werden viele analoge Fähigkeiten der Menschen wichtiger werden. Das ist nicht Rechnen und Kalkulieren, sondern persönliche Bindungen knüpfen und Energien mobilisieren. Diese Fähigkeiten bei Führungskräften zu stärken ist ein Schwerpunkt für mich. Menschen und Maschinen können gute Kollegen sein. Man muss nur wissen, wie das geht. So habe ich angefangen und höre seitdem nicht mehr auf, mich fortlaufend weiterzuentwickeln. Dabei unterstützen mich digitale Instrumente, aber sie ersetzen mich nicht, weder heute noch morgen.

Noch mal etwas komplett neu anfangen und durchstarten, das wird im digitalen Zeitalter eher möglich, wie beispielsweise durch den leichteren Zugang zu Kunden, Mitarbeitern oder Partnern. Oder wenn das bisherige Jobprofil wegfällt. Bis 67 vielleicht sogar 70 zu arbeiten wird zugleich für viele von uns normal. Die Energie dafür ist besonders mental nötig: Wer sich mit dem Neuen identifiziert, der hat schlicht mehr Energie. Sich jeden Tag zur Arbeit zu schleppen mit der Hoffnung, sich irgendwie durchzumogeln, kann an den Nerven zerren und den Druck zum Neustarten erhöhen.

Ihr persönliches Ziel einer größeren Veränderung könnten der Wunsch nach individueller Entfaltung oder persönliches Wachstum, sowie das Ziel eines größeren beruflichen

Fortschritts oder mehr Autonomie und Unabhängigkeit sein. Vielleicht dient ein Alltagsproblem als Auslöser, und Sie denken für sich weiter. Sie wollen sich zu einem erfüllten Berufs- und Arbeitsleben führen, neue Perspektiven entdecken, sind bereit zur Selbstkritik und Veränderung.

Du weißt, dass jedes Eingestehen nicht einfach ist. Deine Möglichkeit zum Neustart als angestellter Top-Manager und für eine Karriere in einem Konzern hast Du nicht wahrgenommen. Die Verlockung war damals groß, auch finanziell. Das Angebot hast Du liegen gelassen. Du hast die andere Option gewählt, das ständige Durchstarten als Unternehmer. Der verlorenen Chance trauerst Du nicht nach. Du hast bis heute das Gefühl, das Beste für uns entschieden zu haben.

Nicht jede Chance werden wir nutzen. Wir sind hin- und hergerissen. Das macht unserem Gemüt nur etwas, wenn wir eine Chance nicht in Erwägung gezogen haben – egal wie die Entscheidung ausfällt. Noch einmal anfangen und vieles besser machen, davon träumt jeder Mensch einmal. Irgendwann im Leben können Gedanken an eine Trennung und einen Neuanfang keimen, wachsen, wuchern und erdrückend werden – und das bei ganz unterschiedlichen Themen, wie im Beruf oder in der Liebe. In jedem Fall würde ein großer Schritt mit etlichen Ungewissheiten erforderlich sein.

Tatsächlich sollten wir diesen Gedanken nicht einfach wegschieben, wenn der Neubeginn vor einem liegt und aufgegriffen werden möchte. Es ist wichtig für uns, dass wir uns mit diesem Neubeginn und der damit einhergehenden Trennung beschäftigen, unabhängig von der Entscheidung. Eine Verlockung stärkt das Gefühl für das, was wir nicht haben. Sonst holt uns die Sehnsucht ein, wenn es zu spät zum Durchstarten ist. Wir könnten uns später zu Recht Vorwürfe machen, gedankenlos nicht einmal über einen Neuanfang nachgedacht zu haben. Für mein Glück einer zweiten, einer neuen Chance. Für mein Glück, einen Traum zu erfüllen.

Das Trennen ermöglicht das Starten

Eine Trennung kann Erleichterung schaffen, bisher unbekannte Freiheiten bringen und neue Energien entfalten. Das gelingt nicht automatisch. Schlussstriche sind kein Selbstzweck, nur um etwas zu vermeiden oder Lästiges loszuwerden, im Job zum Beispiel Strukturen, die einen nerven und einschränken. Das befreiende Gefühl sollte in eine konkrete positive Perspektive münden, wie wir die Freiheit und neue Energie einsetzen möchten. Aus einem Angestellten wird ein Unternehmer, aus einem Manager ein Handwerker, ein Arbeiter wird zum Auswanderer oder aus einem Single wird ein Familienmensch.

Als Coach kann ich einen Neuanfang nur empfehlen: kein Blick zurück, auch nicht böse. Mein Fokus liegt auf meinem Ziel, das ich verfolgen möchte. Jeder Neuanfang braucht eine zielgerichtete Strategie, wie ich vorgehen möchte. Am besten schriftlich aufschreiben und mit dem besten Freund/der besten Freundin teilen, quasi als Ansporn und um kontrollieren zu können, ob ich mein Ziel auch konsequent verfolge. Und schließlich bitte auch nachhaltig umsetzen, in Richtung der selbst gesetzten Meilensteine. Im schlimmsten Fall scheitert der Neuanfang. Das sollte nicht schrecken. Das stellt sich auch immer erst heraus, wenn man es versucht hat.

Der erste Gedanke an einen Neuanfang macht zunächst Angst. Ich erschrecke mich: Wie komme ich überhaupt auf die Idee, etwas ganz neu oder anderes zu machen? Was bedeutet das für meine liebsten Mitmenschen? Und kann ich das überhaupt? Ganz leicht geraten wir bei diesen Fragen in den Modus des »Ja, aber ...« (siehe Seite 35). Natürlich wird immer etwas gegen eine Trennung sprechen. Entscheidend ist, was für den Neuanfang spricht. Sie erinnern sich an das erste Kapitel? Das »Ja, und ...« entscheidet. Ja, und das gewinne ich durch eine Trennung. Und das habe ich dafür zu tun.

Diese Fragen und Antworten sind wichtig. Sie dienen dazu, die Abwehrmechanismen, etwas Neues im Leben aufzunehmen, zu betrachten, sich diesen Gedanken zu stellen und sich dabei zu beobachten, welche Emotionen ausgelöst werden. Aus den Antworten, die ich mir gebe, folgt, was ich zum Loslassen tun muss und was zu erledigen ist, um »ordentlich« den ersten Schritt in Richtung Neuanfang zu vollziehen, für sich und andere. »Reinen Tisch machen«, wie man sagt, schafft Platz für Neues auf dem Tisch und beseitigt Altlasten, die einem nachhängen können. Denn das Thema Trennung und Neuanfang hat nicht überall und bei jedem ein positives Image.

Ich muss hier raus. Egal wie. Jetzt. Sofort. Jeder kennt diesen Gedanken. Ich möchte das Gefühl der Befreiung spüren, Mauern niederreißen und Ketten sprengen, die uns festhalten. Das Selbstbewusstsein steigt, ich werde Frau oder Herr über mein Leben und bin bereit zur Veränderung. Im Notfall kann das Konzept aufgehen. Bei existenziellen Erdbeben besteht keine Alternative zum radikalen Schnitt, weil sonst kein weiteres Leben möglich ist. Im Normalfall gilt: Schlussmachen ist kein Selbstzweck. Etwas ganz anders machen, nur so »ins Blaue«. Schnell ziehen dunkle Wolken auf, verdunkeln den strahlenden Himmel der Trennung. Zum Glück schützt uns ein Schutzreflex davor. Den meisten Menschen macht die Aussicht auf einen Neustart und eine Trennung spontan eher Angst. Angst vor der Ungewissheit oder vor dem Abschied nehmen.

Zwei Themen kommen den meisten Menschen sofort in den Sinn, wenn das Wort Neuanfang fällt: eine neue Partnerschaft und ein ganz neuer Beruf. Im ersten Thema können wir, die Autoren, nicht aus eigener Erfahrung berichten – wohl das einzige Mal in diesem Buch. Seit 33 Jahren sind wir zusammen und seit 25 Jahren verheiratet. Die üblichen Höhen und Tiefen gehören zu dieser Zeit, ebenso das gemeinsame Verändern der Beziehung und Verzeihen von Enttäuschungen. Insofern könnten wir einiges darüber berichten, was eine lebendige Partnerschaft ausmacht, und zwar langfristig, ohne langweilig zu werden und immer spannend zu bleiben. Das heben wir für ein anderes Buch auf.

Unsere Distanz ermöglicht einen nüchternen Blick. Während unserer gemeinsamen Zeit haben viele gute Freunde uns überrascht, die sich getrennt und den Neuanfang gewagt haben. Was alle eint, das ist deutlich: Der

Ausgang hängt davon ab, wie die Trennung und das Loslassen vollzogen wurden. Kein guter Neustart ohne ein ordentliches Ende des Alten. Dazu gehört die Übernahme von Verantwortung, zum einen für die eigenen Unzulänglichkeiten, die ein Teil jeder Trennung sind. Und zum zweiten für die Auswirkungen der eigenen Entscheidung auf die Menschen, die mir lieb waren oder anders lieb bleiben, wie die eigenen Kinder zum Beispiel. Dadurch kann der Blick darauf gerichtet werden, wie man selbst künftig leben möchte, statt daran hängen zu bleiben, was wer wann alles falsch gemacht hat in der Vergangenheit.

Das Ergebnis einer Trennung fällt entsprechend unterschiedlich aus. In einem Fall leben plötzlich mehrere Partner und Familien patchworkartig zusammen. Andere haben völlig den Kontakt verloren, und zwar auch zur Person, die der Grund für den Neuanfang war. Die Trennung zuvor muss dennoch keine Fehlentscheidung gewesen sein.

Ohne auch noch Eheberater werden zu wollen ... doch meine Beobachtung ist eindeutig: Ein gemeinsames Verständnis, dass eine Trennung das Beste ist und warum dies so ist, stärkt die spätere Freundschaft. Diese Ehrlichkeit ist verdammt schwer und akut schmerzhaft. Mit diesem Akt der gemeinsamen Erlösung kann jeder eine neue Beziehung aufnehmen, ohne schlechtes Gewissen oder schlechte Gefühle gegenüber den ehemaligen Partnern. Dadurch geht keine Energie drauf für aussichtslose und endlose Versuche, etwas zu reparieren. Und vielleicht hat man so einen neuen Freund oder eine neue Freundin fürs Leben gewonnen, der einen besser kennt als alle anderen Menschen.

Der Zauber des Neuen, in welcher Beziehung auch immer, gelingt eher, wenn das Alte ordentlich abgeschlossen wird und eindeutig zu Ende geht, ein Abschluss und Loslassen erfolgt ist. Dann kann ich etwas Neues für mich aufnehmen und meine Energie dort investieren.

Neue Perspektiven werden normal

Wir alle wissen und viele spüren bereits unmittelbar, dass im digitalen Zeitalter Berufsbilder sich immer schneller ändern oder ganz wegfallen. Unwahrscheinlich ist, dass jemand, der heute in das Berufsleben einsteigt, den erlernten Beruf im Prinzip unverändert bis zur Rente ausüben wird. Sogar klassische handwerkliche Berufe oder auch die Landwirtschaft verändern sich sprunghaft. Digitale Helfer verändern dort die Arbeitsabläufe und erfordern neue Fähigkeiten, um im Wettbewerb mitzuhalten.

Wir dürfen auch länger fit bleiben. Bis 67 vielleicht sogar 70 zu arbeiten wird für viele von uns normal. Neuanfangen wird deshalb im digitalen Zeitalter immer häufiger nötig. Zugleich wird der Neuanfang leichter. Neue Ideen sind schneller umsetzbar, und Kunden sind viel einfacher erreichbar. Insofern gilt im Job, dass wir aus der Not eine Tugend machen können. Etwas Besseres als unsere bisherige Arbeit kann gut erreichbar vor uns liegen.

Wir wissen nicht immer sofort, wie unser Neuanfang aussehen sollte. Das gilt unabhängig davon, ob der Neustart erzwungen oder gewollt ist. Können Sie, liebe Leserinnnen und Leser, eindeutig für sich beantworten: Was treibt mich an – langfristig? Was möchte ich wirklich erreichen und erleben? Was begeistert mich? Die Klarheit der Antworten, die sich in den beiden letzten Kapiteln vielleicht bereits ergeben haben, führt bei einem erfolgreichen Neustart zu einem erstaunlichen Ergebnis: Wer seinen Job liebt, der arbeitet künftig keinen Tag mehr in seinem Leben.

In Zeiten des Fachkräftemangels sind Unternehmen darauf angewiesen, ihren Mitarbeitern, unabhängig vom Alter, eine Perspektive für die eigene Entwicklung zu geben. Für Neustarter bieten sich dadurch viele Gelegenheiten. Voraussetzung dafür ist, dass man weiß, was man will und braucht, was einem fehlt und wie man sich entwickeln möchte. Sonst kann die Suche nach neuen Chancen schnell zur Energieverschwendung werden.

Hurra, dann mache ich etwas Neues! Das liest sich ja so, als ob mit einem Neustart alles bestens ist. Mir begegnen häufig Menschen, die sich mit einem Neubeginn sehr schwertun. Die Komfortzone zu verlassen ist nicht für jeden so einfach. Dein lapidarer Hinweis, eine Veränderung müsse wehtun, sonst wirke sie nicht, hilft da wenig. Ein Neustart wird bestens, sobald wir unsere Schmerzen zulassen, um diese liegen lassen zu können. Menschen und Routinen, die bei allen übrigen Defiziten angenehm waren, können wir nicht mit einem Schnipp »Und weg damit« loslassen.

Sobald ich meine eigene Situation geklärt habe, kann ich klar sagen, was ich möchte und was dazu im Unternehmen getan werden sollte. Die Versuchung ist natürlich groß, auf Zeit zu spielen und auf die passende Gelegenheit zu warten, bevor ich durch ein zu forsches Vorgehen meine aktuelle Position unterlaufe. Immerhin kann ein beruflicher Neustart, in welcher Konstellation auch immer, ein finanzielles Risiko sein. Dieses Risiko wird durch monate- oder gar jahrelanges Zaudern nicht besser. Im Gegenteil! Je länger ich warte, desto kürzer wird die Zeit, den anvisierten Neustart umsetzen zu können. Und vielleicht schließt sich ja beim Warten die Tür zum Neuanfang.

In jedem Fall gilt: Wenn ich weiß, wohin ich möchte und wie ich dorthin kommen kann, kann ich eher einen kühlen Kopf behalten, wenn der Versuch zum Neustart zu einer Trennung und emotionalen Situationen führt. Wichtig ist dabei auch, die eigenen Botschaften und Begründungen vorwurfsfrei und unaufgeregt zu formulieren, ohne Schuldzuweisungen und Bewertungen, was alles bisher schlecht lief. Nie vergessen werden sollte das Ergebnis: Meine Energie setze ich für eine zweite Chance ein, für ein besseres Leben und nicht für die Kämpfe der Vergangenheit.

Nehmen wir doch mal ein Beispiel, wie ein Neustart und Durchstarten aussehen kann. Ich darf Menschen dabei begleiten. Einem Nationalspieler im Handball hing das Herz sehr an seinem Sport. Nach seiner aktiven Karriere hätte er als Manager weitermachen können. Das war immer sein Traum gewesen – so dachte er. Doch als ein anderes Angebot auf dem Tisch lag, kamen ihm Zweifel. Bei der gemeinsamen Aufarbeitung seiner Zweifel stellte sich heraus, dass es eigentlich der Wunsch seines Vaters war, der Sohn müsse mal in seine Fußstapfen treten und auch erfolg-

reicher Handball-Manager werden. Nach dieser zuerst schmerzlichen Erkenntnis, dass er nur nach den Vorstellungen seines Vaters gelebt hatte, war es meinem Coachée möglich geworden, einen Neuanfang außerhalb des Handballs zu wagen.

Ich kann sogar einen prominenten Namen nennen. Frank Elsner, der Erfinder und viele Jahre Moderator der legendären TV-Show *Wetten, dass..?*, könnte das Leben in der Villa auf Mallorca genießen. Stattdessen feiert der Entertainer in 2020 das 68. Jahr im Showgeschäft. *Wetten, dass war's..?* heißt das neue Format mit ausführlichen Interviews bekannter Stars. Eine Ausstrahlung auf YouTube war geplant, als Abschiedsvorstellung des an Parkinson erkrankten Moderators. Dann wurde er, nach einigen weiteren Sendungen, mit dem Digital-Award als »Newcomer« des Jahres bei der »Goldenen Kamera« geehrt.

Beide Beispiele sind nicht ungewöhnlich, eher typisch. Jedes Durchstarten oder Neustarten ist zunächst ein enormer Energiefresser und langfristig Energiespender zugleich. Das passiert manchmal nur einmal im Leben. Die Ärztin, die die erfolgreiche Praxis verlässt, um wieder an die Universität zum Forschen zu gehen. Der Handwerker, der seinen Betrieb verlässt, um das Ferienhaus am Mittelmeer zu renovieren und dort nebenbei einen Job zu finden. Der Teamleiter in einer IT-Firma, der kurz vor einem Karrieresprung in den familiären Pferdehof einsteigt. Die Personalreferentin, die ihrer Jugendliebe nach Australien folgt. Das Paar, das nach Jahrzehnten toller Ehe mit neuen Partnern durchstarten möchte. Die Anlässe und Auslöser zum Durchstarten oder Neustarten sind unerschöpflich.

Dann wollen wir mal weiter daran arbeiten, dass uns das letzte Beispiel nicht auch noch passiert, mein Lieber. Ich bin zuversichtlich, dass wir uns nicht, wie einige Hollywood-Größen dies propagieren, bewusst »entpaaren« müssen.

Da kannst Du ziemlich sicher sein, denn wir haben bereits so einiges erlebt. Zum Beispiel meine ganzen Durchstartversuche. Für mich war immer die Hymne des FC Liverpool prägend: »You never walk alone«. Sie könnten, liebe Leserinnen und Leser, denken, so ein erfolgreicher Einzelsportler bekommt locker jeden eigenen Neustart hin und kann, falls dazu nötig, auch Trennungen vollziehen. Da liegen Sie falsch. Gerade wer auf einer Bühne im Mittelpunkt steht, der hängt von den Menschen im Hintergrund ab. Wer das ignoriert, der fällt irgendwann tief. Spätestens wenn die Bühne gewechselt werden muss. Wer neu starten möchte und sich von Menschen neben sich oder im Hintergrund trennt, der sollte sich genau überlegen, wer künftig diese Rollen ausfüllt.

Partner können das eigene Neustarten erleichtern oder nie erforderlich machen. Das gilt in allen Lebensbereichen. Im Job lautet dazu die Formel: Ich entscheide mich für ein Unternehmen und trenne mich wieder wegen meiner Führungskraft.

Über den wichtigsten Partner sprechen wir gleich ausführlich. Alle Gedanken an einen Neustart werden geduldig, wenn der nicht mehr mitspielt – die eigene Gesundheit. Leider gehen wir mit diesem Partner etwas fahrlässig um. Viele Menschen behandeln den eigenen Körper nicht so, möglichst lange unbehindert das Beste für sich aufnehmen zu können.

Ob Sie durchstarten oder ganz neu starten, im Job oder privat, an einem alten oder neuen Ort. Viele Variationen sind denkbar. Die folgenden fünf Aspekte können sie unterstützen, diesen Schritt umzusetzen.

1. Die Selbsttäuschung beenden

Ein Neustart braucht einen anderen Blick auf die eigene Person. Jede und jeder ist durch das eigene Verhalten ein Teil einer Trennung. Ein ehrlicher Blick auf die eigenen Stärken und Schwächen erleichtert das Loslassen, auch von eigenen Verhaltensweisen, die bisher einen Neustart verhindert haben. Wer sich richtig einschätzen kann und weiß, was einem fehlt und man braucht, ist bereit für einen Neustart. Ein vertrauensvoller Austausch mit Freunden kann als Unterstützung hilfreich sein. Oder auch das eigene Spiegeln mit fremden Personen, wie einem professionellen Coach, kann sinnvoll sein. Plötzlich werden Perspektiven sichtbar, die zuvor verborgen waren.

....

2. Ein Szenario entwickeln

Ein attraktives Zielbild sollte möglichst konkret sein, wie sich ein Leben nach dem Neustart anfühlen soll und wie der Weg dorthin aussieht. Das sind die faszinierenden Situationen, die begeistern und die alle Nachteile bei Weitem überwiegen! Auch diese möglichen Nachteile sind Teil des Szenarios, zum Beispiel wie mögliche temporäre finanzielle Einbußen bewältigt werden. Das Szenario kann mit guten Freunden oder möglichen Beteiligten beim eigenen Neustart geteilt werden, um das eigene Vorhaben »auf Herz und Nieren« zu prüfen. Völlig abwegige Illusionen sollten nicht unentdeckt bleiben.

3. Die Entscheidung nicht aufschieben

Soweit die Eckpunkte, inklusiver möglicher wesentlicher Nachteile, klar sind, sollte die Entscheidung nicht verzögert werden. Sonst werden durch das x-fache Abwägen Nebenaspekte wichtiger, als sie sind. Die berühmte »eine Nacht drüber schlafen« (es können auch zwei oder drei sein), nachdem Für und Wider der eigenen Entscheidung auf dem Tisch liegen, sollte reichen. Schreiben Sie die Argumente für Ihre Entscheidung auf, inklusive möglicher Bedenken und Risiken. Falls später Zweifel an dem eingeschlagenen Weg aufkommen oder die anvisierten Ziele verfehlt werden, können Sie sich trotzdem sagen, mit bestem Wissen und Gewissen entschieden zu haben. Sonst blockieren Sie sich unnötig für einen möglichen weiteren Neustart.

....

....

4. Das Ziel im Visier behalten

Jeder Neustart kann nur mit der konsequenten Umsetzung gelingen. Der Einsatz des Zielhauses kann dazu hilfreich sein. Sonst bleibt das schönste Szenario in weiter Ferne. Der Abschied vom Alten, inklusive der Aufräumarbeiten, dient nur dazu, den Blick und die eigene Energie voll und ganz auf das Neue zu richten. Nur das zählt.

5. Die Verantwortung übernehmen

Die Verantwortung für die eigene Zukunft verursacht bei anderen Menschen nicht selten Schmerzen und Wut. Dafür ist die Neustarterin oder der Neustarter ebenso verantwortlich. Zum Neustart gehört auch das Einstehen für die Folgen, damit möglichst wenig aus der Vergangenheit negativ hängen bleibt. Wegducken und Weggucken gelten nicht.

All diese Punkte garantieren nicht, dass der Neustart gelingt. Dafür liegen nach einer Entscheidung zum Durchstarten oder Neustarten zu viele Unwägbarkeiten auf dem Weg, die auch bei reiflicher Überlegung nicht kalkulierbar sind. Behalten Sie bitte im Blick, falls Ihre Rechnung nicht aufgeht, dass Sie in der Situation Ihrer Entscheidung das Beste, das vor Ihnen zu liegen schien, aufgenommen haben.

....

Altern ist normal. Ich bin achtsam
für meinen Körper und Geist.

Kräfte greifen ineinander.
Ich schaffe meinen
eigenen Rhythmus.

Helfern nicht zu viel Einfluss
geben. Ich besitze ein
gutes Gefühl für mich.

KAPITEL 8

Ich lass es zwicken und knirschen

Wieso das denn? Das werden Sie sich nun vielleicht fragen. Am Schluss des letzten Kapitels habe ich Ihnen unter die Nase gerieben, manche von uns würden etwas fahrlässig mit ihrer Gesundheit umspringen. Und dann soll ich es zwicken und knirschen lassen?

Ich meine damit, dass wir uns nicht nach irgendwelchen Idealen immerwährender Fitness und Schönheit orientieren sollten, die uns in Medien, Portalen oder von Influencern vorgehalten oder vorgemacht werden. Dazu kommen die eigenen Möglichkeiten zur unablässigen Selbstoptimierung. In der digitalen Welt können wir uns selbst vermessen, bewerten und vergleichen. Der Körper ist innen und außen das optimale Betätigungsfeld zum permanenten Selbstoptimieren und dem Streben nach Perfektion. Wir stehen erst am Anfang der Entwicklung. Die Folgen der radikal veränderten Selbstwahrnehmung sind allerdings bereits sichtbar und spürbar.

Viele Menschen bauen enormen Druck auf, sich eigenen oder fremden Idealvorstellungen zu nähern. Das Messen und Bewerten werden schnell zum Selbstzweck. Idealen Typen und optimalen Daten wird gefolgt. Selten wird eine Therapie unterstützt, um wieder gesund zu werden. Erstaunlich ist, dass ehemalige Top-Sportler am wenigsten diesem Drang erliegen. Zumindest was ich beobachten kann. Einmal im Leben reicht wahrscheinlich die ständige eigene und fremde Beobachtung. In meiner Zeit im Schwimmen war das Kontrollieren sehr analog, mit Stoppuhr und Herzfrequenzmessen per Hand.

Heute gesellen sich die Hinweise der digitalen Helfer dazu, die bestätigen, nicht genug zu tun. »Dir fehlen heute noch 2000 Schritte ...«. Je besser das Soll erfüllt wird, umso höher werden die Ziele gesetzt. Ganz automatisch. Irgendwann kommen wir bei bestem Willen nicht mehr mit. Niemand reduziert freiwillig die Ziele, wie von 20.000 auf 15.000 Schritte am Tag. Die Suche nach mehr Energie kostet immer mehr Kraft. Das Scheitern an den eigenen Ansprüchen ist nahezu vorprogrammiert.

Die Sorge, das eigene Potenzial nicht auszuschöpfen, ist anstrengend – und teuer. Wenn ich mich zum Beispiel beim Mountainbiking bei meinen Touren im Taunus umschaue: Am Rastplatz mitten im Wald stehen am Wochenende Dutzende Räder im Wert von mehreren Hunderttausend Euro. Die neueste Ausrüstung muss es sein. Irgendwo kann Frau und Mann ein bisschen Gewicht sparen. Hallo? Ihr seid Hobbyradler! Trinkt einfach ein Bier weniger ... Dann verliert ihr kostenlos Gewicht. Das denke ich. Was fährt der Groß für eine alte Scherbel. Hat der keinen Sponsor? Das fragen sich die anderen. Als ehemaliger Leistungssportler kann ich jeden beruhigen: Lasst das Aufrüsten. Egal in welchem Sport. Die marktüblichen Teile reichen. Die beste Ausrüstung nützt nichts. Die jüngeren und guten Leute sind Lichtjahre besser.

Wer das nicht akzeptiert, kann zusätzlich alles Mögliche schlucken und spritzen. Damit meine ich kein Doping oder Chemie. Der Markt für Vitamine & Co. ist gigantisch. Immer wieder werden neue Erkenntnisse propagiert und Trends ausgelobt. Allein um hier einen Überblick zu geben, was alles zur Unterstützung des Stoffwechsels, der Knochen oder auch des Kreislaufs angeboten wird, wäre mindestens ein ganzes eigenes Kapitel nötig. Wer gesund ist, sich gesund hält und sich gesund ernährt, der sollte »clean« ganz gut durchs Leben kommen.

Einmal angefangen bieten sich unendlich viele Möglichkeiten, sich immer noch besser, stärker oder schöner zu machen. Die Fitnessstudios boomen ohne Ende. 11 Millionen Mitglieder bringen und halten sich in Deutschland in Form. Schönheitsbehandlungen und -operationen werden zum Alltag. Bundesweit über 1 Millionen Eingriffe jedes Jahr, Tendenz weiter steigend. Die Fitnesstracker und andere tragbare Geräte, digitaldeutsch »Wearables« genannt, liefern (häufig nicht ganz zuverlässige) Daten, was immer noch besser gehen kann – gehen, laufen, klettern, schwimmen ...

Manche erfassen ihre Daten wie Krankenschwestern oder Kadertrainer. Die Technisierung kennt keine Grenzen. Mit implementierten Chips können wir alle Körperfunktionen und -bewegungen messen und auswerten. Jedes Zucken wird erfasst. So kann sogar Sex zum Fitnesstraining werden. Dazu bekommen wir Vergleiche mit anderen Nutzern und Ranglisten geliefert, kostenlos. Der Preis, den wir zahlen, ist jedoch hoch. Die Zufriedenheit geht flöten, obwohl Körper und Geist gut in Form sind. Der Druck steigt: Es geht ja immer noch besser.

Im Alter werden wir knackiger

Bleiben Sie entspannt. Im Alter wird man ohnehin immer knackiger. Mal knackt es da, mal dort. Damit es beim Knacken, Zwicken und Knirschen bleibt, haben wir bereits einiges zu tun. Das eigene Alter zu sehen und zu spüren ist kein Makel. Diese Ansicht und dieses Gefühl sind die beste Basis, um sich um den eigenen Körper zu kümmern, so, wie wir es brauchen.

Als Leistungssportler ist meine Ausgangsposition zwar zum einen besser. Mein Bewusstsein ist sehr ausgeprägt, dass alles im Leben schnell an Bedeutung verliert, wenn man nicht gesund ist. Eine Verletzung konnte früher meine ganze Karriere beenden. Und Erster sein? Das war ich und muss ich nicht mehr. Zum anderen ist aber dieses ausgeprägte Gefühl für den eigenen Körper manchmal auch ein Nachteil. Jede Veränderung, jedes plötzliche Zucken und jedes Zipperlein fallen sofort auf. Mein Älterwerden ist mir ziemlich präsent.

Prima denken Sie jetzt vielleicht. Da kann man ja sofort etwas tun. Muss aber vielleicht gar nicht sein. Es zwickt oder knirscht eben einfach mal. Genau daran musste ich mich gewöhnen, nicht jedes neue Signal sofort sehr ernst zu nehmen. Ich muss unterscheiden lernen.

Die Hinterlassenschaften meiner Sportkarriere beschäftigen mich zur Genüge. Poröse Bandscheiben der Lendenwirbelsäule und abgeschliffene Schultergelenke brauchen nahezu tägliche Pflege durch Gymnastik und Krafttraining.

Das nenne ich Jammern auf hohem Niveau. Du bist gesund aus Deiner Karriere rausgekommen. Das Herz schlägt rund. Und wirklich große Probleme mit unserer Gesundheit blieben uns bislang glücklicherweise erspart.

Chronische oder sogar potenziell tödliche Krankheiten sind eine ganz andere Baustelle. Dann spielt der Körper gar nicht mehr mit, und alle anderen Themen, die wir in diesem Buch betrachten, werden völlig zur Nebensache. Das geht zu häufig, zu plötzlich und zu schnell, wie jeder, der gesund älter wird, irgendwann in seinem Umfeld miterleben wird. Der Modus im Leben schwenkt radikal um vom Gestalten auf das Erhalten. Spätestens dann wird uns brutal gezeigt: Ohne Gesundheit ist alles nichts.

Zwar bin auch ich chronisch krank, aus Sicht der Medizin. Ich fühle mich jedoch nicht so. Meine Achalasie, ein seltener Defekt der Speiseröhre, sich beim Schlucken nicht mehr automatisch zu öffnen, kann gut behandelt werden. Im Alltag entsteht kaum eine Beeinträchtigung.

Bei vielen Krankheiten spielen die Gene und das Schicksal eine große Rolle. Da steckt niemand drin. Da hat jeder seine eigenen Entscheidungen zu treffen. Radikal ging Schauspielerin Angelina Jolie mit ihrem Risiko um, an Krebs zu erkranken. Ihre Mutter, Tante und Großmutter waren daran gestorben. Deshalb ließ sie sich, ohne je selbst erkrankt gewesen zu sein, zunächst beide Brüste entfernen und durch Transplantate ersetzen. Die Blutwerte von einigen Eiweißen, die als Indikatoren für eine mögliche Erkrankung dienen, waren dennoch nach einigen Jahren erneut hoch. Also ließ sie sich auch die Eierstöcke entfernen. Das ist eine Ausnahmesituation. Niemand sollte darüber urteilen. Niemand kann ahnen, wie die eigene Reaktion aussehen würde.

Bleiben wir beide im Alltag, wie wir die Energie unseres Körpers stärken und Reserven schaffen können. Da kennen wir uns bestens aus. Wir nehmen uns die Zeit, die wir brauchen. Zwei-, drei-, viermal die Woche. Mal weniger, selten mehr. Nicht, um Höchstleistung zu bringen. Diese Zeiten sind vorbei.

Einen Moment, bitte! Du hast den Leistungssport ad acta gelegt. Viele unserer Altersgenossen sehen das anders. Manche sind sogar ehrgeiziger als Du früher als Olympiasportler. Beim Ironman werden fast 4 Kilometer geschwommen, 180 Kilometer geradelt. Und ein Marathon folgt zum krönenden Abschluss. Das Ganze am Stück, versteht sich. 10 Stunden sind das Minimum in den Altersklassen, bis das Ziel in Sicht ist. Jede und jeder wird ein eigenes Ziel haben. Tatsache ist, um »Finisher« zu werden, gehen zu viele über die eigenen Grenzen. Gesund ist das nicht in jedem Fall. Warum Frau und Mann das brauchen, weiß ich nicht.

Gesundheit ist mehr als die Abwesenheit von Krankheit. Zugleich bedeutet gesund sein nicht, dass Körper und Geist immer die Fittesten sein müssen. Den Stand zu halten und sich um die Gesundheit zu kümmern, das ist hier das Thema, je *älter,* desto mehr. Das fängt bei den Untersuchungen zur Vorsorge an. Man weiß nie, was herauskommt. Wer behauptet, er verschwände keinen Gedanken daran, welche Ergebnisse auf ihn warten könnten, der ist gut ... im Verdrängen. Ich nehme es eher mit Gelassenheit, in die Zukunft zu blicken. Je eher ich über mögliche Probleme Bescheid weiß, desto größer sind meine Möglichkeiten, das Beste aus der neuen Situation zu machen.

Ein Freund von uns hat einen sehr praktischen Tipp parat: Wer den Zusammenhang von Bleistift und Musikkassetten kennt, der sollte zur Darmspiegelung gehen.

Kümmern wir uns um uns. Lassen wir uns nicht gehen. Dafür ist es nie zu spät. Jede und jeder kann zu jeder Zeit anfangen. Mäßig, aber regelmäßig lautet die Formel.

Deine Mutter hat mich echt überrascht. Wir hatten ihr ewig gepredigt, dass sie dringend etwas gegen die Osteoporose tun sollte. Sie musste erst kaum mehr aus dem Sessel hochkommen, um loszulegen. Dann aber richtig. Mit 84 ist sie zum ersten Mal ins Fitnessstudio. Zwei- oder dreimal pro Woche trainiert sie nun 30 bis 45 Minuten. Ich gehöre zu den Jüngeren, flachst sie. Die älteste Kundin ist 103.

Das Beginnen ist schwer, das Durchhalten offenbar bei vielen Menschen noch schwerer. Das ist jedes Jahr aufs Neue zu sehen. Im Januar sind die Fitnessstudios voll. Überall sind neue Gesichter zu sehen. Im Februar wird es bereits etwas dünner. Und im März hat sich alles wieder eingependelt. Der gute Vorsatz, sich mehr um die Gesundheit und Fitness zu kümmern, genügt eben nicht. Der Wunsch allein bewegt wenig.

Konkrete Ziele sollten so formuliert werden, dass sie zu Beginn leicht erreichbar scheinen. Zweimal 15 Minuten in der Woche, ganz behutsam. Dann über viele Wochen das Pensum erhöhen, zum Beispiel einige Hundert Meter mehr Laufen. Je nach Ergebnissen wird das Programm angepasst, bis der anvisierte Level erreicht ist, zum Beispiel dreimal die Woche eine Stunde Joggen oder Yoga oder was immer Sie begeistert. X-fach wurde bei Studien nachgewiesen, dass bereits mäßiges Training dauerhaft den Blutdruck senkt und die Elastizität der Gefäße erhöhen kann. Sogar der Kopf profitiert. Demenz und anderen Alterskrankheiten wird vorgebeugt. Sport kann – wohldosiert – eine natürliche Verjüngungskur sein.

Als Fitnesstrainerin kenne ich das Problem der Anfänger. Sie sind zu engagiert, wollen zu viel auf einmal. Das Ergebnis ist: Die Muskeln und Knochen tun weh. Ungeahnte und bisher unbekannte Schmerzen. So hat sich das niemand vorgestellt. Dann würde ich das Ganze auch wieder sausen lassen. In meinen Kursen muss ich manchmal die Neulinge vor sich selbst schützen.

Muskelkater ist auch für einen ehemaligen Leistungssportler kein Fremdwort. Eigentlich plagt mich der immer ein wenig nach einem längeren Urlaub. Vorsorglich packe ich mir beim ersten Training im Studio zwei Scheiben weniger als üblich auf die Geräte, um das Schlimmste zu vermeiden. Dieses leichte Zwicken lasse ich mir gefallen. Ich möchte ja spüren, dass von meiner Anstrengung an den richtigen Stellen etwas ankommt.

Der eigene Rhythmus schlägt alles

Beim Thema Fitness von Körper und Geist gilt kurz und bündig: Wir sollten genau prüfen, aus der Vielfalt an Möglichkeiten die beste Auswahl zu treffen. Wie kann das eigene richtige Maß und eine gesunde Mischung gefunden werden? Gern geben wir beide, ein ehemaliger Hochleistungs- und nun Freizeitsportler und eine immer noch aktive Fitnesstrainerin einige Tipps.

Wir können nicht aus unserer Haut. Wir sollten beachten, wie sich unser Körper entwickelt. Mit dem Alter nimmt die Regenerationsfähigkeit des Körpers merklich ab. Das spüren wir selbst. Nach einer Mountainbike-Tour oder mehreren Stunden Fitnesskurse sind am Abend die Beine spürbar müde. Die exakten biochemischen Ursachen sind bisher nicht geklärt. Klar ist allerdings, dass im Alter die Anzahl und auch die Funktion der Stammzellen in der Muskulatur abnimmt. Daher ist es in diesem Fall eine einfache Gleichung: Schlechtere Stammzellen bedeutet schlechtere Regeneration.

Doch bitte Vorsicht! Nur weil die Regeneration schlechter wird, heißt das nicht, keinen Sport zu machen. Das Gegenteil ist richtig und wichtig, eben wohldosiert. Regelmäßiger Sport, vor allem Ausdauersport, hilft, die Fitness hochzuhalten und kann die abnehmende Leistungsfähigkeit des Körpers deutlich verlangsamen. Man spricht hier von einem Unterschied von bis zu zehn Jahren beim biologischen Alter. Einfach gesagt: Man kann als 40-Jähriger somit einen körperlichen Zustand eines durchschnittlich 30-Jährigen erlangen.

Ausdauersport, um fitter und somit biologisch jünger zu bleiben, liegt auf der Hand und ist nicht verwunderlich. Das gilt immer. Turnen bis zur Urne, zugespitzt gesagt. Mit Nordic Walking oder E-Bikes kein Problem. Weniger offensichtlich ist die Wirkung von Krafttraining oder entsprechenden Fitnesskursen wie Pilates. Dafür ist die Wirkung häufig ebenso positiv und sehr überraschend.

Viele Teilnehmer in meinen Kursen lernen erstmals ihren Körper richtig kennen. Völlig fasziniert sind die meisten über die Entdeckung der Rumpf- und Beckenbodenmuskulatur. Wer seine tief liegende Muskulatur einsetzen kann, erspürt den eigenen Körper ganz neuartig. Das gilt für Frauen und Männer. Übrigens mit schönen Nebenwirkungen: viel mehr Spaß beim Sex.

Natürlich ist dieses Training nicht nur im Alter wichtig, aber besonders dann! Denn es setzt diverse positive Prozesse in Gang. Und es ist nie zu spät für einen Anfang. Studien haben gezeigt, dass selbst wenn man erst im hohen Alter von deutlich über 60 Jahren mit dem Krafttraining beginnt, in kürzester Zeit positive Effekte nachweisbar sind.

Falls Sie nun überrascht sein sollten, hier ein kurzer Blick darauf, was hinter dieser Wirkung steckt. Das richtige Krafttraining erhält und stärkt die wichtigen Typ-2-Muskelfasern, was wiederum zusätzlich Bänder und Sehnen schützt und kräftigt. Außerdem erhöht Krafttraining die Knochendichte und beugt Osteoporose vor. Die neuronale Steuerung der Muskulatur und intramuskuläre Koordination fördern generell die Hirnfunktionen. Zusätzlich verlangsamt Krafttraining durch den Erhalt oder das Wachstum der Muskelfasern das Absinken des Grundumsatzes. Ebenfalls fördert es die Produktion von wichtigen Hormonen, wie Testosteron, das für unzählige Aufbau- und Reparaturprozesse im Körper benötigt wird.

Mit 80 sind einige Menschen fitter als 20-Jährige. Das sehe ich in meinen Kursen und wenn ich durch die Studios laufe, wo ich unterrichte. Das mag ein etwas pauschales Urteil sein. Mein Eindruck ist, dass Jüngeren einfach das Durchhaltevermögen fehlt, den eigenen Körper in Form zu bringen und zu halten. Lebenslanges Fitbleiben ist auch Kopfsache.

Was ist überhaupt richtiges Krafttraining? Krafttraining fängt dann an, wenn man Gewichte in die Hand nimmt oder mit dem eigenen Körpergewicht arbeitet. Am effektivsten ist die Arbeit mit freien Gewichten und funktionellen Übungen für das Zusammenspiel aller Muskelgruppen. Klassische Übungen sind das Kreuzheben oder die Kniebeugen mit der Langhantel. Geeignet dafür ist das Kettlebell-Training. Mit den bunten Handgewichten in Glockenform kann ein sehr abwechslungsreiches Programm umgesetzt werden. In jedem Fall ganz leicht starten und die Übungen korrekt umsetzen. Sonst kann das Training auf die Knochen gehen, statt für die Knochen gut zu sein.

Bloß nicht direkt zur nächsten und größtmöglichen Hantel laufen und loslegen. Beim Training mit freien Gewichten kann eine Menge falsch gemacht werden. Zum Start sollte ein Trainer die richtigen Bewegungen zeigen und Schritt für Schritt an den richtigen Umgang mit freien Gewichten heranführen. Nicht schlimm, wenn man dann feststellt, das Ganze ist doch nichts für einen. Mein Gatte hält sich bis heute an den Geräten fest – die morschen Knochen seien zu schwach.

Ich würde trainieren wie zu Zeiten von Turnvater Jahn. So werde ich immer auf den Arm genommen. Im Ernst …

... ja, im Ernst. So trainierst du. So wie früher. Immerhin probierst Du neue Techniken aus. Dann wird manchmal gut sichtbar, wie Dir Deine gut 2 Körpermeter im Weg stehen, buchstäblich. Es ist für jeden nicht so einfach, neue Bewegungsmuster und nicht nur die Muskeln zu festigen. Da kann es sogar hilfreich sein, nicht festgefahrene Angewohnheiten zu haben.

Das Schöne am Sport ist sicher die Abwechslung und die vielen Angebote, auch in vielen Vereinen übrigens. Anderseits sollten wir uns nicht vor jeden Trend spannen lassen, wie unser Körper noch besser fit bleibt. Das wissen wir selbst gut, wenn wir ausprobieren, was es Neues gibt, und fühlen, was unserem Körper guttut.

Machen wir das, was wir machen, mit Herz und Hand, aber nicht halbherzig. Egal was wir machen. Hauptsache wir bleiben in Bewegung. Wir bleiben dran, das eigene Gefühl zu entwickeln und zu entfalten, was für die eigene Person stimmig ist. Stimmig sein, bedeutet, sich an den eigenen Bedürfnissen, Zielen und Erwartungen zu orientieren.

Klar sollte inzwischen sein, sich nicht in neue Schubladen pressen zu lassen, die uns Tracker und Wearables aufzwingen können. Sogar ein Vorteil, den die Anbieter propagieren, brauchen wir nicht: Das sind die Schubser und Stupser, dass wir uns in Bewegung setzen. »Nudges«, so lautet der digitaldeutsche Begriff für die unbewussten Stupser für das richtige Verhalten mit den Geräten und Anwendungen. Sie möchten vor allem eins erreichen: Benutze mich!

Kleine Schubser, um Sport zu machen oder auf die Ernährung zu achten, können wir uns selbst geben. Feste

Verabredungen können uns zum Tennisspiel führen, um andere nicht zu enttäuschen. Dann stupsen wir unsere Motivation nach Anschluss an – Sie erinnern sich? Oder wir gönnen uns ein kühles Bier – aber nur, wenn wir zuvor unsere Joggingrunde gedreht haben. Sonst bleibt es im Kühlschrank. Damit belohnen wir unsere Leistung.

Bei mir sind Selbstbilder, was mich am Ziel erwartet, attraktive Schubser. So wird es sein, vom Altkönig auf die Skyline auf Frankfurt zu schauen. Deshalb schwinge ich mich aufs Mountainbike, obwohl ich zunächst gar keine Lust zum Radeln habe. Der andere Stupser ist, das Angenehme mit dem Nützlichen zu verbinden: Viele Jahre habe ich die Kinder zur Schule gebracht, dann direkt um 7:30 ins Fitnessstudio und danach mit einem guten Gefühl zur Arbeit. Oder eine Stunde auf dem Hometrainer mit Lesen von Fachmagazinen verbinden. Ob ich auf dem Rad oder dem Stuhl sitze, das ist ja egal.

Wir beide kennen viele analoge Kniffe, um fit zu bleiben. Dann haben mir unsere Kinder zum Geburtstag ein Fitness-Armband geschenkt. Okay, schaden wird ein Test mir nicht, dachte ich. Die App eingerichtet und passend zu meinem Alter die Ziele bestimmt. Meine Schritte am Tag: 7500. Wie bitte? Warum nicht 10.000? Die schaffe ich spielend. Na gut, dann habe ich halt viel Luft. Allein mit Hausputzen habe ich die Hälfte geschafft. Seltsam, mein Stresslevel war von Anbeginn zu hoch, wohl statistisch betrachtet. Dabei fühlte ich mich nie schlecht. Beruhigend war, für das Armband und mich, dass ein Bier wieder für den richtigen Level gesorgt hat. Analoge Methoden sind offen-

bar ganz gut, um sich nicht unnötig von unseren digitalen Helfern stressen zu lassen. Ach ja, und beim Test des Trackers ist es bei mir geblieben.

Wenn Dein Tracker irgendwann nur noch 5000 Schritte verlangt hätte, was wäre dann passiert? Steigst Du auf den Rollator um? Den ganzen Zinnober schenke ich mir. Ich bleibe Gefühlsmensch, so richtig »oldschool«.

Im Fitnessstudio, wenn ich meinen Puls messe, mit zwei Fingern an der Halsschlagader, richten sich meist prüfende Blicke auf mich. Einige haben das wohl noch nie gesehen und wissen gar nicht, was ich da mache. Wenn der Boom der Fitnesstracker so weitergeht, weiß bald niemand mehr, wie analoges Pulsmessen geht. Genauso gut können unser Gefühl und der prüfende Blick rund um unseren Körper jede Waage ersetzen. Die Rund-um-Sicht auf Röllchen und Pölsterchen ist nicht immer angenehm. Unser Gewicht ist ein heikles Thema. Egal wie fit wir uns halten, der Grundumsatz sinkt, je älter wir werden. Wir benötigen dann schlicht weniger Energie. Das ist eine echt doofe Nachricht.

Superdoof ist es, dass beim Altern die fettfreie Körpermasse, hauptsächlich die Muskulatur, trotz Training meistens abnehmen wird. Du übst Verzicht, stellst Dich selten auf die Waage. Ich gönne mir den täglichen Stress und merke ... 1, 2 Kilo Schwankungen sind normal.

Ganze Bücherregale wurden bereits gefüllt, wie wir abnehmen und unser Gewicht halten können. Die Flut an Ratgebern ebbt nicht ab. Auffallend ist die Vielfalt an Konzepten, die sich gern auch widersprechen. Zuckerfrei gesünder leben, Abnehmen mit Brot und Kuchen oder Intervallfasten. Es ist nicht einfach, die geeignete Auswahl für sich zu treffen. Deshalb hüte ich mich, eine Methode zu empfehlen. Eins ist allerdings elementar, falls das Gewicht ein Thema für Sie sein sollte. Ein entschiedenes Stopp! Egal was Sie vorhaben, bevor Sie starten, ist ein Punkt entscheidend.

Der Erfolg dessen, was wir tun, hängt davon ab, was wir erreichen möchten, um unsere Bedürfnisse zu erfüllen. Das haben Sie bereits im vorletzten Kapitel kennengelernt. Sie schaffen sich attraktive Ziele, bleiben nicht beim Wunsch Abnehmen und dem nüchternen Ergebnis von 10 Kilo weniger hängen. 10, 20, 30 oder wie viel auch immer. Zahlen sind völlig langweilig!

Die Folge, was sie mit dem neuen Zustand erleben möchten, bringt sie nachhaltig in Bewegung. Wieder das Lieblingskleid tragen können, einen Gang höher auf den Berg radeln oder ohne Rückenschmerzen joggen können. Oder auch lustvoll, ohne schlechtes Gewissen ein Eis oder Kuchen essen. Je mehr positive Bilder Sie schaffen, desto stärker und nachhaltiger wird der eigene Drang zum Handeln. Diese Perspektiven erhöhen das Engagement beim Abnehmen oder Gewicht halten, egal wie sie dies anstellen möchten.

Das Ergebnis in Kilos kann sogar knapp verfehlt werden. Das eigene Zielbild zu erfüllen ist für das eigene Wohlbefinden entscheidend, für Körper und Seele. Wenn ein paar Kilo mehr oder weniger letztlich egal sind, muss sich niemand verrückt machen, wenn die Waage einmal ungewohnt ausschlägt.

Du hast gut reden, siehst immer noch rank und schlank aus. Deine guten Gene sind vielleicht das eine. Das andere ist der tägliche prüfende Blick im Spiegel und der Specktest am Bauch. Sieht manchmal, vorsichtig gesagt, echt spannend aus. Das Geheimnis ist Dein Rhythmus, den Du nach der Karriere gefunden hast. Damals bist Du zunächst konsequent auf die Bremse getreten, um kein Kloß zu werden. Auf dem neuen Niveau isst und trinkst Du regelmäßig mäßig am Tag. Dazu zählen auch Dickmacher. Wer Dich nicht kennt, wundert sich, dass Du pro Portion relativ wenig isst.

Zum Schluss von mir selbst ... ein Geständnis. Ich hätte Lust, eine App zu entwickeln. Den Titel habe ich auch schon: »Little Sins«, kleine Sünden. Wir können in der App uns selbst oder anderen Sterne geben, wenn wir Routinen verlassen und unser Leben in ganzen Zügen genossen haben. Ein Kater am nächsten Morgen ist ein super Gefühl, wenn die Party es wert war. Die Gerüche des frischen Grases bei der Motorrad- oder Cabrio-Tour am ersten Frühlingstag einfangen. Das ist toll – auch der Schnupfen danach. Das Sausen in den Ohren nach dem Open-Air-Konzert, das total verregnet war, wie beim ersten Zeltabenteuer mit der Jugendliebe. Jedem Erlebnis geben wir selbst eine Auszeichnung – von eins bis fünf Sternen. Wer keine 100 Sterne am Ende eines Jahres gesammelt hat, der bekommt Tipps, wie der eigene Genuss gesteigert werden kann.

Das Gefühl, nichts verpasst zu haben, was auf dem Weg lag und für uns wichtig ist, auch wenn es nicht immer nur guttut. Das gibt Energie und hält uns frisch, auch wenn die eigene Gesundheit kurzfristig etwas leidet.

Tipps & Tricks

Dieses Kapitel hat verdeutlicht, dass, egal was Sie machen, um sich fit oder das Gewicht zu halten, es darauf ankommt, sich einen eigenen Rhythmus und kontinuierliche Routinen anzueignen, Muster zu etablieren und wieder zu erneuern. Hierbei ist der Titel dieses Buchs wörtlich zu nehmen: Das Beste aufnehmen, damit intensiv arbeiten, einige Methoden zur Seite legen, neue Übungen aufnehmen.

Bereits diesen Ablauf am Laufen zu halten, hält fit. Das gilt zunächst in meiner Haltung, immer wieder neue Impulse für die eigene Fitness zu setzen. Und dann wird die Haltung sichtbar in meinem Verhalten und in meinen neuen Bewegungsmustern. Mehr braucht es nicht an Tipps & Tricks.

Aus Wünschen Ziele machen

Setzen Sie zur Unterstützung gern das Zielhaus ein. Achten Sie dabei darauf, nicht nur Ihre Wünsche zu beschreiben, wie: »Ich möchte abnehmen.« Dieser Wunsch sollte in ein konkretes Ziel münden, das zeitlich nahe liegt, zum Beispiel 5 Kilo in 100 Tagen zu verlieren. Das Ziel können Sie sehr gut darstellen: 5 Kilo Reis in ein transparentes Gefäß füllen. Sie nehmen so viel heraus zum Kochen, wie sie Gewicht verloren haben. Und sie füllen nach, wenn das eigene Gewicht steigt. Sobald Sie das Ziel erreichen, ist der Topf leer.

Vergessen Sie jedenfalls nicht, sich zu belohnen. Eine kleine Sünde ist jedes erreichte Ziel wert! Am schönsten ist dieser Genuss mit Menschen, die mit Ihnen am Ziel gearbeitet haben.

Eros als schönste Energie.
Ich kann lieben und verliebt sein.

Wunsch und Wirklichkeit
verbinden. Ich gestalte
partnerschaftliche Beziehungen.

Distanz schafft Nähe.
Ich akzeptiere
gegenseitige Grenzen.

KAPITEL 9

Mein Kribbeln vergeht nicht

»Deshalb nun behaupte ich, dass jedermann den Eros zu ehren hat, und ich selber ehre meinerseits seine Kunst und übe sie vor allen und empfehle sie allen andern ...« Das schreibt der griechische Philosoph Platon im *Gastmahl*, das von ihm in den Februar 416 vor Christus datiert wurde. Unumwunden bekennt sich der griechische Philosoph zur Liebe und dem Verliebtsein. Eros ist ein großer Geist, resümiert Platon, der uns ergreift und hinreißt.

Die Energie der Liebe beflügelt und ermutigt, Großes zu vollbringen. Dabei sei es, so Platon weiter, völlig egal, ob sie glücklich oder unglücklich verliebt sind. Auch ein Eros, der nicht bekommt, was er begehrt, ist pure Energie. Liebeskummer ist besser als die Ödnis von Gefühlen.

Sie wundern sich vielleicht, wie dazu der Begriff »platonische Liebe« passt, die heute eine intensive Freundschaft ohne sexuelle Interessen bezeichnet? Diese Interpretation ist viel jünger, aus der Renaissance, und fußt auf der Perspektive von Platon, dass der erotische Drang den Menschen über mehrere Stufen sogar zu höherer Erkenntnis führen kann. Liebe sei pure Energie, kann mehr sein als die Befriedigung egoistischer Bedürfnisse oder andere Menschen durch versagte Liebe ins Unglück stürzen. Und wenn doch dieses Unglück geschieht? Wer nie verlassen wurde, hat nicht erfahren, wie sich Leben anfühlt. So spendet Platon uns Trost.

In der Psychoanalyse nach Sigmund Freud ist Eros, der Lebenstrieb, einer von zwei Haupttrieben von uns Menschen. Die psychische Energie des Eros, unsere Libido, ziele auf Lustgewinn. Dazu zählen der körperliche Kontakt, ebenso Essen und Bewegung. Eine zügellose Befriedigung der Triebansprüche nach dem »Lustprinzip« führt jedoch, so Freud, zu einem Konflikt mit dem »Realitätsprinzip« und ist unvereinbar mit einer zivilisierten Gesellschaft. Deshalb, so Freud, müssen die Triebe permanent unterjocht werden – obwohl dies bei Menschen zu Neurosen führen kann. In der Psychoanalyse soll sich der Patient dieser Konflikte bewusst werden, um mit den Spannungen besser leben zu können.

Das ist die Meinung älterer Herren, die nicht ahnen konnten, welche Möglichkeiten wir heute haben. Siehst Du einen Grund, warum der Trieb im Alter abstirbt oder sogar unterdrückt werden muss? Lebenslang gilt: Liebe ist Leben. Lachen und Weinen aus Liebe sind intensiver als jeder andere Auslöser.

Emotionen sind positive Energie und bewegen uns, bis zum Tod. Die Liebe ist die schönste Emotion. Der Liebestrieb ist eine stark brodelnde Energiequelle. Auch das Gefühl der Sexualität ist keine Frage des Alters, des Geschlechts oder besonderer Vorlieben. Unsere Erfahrungen hindern auch hier nicht vor Neuem. Wir wissen genau, was wir wollen, und haben zugleich Angst, etwas zu verpassen. Wir sollten zugleich nicht irgendwelchen Idealen hinterherlaufen und uns verstellen. Dieser Appell ist im digitalen Zeitalter wichtiger denn je. Die Möglichkeiten zum Gestalten, Vorgaukeln und Verbergen sind schier unbegrenzt. In der Liebe haben sich in den letzten Jahren die Auswahlmöglichkeiten ziemlich erweitert.

12 Milliarden US-Dollar setzte die Online-Dating-Branche 2020 um, so Schätzungen. Die Marktforscher haben 310 Millionen Menschen gezählt, die digital Partner und Affären suchen. Alle elf Minuten verliebt sich jemand beim deutschen Marktführer. Hört sich toll an, bedeutet jedoch statisch, dass 99 Prozent aller 5 Millionen Kunden im ersten Jahr nicht dieses Glücksgefühl haben.

Der aktuelle Status der eigenen Beziehung kann Auslöser, muss aber kein Hindernis sein. Ein Drittel der Nutzer auf Tinder, der Dating-Plattform für schnelle neue, auch sexuelle Kontakte, hat in einer Studie angegeben, in einer festen Beziehung zu leben. Offenbar geht es darum, den eigenen Marktwert zu testen. Mal sehen, was noch geht ... nur verbal, natürlich. Das gilt auch, nachdem eine Beziehung kurz zuvor zu Ende gegangen ist. Frau und Mann möchten eine Bestätigung, dass die eigene Attraktivität weiter vorhanden ist. Das ist besonders praktisch für alle, die zur analogen Partnersuche keine Zeit haben. Wegen der Kinder oder der Karriere, unterwegs bei Projekten oder im Urlaub.

Liebe ist ein Spiel voller Widersprüche, was es kompliziert macht. Deshalb wollen wir Menschen, dass sich nicht versteckt wird. Wir wollen mit Menschen zusammen sein, die authentisch sind. Auf den Dating-Plattformen passiert genau das Gegenteil, wie ein Forschungsprojekt der Universität Flensburg 2019 aufgezeigt hat. Dessen Titel ist Programm: »Hot or not«. Männer posieren häufig mit Hunden, die sie gar nicht besitzen, weil sie sich allein nicht so gut in Szene setzen können. Beliebt sind auch Surfboards unter dem Arm am Strand. Surfen können jedoch nur die wenigsten. Beim Alter wird ohnehin geflunkert. Immerhin wissen die meisten, dass fette Uhren, dicke Autos oder andere Statussymbole eher weniger gut ankommen.

Da kann eine Freundin von mir ein Lied von singen. Nach ihrer Scheidung ist sie auf die digitale Weide. Lahmende Hengste an jeder Ecke, berichtet sie. Fast schon mitleidig ihr Kommentar. Was die nicht alles tun, um mit Ü50 straff gestriegelt im besten Licht und vollen Saft dazustehen. Die machen sich selbst den größten Druck, dass jemand anbeißen muss.

Frauen achten eher wenig auf äußere Merkmale. Das sagen sie nicht nur. Die Auswertung des Klick- und Kontaktverhaltens durch die Anbieter bestätigt diesen Trend. Parallel stellen sich Frauen häufig selbst in einem besonders attraktiven Licht dar. So ganz scheint Frau doch nicht den eigenen 100 Prozent Natur zu trauen. Die Requisiten zeigen, besonders über 40, den eigenen Anspruch. Champagnerflasche, Designerkleider oder teure Ketten. Da weiß Mann, was er bald weniger hat – Geld. Immerhin werden die Bilder im Alter weniger bearbeitet, obwohl dies auch für den Erstkontakt nützlich sein könnte.

Schnell werden alle Fake News entlarvt. Erwartungen und Realität passen nicht zusammen. Diesen Frust bekommen alle Kunden auf Dating-Plattformen kostenlos dazu. Diese Enttäuschung wird verstärkt durch das Gefühl, etwas zu verpassen. Zwar gefällt der neue Kontakt, eigentlich. Es könnte jedoch noch etwas Besseres geben. Das ist wie beim Online-Shopping. Das Beste, was direkt vor einem sitzt, wird liegen gelassen. Und für einen zweiten Anlauf ist die Chance vorbei. Der passende Mensch steht in keinem Lager zur Abholung parat.

Im Ergebnis verändert diese Paarungs-Ökonomie auch die ersten Treffen. Bloß nicht zu viel investieren. Ein Drink muss reichen, an Zeit und Geld. Dann wird entschieden: Das war es schon oder eine gemeinsame Nacht oder vielleicht auch ein ganzes Leben. Das wochen- oder monatelange Erobern zuvor, ganz analog, findet immer seltener statt. Dafür plagt im digitalen Zeitalter die Menschen immer häufiger die ständige Qual der Wahl.

Wunsch und Wirklichkeit zum Paar machen

Die eigenen Bedürfnisse und entsprechenden Erwartungen mit der Realität einer Beziehung zu verbinden, das werden auch künftig keine Portale bewerkstelligen. Das Paardasein können nur Menschen schaffen. Kein Algorithmus kann erkennen, welchen Humor wir mögen, welcher Augenaufschlag uns hinreißt oder welche Überraschung uns wann begeistern kann. Das wissen wir ja selbst nicht immer. Manchmal haben wir sogar keine Ahnung davon, wie in einer Partnerschaft für uns ein neuer Reiz entsteht. Plötzlich übertrifft die Wirklichkeit jeden Wunsch. Das ist das Schöne an jeder Liebe, in jedem Alter, bei Frau und Mann.

Tja, unsere ewige Sehnsucht nach der perfekten Liebe und Beziehung. Davon träumen ist wundervoll, solange wir die Realität nicht völlig an diesem Traum messen. Nach verkorksten Beziehungen und Trennungen will man es besser machen. Gut so. Diese Energie sollten wir uns nicht nehmen lassen, übrigens auch, um bestehende Beziehungen weiterzuentwickeln. Das Ideal zu treffen ist jedoch der Lottogewinn. Glückwunsch an jeden, dem dies gelingt. Schön wäre für alle, dass wir uns in der Wirklichkeit dem Wunsch nähern. Dann können beide zum Paar werden, ohne einem Ideal zu entsprechen. Wir beide Autoren sind seit über 33 Jahren auf diesem Weg unterwegs.

Ich wurde einmal gefragt, was mich an Dir fasziniert und begeistert. »Sie ist jeden Tag für eine Überraschung gut«, habe ich geantwortet. So ist unsere Wirklichkeit häufig zwar ganz anders als gewünscht, dafür aber oft viel interessanter. Was ich dazu brauche, ist nur, mich darauf einzulassen, keinem festen Schema zu folgen und zugleich Grenzen zu respektieren, was der andere nicht mitmacht. Dann werden in unserer Beziehung viele schlummernde Energien frei und Überraschungen möglich.

Gib es zu, manche meiner Überraschungen können auch nerven. Doch davon lasse ich mich nicht abhalten. Denn 95 Prozent unseres Lebens ist ja ohnehin irgendwie verplant. Die Einrichtung im Haus umbauen, spontane Ideen für Treffen mit Freunden, Ausflüge am Wochenende oder, im Job bei uns, neue Instrumente ausprobieren. Tut ja alles nicht weh.

Vieles klappt dann nicht. Doch was wir machen, ist immer toll.

Sich in der Beziehung auf den anderen Menschen einlassen und sich ihm überlassen. Das ist leicht geschrieben. Dieses Verhalten Wirklichkeit werden zu lassen führt genau dazu, dass eigene Wünsche wahrgenommen und erfüllt werden können. Diese Zuneigung ist wörtlich zu nehmen. Sich zum Partner zu neigen, schafft den Raum, sie oder ihn aus sich herauskommen zu lassen. Dann kann in jeder Beziehung, egal wie lange diese dauert, in der Wirklichkeit ein Zauber entstehen und Wünsche erfüllt werden. Einzige Beendigung dafür ist: Das Wachstum von Zuneigung zwischen Menschen braucht Zeit.

Ich habe Dich 1986 in Maui kennengelernt, aus ganz praktischen Gründen. Ich war auf Hawaii damals zu jung zum Mieten eines Autos. Und Du hattest von einem Sponsor einen Bus für die ganzen Surfsachen. So haben wir ein paar Tage zusammen verbracht. Gelaufen ist zwischen uns nichts, obwohl Du sogar zu uns gezogen bist, weil das Apartment meiner Freundin und mir näher am Strand lag. Erst nach einigen Wochen, nachdem Du zurück in Frankfurt mit Blumen bei mir im Büro standst, kamen wir uns näher. Wir hatten uns über viele Wochen unserer gegenseitigen Zuneigung vergewissert.

Erobern und erobert werden, so ganz klassisch, wird immer schwieriger. Das größte Hindernis ist das fehlende eigene Zutrauen, sich zu öffnen, und das Misstrauen, etwas anderes zu verpassen. Zuneigung entsteht mit unseren analogen Sinnen. Wir entwickeln das verbindende Gefühl für die Beste oder den Besten, die vor uns liegen, sitzen oder stehen. Digitale Helfer schaffen vor uns eine unverbindliche Auswahl, die die Passende oder den Passenden verschütten kann.

Passend müssen nicht Mister Perfect oder Miss Perfect sein. Je länger eine Beziehung dauert, desto unwichtiger wird dieser Maßstab, um ein Kribbeln zu spüren. Zugleich ist es ein Trugschluss, dass mit der Länge das Kribbeln abnimmt. Okay, zugegeben, da sind vielleicht nicht mehr eine Unmenge Schmetterlinge im Bauch. Das würde auch anstrengend werden auf Dauer. Einer reicht zum Kribbeln und Knistern.

Wir können uns auch nach über drei Jahrzehnten überraschen. Das ist nicht schwer. Es braucht nur Offenheit dafür, was gemeinsam vor einem liegen kann. Dann kann der Partner oder die Partnerin einen Schritt vorgehen, ihn oder sie an die Hand nehmen und los geht's! Dass wir einmal gemeinsam ein Buch schreiben, hätte ich vor wenigen Monaten nie gedacht. Ich wollte auch nie ein Buch schreiben. Mich hat Deine Idee fasziniert, dass wir hier in unterschiedlichen Rollen auftreten. Darauf habe ich mich eingelassen. Und der erste Test hat mich dann begeistert.

Du hättest auch Nein sagen können. Das wäre keine Überraschung gewesen. Denn die Idee kam von mir, wie üblich bei uns, aus dem Nichts. Das tut meinem Kribbeln keinen Abbruch, dass ein Wunsch versagt wird.

Unerfüllte Sehnsüchte gehören zum Kribbeln dazu. Eine Sehnsucht zu verfolgen, ohne jede zu erfüllen, aktiviert bereits viel Energie. Partner sind ja keine Puppen, die alles aufgreifen, wohin der Arm geführt wird. Wichtig ist, die Wünsche des anderen wahrzunehmen und das auch zu zeigen, ohne über den jeweiligen Wunsch zu urteilen. Ja, ich nehme Dich so wahr und bitte um Verständnis, selbst hier nicht mitzugehen. So kann leichter ein Nein respektiert werden.

Das Mitgehen fällt leichter, und das Kribbeln in einer Beziehung bleibt stärker, wenn jeder den eigenen Freiraum behält. Raum für die eigenen Perspektiven und Ziele. Dazu können auch Räume gehören, die dem Partner zwar bekannt sind, jedoch verschlossen bleiben.

Distanz schafft Nähe

Wo fängt die Distanz an, die Partner brauchen, um in einer Beziehung Vertrauen und Nähe aufzubauen? Was sind unsere Tabu-Zonen? Die Interpretationen, was eine Beziehung aushält oder braucht, gehen extrem weit auseinander. Der zufällige Blick auf das Mobiltelefon, wenn eine neue Nachricht aufblinkt, kann bereits als schmerzlicher Eingriff in den persönlichen Freiraum gesehen werden. Wenn diese Distanz gewünscht wird, um dem anderen zu vertrauen, dann ist dies zu akzeptieren.

Andere Beziehungen haben kein Problem damit, dass der Partner oder die Partnerin die sexuellen Fantasien woanders auslebt. Ganz im Gegenteil. Manche brauchen diese Spannung sogar zum Kribbeln in der eigenen Beziehung. Wer weiß, was der andere so alles Neues lernt und in die eigene Beziehung einbringt. Diese große Offenheit bedeutet nicht, keinerlei Tabus zu kennen. Die Distanzen, die Partner respektieren, sollten transparent sein.

Viele Beziehungen leiden an Unachtsamkeit und Sprachlosigkeit über Freiräume und Grenzen. Reden wirkt Wunder – und zwar vorher, nicht danach. Wir beide haben geklärt, dass jeder die Codes auf dem Telefon kennt. Da gibt es keine Geheimnisse. Wir lassen uns in Ruhe, wenn wir mit anderen stundenlang unsere eigenen Hobbys pflegen, ich ein Wochenende auf einer Fitnessschulung bin oder Du auf einer Rennstrecke. Die Energie, die wir dort aufsaugen, bringen wir ja in unsere Beziehung mit.

Entscheidend ist, die wenige gemeinsame Zeit auch gemeinsam zu genießen, sich nicht einzugraben oder hinter irgendwelchen Bildschirmen zu verschanzen. Wer im Job steckt, der verbringt ja meistens mehr Zeit mit Kolleginnen und Kollegen als mit dem Partner oder der Partnerin. Bei uns beiden sind es, wie bei vielen anderen Altersgenossen auch, die Urlaube und vor allem die Kurztrips, die wir uns so schön wie möglich machen. Darauf kribbeln wir hin – Vorfreude ist eine schöne Freude. Jeder Cent, den wir hier investieren, ist sein Geld wert.

Enttäuschungen sind dennoch nicht ausgeschlossen. Das solltest Du nicht verschweigen. Denn je stärker das Kribbeln im Bauch, also die Erwartung und Vor-

freude, desto intensiver das Bild, was wie passieren soll. Jeder kennt die Situation: das ersehnte roman-tische Dinner. Und dann einige Stunden zuvor wird ein Kind krank, man steht im Stau oder hängt irgend-wo fest. Die Emotionen schlagen um. Es folgen Frust, Ärger und, ganz schlimm, Vorwürfe. Wer noch nie seine Partnerin oder seinen Partner enttäuscht hat, der meldet sich bitte bei mir.

Jeder kennt das Hochschaukeln von Emotionen. Aus einer Mücke wird eine Herde von Elefanten. Da kann jeder von uns genügend Beispiele liefern, angefangen von Socken auf dem Fußboden ...

... und alles möglich andere, was Du rumliegen lässt. Hab's vergessen, sagst Du achselzuckend. Na, und? Dann räume es weg. Was für mich schlampig ist, fällt Dir scheinbar gar nicht auf. Über die Jahre ge-wöhnen wir uns daran, sich gegenseitig da und dort etwas zu necken. Dein Rumliegenlassen nervt mich aber immer noch.

Schmollend in der Ecke sitzen, das haben wir uns ab-gewöhnt. Spontan mag das vielleicht verständlich sein. Sit-zend kommt allerdings niemand weiter. Also Hand raus, den anderen hochheben und etwas anderes vor uns aufgreifen. Und zuvor: Entschuldigen. Nicht der guten Ordnung halber, sondern weil ich es möchte, am besten mit einer kleinen Geste. Da bin ich erneut »oldschool«. Ein Blumenstrauß hat noch nie jemandem geschadet. Und der ist sogar sehr nach-haltig. Heute ja nicht ganz unwichtig, nebenbei gesagt.

Du kennst meinen Vergleich. Wer kennt die Rabatt-markenhefte? Heute kommen die sogar wieder, beim Bäcker oder Metzger. Nach jedem Einkauf gibt es Stempel und irgendwann einen Rabatt. In Beziehungen ist das auch so, jedoch unsichtbar. Und man bekommt ein anderes Geschenk: Stress in der Beziehung! Für jede negative Erfahrung, die heruntergeschluckt wird, wird eine Marke dazu geklebt. Irgendwann ist das Heft voll. Dann wird aus einer Kleinigkeit eine große Krise. Das gegenseitige Unverständnis ist in dieser Situation, wenn das Fass überläuft, garantiert. Jeder Beziehung wird unnötig Energie entzogen. Das Kribbeln wird zum Kreischen.

Wir beide versuchen, dass der andere möglichst keine Märkchen kleben muss. Der aufmerksame Umgang mit Mini- oder sogar Nicht-Krisen ermöglicht, dass aus enttäuschter Nähe nicht ungewünschte Distanz wird. Das sollte sich jeder vor Augen halten. Lieber früh ein Schritt nach vorn, auch wenn es schwerfällt, als später keinen Schritt mehr aufeinander zugehen zu können.

Aus Zwietracht entsteht Zutrauen, auch ganz andere gemeinsame Krisen bewältigen zu können. Das zeichnet eine Partnerschaft aus, in guten und schlechten Zeiten. Das haben wir uns nicht nur geschworen. Das leben und lieben wir.

Ein schöneres Ende des zweiten Teils von *Das Beste liegt vor uns* kann es für mich nicht geben.

Tipps & Tricks

Die Liebe und die Gesundheit einen Regale voller Ratgeber. Deshalb wie im Kapitel zuvor beim Thema Abnehmen ein klares Stopp! Wir können nur sagen, wie bei uns Autoren das Kribbeln weiter besteht und neu entsteht.

Mitgeben möchten wir die Grundlage, wie sich eine Beziehung positiv entwickeln kann, ganz allgemein betrachtet. Das Hindernis dazu wurde bereits aufgezeigt: die Diskrepanz von eigenen Bedürfnissen, entsprechenden Erwartungen und der Realität. Letzte wird stark beeinflusst durch Bedürfnisse der Partnerin und des Partners sowie das Umfeld, also Kinder und Familie oder der Beruf.

Nicht zu vernachlässigen ist unsere Herkunft. Wir werden durch unsere Erziehung und Erlebnisse bewusst und unbewusst geprägt. Oft übertragen wir unbewusste Bedürfnisse auf unser Umfeld (Familie, Beruf, Freunde, Partnerschaft). Sich seinen unbewussten Bedürfnissen klar zu werden, ist oft der Schlüssel für einen besseren Umgang mit sich selbst und seinem Umfeld.

Hilfreich kann durchaus sein, die eigene Person durch einen Coach spiegeln zu lassen. Vor allem wenn man selbst etwas Scheu besitzt, sich selbst zu hinterfragen. Jedes Coaching startet mit einer Auftragsklärung. Da wird bereits erkennbar, ob eine fremde, professionelle Unterstützung hilfreich sein kann – oder nicht. Diese Unterstützung dauert meistens auch nicht lange, insgesamt können bereits zwei oder drei Stunden viel Klarheit und Selbstvertrauen schaffen. Dieses Coaching ist sogar telefonisch möglich. Denn sie sollen ja »nur« anregt werden, selbst für sich das Beste zu wählen.

TEIL 3

Energien aktivieren

UNSEREN ALLTAG NUTZEN

Keine Wahl zu haben ist
eine Qual. Ich weiß, was
ich nicht brauche.

Daten auch gut sein lassen.
Ich beherrsche meine
digitalen Ausbeuter.

Nicht alles mitmachen.
Ich kann entspannt Nein sagen.

KAPITEL 10

Ich folge nicht jeder Sau

Wir haben einfach zu viele Möglichkeiten. Deshalb leiden wir unter dem »Choice Overload«-Effekt, so die Bezeichnung in der Wissenschaft. Je mehr Optionen wir haben, desto schwieriger wird die Entscheidung. Und die Zufriedenheit mit der Entscheidung sinkt. Also legen wir uns nicht fest, suchen wieder etwas Neues und wechseln unsere Meinung. Dieser Effekt greift in viele Bereiche unseres Lebens. Im digitalen Zeitalter geht durch die Vielzahl und Vielfalt an täglich wechselnden Angeboten generell die Bindungsfähigkeit der Menschen zurück. So viel liegt vor uns. Bloß nichts verpassen! Zwei Beispiele für die Auswirkungen sind die Liebe und die Musik, die eng verbunden sind.

Jeder wusste auf einer Party in den 70er- und 80er-Jahren, wenn Pink Floyd »Shine on you crazy Diamond« aufgelegt wird, dann beginnt die intimere Phase des Abends. Die Ouvertüre des Stücks dauert bereits zwei Minuten, insgesamt hatte jedes Pärchen knapp 15 Minuten Zeit, sich noch näher zu kommen. Viele Songs boten buchstäblich ein perfektes Vorspiel.

Die Vorfreude begann schon beim Kauf der LP, und sie wurde noch größer, als man sie zu Hause auspackte und behutsam auf den Plattenspieler legte. Schließlich der unvergleichliche Hörgenuss. Heute klagen sogar Produzenten darüber, wie das Streaming die Musik radikal verändert. Nach fünf Sekunden muss dem Hörer klar sein: cooler Song, da bleibe ich dran. Nach zehn Sekunden sind die meisten Hörer weg oder bleiben dabei. Die Folge ist, dass viele erfolgreiche Titel wie »Copy & Paste«-Varianten einer Melodie wirken.

In 15 Minuten können wir heute Dutzende andere Menschen anschauen und dann den Kontakt suchen. Tinder ist, wer es nicht wissen sollte, die erfolgreichste Quick-Dating-App auf diesem Planeten. Der »Choice Overload«-Effekt führt nachweislich dazu, sich weniger binden zu wollen. Gut ein Drittel der Nutzer bei Tinder sind sogar in einer Beziehung. Viele Nutzer wollen offenbar ihren Marktwert testen oder nutzen die Plattform als Zeitvertreib und andere für den unkomplizierten One-Night-Stand. Feste Entscheidungen oder Bindungen sind auch möglich, jedoch eher die Ausnahme, was den Erfolg der App nicht schmälert.

Wenn Dich das Thema so interessiert, dann starte einen Selbstversuch. Tue Dir keinen Zwang an. Ich habe nichts dagegen. Ich habe nur eine Bedingung. Gib als Lieblingsmusik »Shine on you crazy Diamond« an und dass Du gern beim ersten Date gemeinsam Deine Plattensammlung anschauen möchtest. Mal sehen, was passiert …

Prima. Dann mal los. Ich freue mich schon drauf, mit meiner neuen Online-Bekanntschaft über zehn Nachrichten zu klären, ob wir uns nun treffen oder nicht, wann und wo oder vielleicht doch nicht. Selbst einfachste Dinge, wie ein

Treffen zu vereinbaren, können heute kompliziert werden, weil man immer nach einer noch besseren Möglichkeit sucht, alles Mögliche miteinander abstimmen möchte. Nein, danke! So weit geht meine Neugierde nicht. Sich von Gesicht zu Gesicht zu treffen, das schaffen wir auch ganz traditionell. Sich nicht von den unbegrenzten Möglichkeiten zur Kommunikation verführen zu lassen, das spart viel Energie.

Die roten Punkte der Apps, die Pushnachrichten und alle anderen Signale wollen ja nur eins: Nutze mich! Unsere digitalen Helfer, in der Hand und am Arm, im Haus oder im Auto, wollen nicht, dass wir offline sind. Und wir gehen den Reizen auf den Leim. Wir schauen nach, was los ist, wenn nichts los ist. Hunderte Mal greifen einige von uns zum Handy – jeden Tag. Instagram, Facebook, WhatsApp ... und was sonst noch alles. Wir müssen uns nicht völlig »out« fühlen, wenn wir nicht jede App und jedes Medium, das angesagt ist, nutzen.

Ich bin erschrocken, ungefähr vor zwei Jahren. Zum ersten Mal lieferte mir mein neues iPhone die Auswertung meiner Bildschirmzeiten. Bunte Skalen zeigten auf die Minute, wie ich meine Zeit ... verschwende. Facebook 30 Minuten. Spiele 15 Minuten. Immerhin die Nachrichten-Apps auch so viel. Und das jeden Tag. Jeden!!! Das Telefonieren rangierte auf dem letzten Platz: Zwei Minuten. Sofort war meine Entscheidung klar und eindeutig. Zwei Stunden am Tag nutze ich meine »Fernbedienung des Lebens«, allgemein als Mobiltelefon bekannt. Dann ist Schluss. Mehr nicht. Ich habe Sperren gesetzt. Bei Facebook ist nach 10 Minuten Ende! Nur Telefonieren begrenze ich nicht. Denn ich erreiche ja ohnehin niemanden. »Sprich mir eine Voice-Message, ich melde mich dann.« So geht das heute.

Nach einer Woche war mein Erfolg bereits da. Keine Sperre schritt ein. 1:51 Stunden hatte ich jeden Tag auf der Uhr. Und nach jeder weiteren Woche verstärkte sich mein Gefühl: Ich verpasse ja gar nichts! Was habe ich eigentlich zuvor alles für einen Blödsinn gemacht. Nur so »rumgedaddelt«. Ich war ja genauso schlimm wie ein Teenie. Stimmt aber nicht.

Trotz meines Gefühls der Ausbeutung der eigenen Zeit war ich bereits zuvor eher ein Traditionalist, von mir aus sogar Langweiler. Kein Instagram, auch keine Fanseite in Facebook. Dort habe ich nur gut 300 Freunde, die ich alle auch wirklich kenne. Dazu für den Job andere Plattformen. Gezielt teste ich neue Anwendungen. Und wenn die nicht in meiner Bildschirmzeit auftauchen, dann lösche ich die App wieder.

In Zukunft können noch ganz andere Anwendungen unser Leben bereichern. Und das ist jetzt nicht ironisch gemeint. Das Zeitalter des »Internet of Things« beginnt. Alle Dinge um uns werden vernetzt, werden »smart«. Damit soll unser Leben angenehmer, leichter oder aufregender werden, wie bei intelligenten Spielzeugen, digitaldeutsch »Sex Tech«. Die wissen, aufgrund unserer Daten in der Anwendung, wie wir noch zufriedener werden könnten. Das ist von den Anbietern ernsthaft gemeint.

Alles ist steuerbar, demnächst nicht mehr vom Smartphone. Wie altmodisch ist das denn! Auf Zuruf reagieren die Dinge. Die Sprachassistenten wie Alexa sind nur das

»Vorspiel«. Irgendwann sollen wir sogar nur noch über unsere Gedanken die Geräte steuern können. Internetseiten durch unseren Anblick steuern – daran arbeiten die Erfinder schon heute.

Kurios wirkt manches, das durch den Erfindergeist bereits die digitale Welt erblickt hat. Schluss mit der Waage, die uns täglich gleich am Morgen unter Druck setzt. Wer kennt nicht dieses mulmige Gefühl nach einem feuchtfröhlichen Abend. Nun meldet eine Badematte Abweichungen vom gespeicherten Normalgewicht. Automatisch werden dezent Empfehlungen auf die »Smartwatch« gespielt, wie ich wieder den Normalwert erreichen kann, natürlich basierend auf meinen Daten, was in der Vergangenheit bei mir schon gut funktioniert hat. Für das Badezimmer sprudeln die Erfinder nur so vor Ideen. Das schlaue Klo öffnet den Deckel automatisch, wenn wir uns nähern, und spült, je nach Inhalt am Ende unseres Besuchs, die passende Menge Wasser. Wie schön, da kann nichts mehr, verzeihen Sie die deutliche Wortwahl, beschissen laufen.

Das sind doch tolle Aussichten für uns! Diese digitalen Helfer werden uns im Alter noch viele gute Dienste tun. Wir müssen ja nicht alles mögen oder heute attraktiv finden. Lästiges abgenommen zu bekommen und das Leben einfacher zu machen, wenn es schwerer geworden ist ... was will ich mehr!?

So weit denke ich nicht. Noch bin ich ganz gut unterwegs. Das möchte ich noch lange bleiben. Deshalb mache ich meine Rückengymnastik, dehne meine knarzenden

Schultern, fahre Ergometer und vieles mehr. Ehemalige Leistungssportler haben so einige Baustellen, die lebenslang bearbeitet werden dürfen.

Erneut verfolgen uns, wenn wir möchten, digitale Helfer, auf Schritt und Tritt. Unzählige Fitness-Tracker und Apps vermessen uns rund um die Uhr. »Dir fehlen heute noch 2000 Schritte« lautet die Meldung beim gemütlichen Abendessen. Also auf, nicht bis morgen warten. Sonst gibt es einen Minuspunkt.

Die »Wearables« setzen uns unter Druck. Das kann ich nicht oft genug wiederholen. Wer das nicht glaubt, der sollte auf mögliche unerwünschte Nebenwirkungen gefasst sein. Eine legendäre Geschichte ist: In den USA wurde der Seitensprung eines IT-Managers offenbar, als eine App der Partnerin nachts um vier rasende Herzschläge des Ehemanns meldete. Merke: Wir sollten wissen, wann es Zeit ist, auf die Tracker zu verzichten.

Die großen Internetkonzerne geben Milliarden für Startups aus, die neue Anwendungen rund um das Thema Gesundheit und Fitness entwickelt haben. Fitbit, eine Tochter von Google, möchte Wissen, Erfolg, Gesundheit und Glück der Nutzer vergrößern. So das eigene Versprechen. Und das alles mit einem kleinen digitalen Tracker am Arm. Ist ja super.

Alle dieser Tracker tun für gesunde Menschen eins – und das ist die größte Gefahr für Kopf und Körper: Die digitalen Helfer sagen uns, was das Beste für uns ist. Eigene Entdeckungen, was vor uns liegen könnte, werden behindert. Der Algorithmus weiß es besser – angeblich. Über den Vergleich mit anderen Nutzern wird zusätzlicher Druck aufgebaut. Da ist doch tatsächlich je-

mand besser als ich. Verdammt. Dann bekomme ich für
meine Trainingseinheit »Likes« – oder auch nicht. Was
ist da schiefgelaufen? Wenn ich mir im Fitnessstudio anschaue, wie digital hochgerüstet manche Hobbysportler
die Trainingsfläche betreten, die panisch werden, wenn
irgendein Wert einmal nicht passt, dann frage ich mich:
Wo bleibt euer Gefühl? Ich habe mich bisher nicht getraut,
jemanden zu fragen. Gerade bei der eigenen Fitness zählt das Gefühl. Das
sollte sich entwickeln und ist dann mächtiger als jeder
digitale Helfer. Wir entwickeln unsere eigenen Routinen,
was uns gut bekommt, welche Änderungen wirksam sind
und was wir besser lassen sollten. Das können wir dann
gern von digitalen Helfern prüfen lassen. Wer's braucht,
von mir aus. Ich lasse das auch in Zukunft.

*Du bist doch etwas »oldschool« unterwegs. Das habe
ich immer so gemacht, und das ist gut so. Ich bin ja
auch Fitnesstrainerin und unterrichte viele ältere
Menschen. Gerade hier bieten sich einige Chancen,
das Leben länger aktiv zu gestalten. Digitale Helfer unterstützen uns, eine Krankheit zu überwinden
oder besser mit einer Krankheit zu leben. Ganz zu
schweigen von Robotern, die uns pflegen. In Japan
gibt es das schon.*

Bis uns die Roboter pflegen, rennen wir jeder Sau hinterher. Wenn wir wollen, oder wenn wir uns verführen lassen. Wer ein Follower ist, der ist eher neidisch und kann
die eigene Situation schlechter bewerten, als diese wirklich ist. Übersetzt in den Titel des Buchs: Wir sehen in

den sozialen Medien, was andere vor sich haben, und bewerten die eigenen Möglichkeiten dadurch negativer als nötig. So ein Blödsinn, denken Sie vielleicht. Instagram kann die eigenen Wände schlecht machen. In England waren 90 Prozent von 1500 Nutzern, die die Plattform als Inspiration für die eigene Einrichtung nutzten, mit ihrem Zuhause unzufrieden. Denn sie hatten andere Menschen in ihrer natürlich perfekten Wohnung gesehen. In der Vergleichsgruppe, die keine sozialen Medien zur Information über eine neue Einrichtung nutzte, war die Zufriedenheit signifikant größer.

Der Neid entsteht durch uns, wenn wir jeder Sau folgen. Wir kaufen den besten »Black Friday«-Deal, obwohl wir das, was vor uns gelegt wird, nicht brauchen. Aber tolles Gefühl: Schnäppchen gemacht. Sogar in ganz alltäglichen Dingen fangen wir an zu vergleichen. Warum? Weil wir es können! Das beste Restaurant, der beste Friseur, der beste Bioladen. Alles ist heute vergleichbar. Viele neue Plattformen buhlen um unsere Aufmerksamkeit und – nebenbei – um unser Geld.

Entscheidend ist, weiter nach den eigenen Kriterien und Maßstäben zu urteilen. Sonst kann uns leicht irgendetwas von Influencern oder Werbung in den Portalen aufgeschwätzt werden. Dieses Selbstbewusstsein wird immer wichtiger. Denn immer schwieriger wird die Unterscheidung, was ehrliche Fakten oder Fake News sind, von Algorithmen ausgewählte Inhalte, die uns manipulieren sollen.

Eigenhändig sortieren und gewichten

Auch unsere Verwirrtheit, welche Plattformen und Apps wir nutzen sollten, ist nutzbar. Schon vom »Smart Cleaner« gehört? Das ist eine App, die unsere Apps sortiert und aussortiert. Quasi eine digitale Putzfrau für das Smartphone. An dieser Stelle bin ich rigoros: Wer diese App braucht, der gibt selbst auf, den Überblick zu behalten.

Gerade im digitalen Zeitalter ist eine Fähigkeit für uns wichtiger denn je: das eigenhändige Sortieren und Gewichten. Bisher erhöhen die Suchmaschinen sogar unsere Qual der Wahl, wenn wir nicht genau wissen, was wir wollen und unsere Suche zu ungenau ist.

Am 1. April 2020 habe ich einen Selbstversuch gestartet, um zu sehen, wie eine einfache alltägliche Suche die tollen Algorithmen zur Verzweiflung bringt. Denn die schlauen Systeme tun sich noch wahnsinnig schwer zu verstehen, was wir meinen, wenn wir etwas sagen oder schreiben, das nicht ganz genau ein Anliegen benennt. Also wird eine riesige Auswahl geliefert. Wir klicken weiter und folgen verschiedenen Spuren, vergleichen und bewerten die Informationen. Das nervt. Eine tolle Hilfe ist das!

»Mallorca Strand Hotel«. Jeder Mensch kann über diese drei Wörter sofort antizipieren, was ich suche. Ein schönes Hotel am Strand auf Mallorca. Wer sich vor Ort auskennt, dem fallen sofort drei oder vier zur Auswahl ein. Nicht so Google. Mit diesen drei Wörtern bietet mir die Maschine 144.000.000 Ergebnisse. So viele Hotels am Strand in Mallorca gibt es nicht, soweit ich weiß. Und, oh Wunder, eine andere Reihenfolge ändert die Menge sofort deutlich. Bei Mallorca Hotel Strand sind es nur 19.800.000 Treffer.

Dann bei Mallorca Hotel am Strand 139.000.000. Auch blöd. Dann Anführungszeichen gesetzt. Mallorca »Hotel am Strand« bringt 79.800.000 Ergebnisse. Weitere Ergänzungen mit eigenen Interessen, wie Fitness oder Spa, reduzieren die Zahl nicht wesentlich.

Dein Problem kenne ich. Passiert mir häufig, wenn ich irgendetwas suche. Also was mache ich? Ich klicke auf die obersten Anzeigen. Die sind bezahlt und bringen Google enorme Mengen Geld. Also ehrlich, ich würde als Google auch nicht verstehen wollen, was die Kunden bei den Suchanfragen meinen. Dann würden die ja kein Geld mehr verdienen.

Lichtjahre trennen die Algorithmen davon, unsere Wünsche zu erkennen und Gedanken zu verstehen. Aus unserem Verhalten der Vergangenheit die Zukunft zu prognostizieren, was uns interessieren könnte, das ist sogar eher lästig. Ich bekomme Hinweise auf Produkte, die ich bereits gekauft habe oder die mich nicht mehr interessieren. Wir Menschen sind viel besser als Computer. Die können zwar schneller rechnen, haben aber keine Inspiration, was für uns das Beste sein könnte. Sobald wir aus einem Raster ausbrechen, das sich nicht berechnen lässt, gehen die schlausten Rechner in die Knie.

Weil wir wissen, was wir wollen, sind wir fähig, Informationen entsprechend ihrer Bedeutung für uns zu sortieren und zu gewichten. Wir können sogar »einen draufsetzen«. Wir sind kreativ und können Informationen je nach Bedarf bündeln und einen plausiblen Zusammenhang herstellen. Da machen wir noch lange jeder Maschine sehr viel vor.

Bleiben wir beim Beispiel Hotelsuche für den Urlaub. Denn es geht dort um eine sehr wichtige Zeit in unserem Leben – und um nicht wenig Geld. Sie benötigen für den Urlaub eine Unterkunft an einem neuen Ort. Sie geben seinen Namen und »Hotel« ein. In Windeseile bieten Ihnen Dutzende Portale zahlreiche Unterkünfte an. Gab es früher zum Beispiel vom Fremdenverkehrsamt oder im Prospekt des Reiseveranstalters eine Liste zur Auswahl, so erschlägt uns heute eine virtuelle Vielfalt. Die Angebotspalette wird nicht größer mit der steigenden Zahl an Portalen.

Nun kommen Sie ins Spiel. Sie haben bestimmte Erwartungen oder besonderen Bedarf. Vielleicht haben Sie die Suche durch Stichworte wie »Stadt«, »Szene«, »Design« oder »Park« bereits verfeinert, um die Treffer einzugrenzen. Das hilft jedoch wenig, da viele Angebote von den Anbietern mit halbwegs passenden Schlagworten verknüpft wurden, um möglichst gut auffindbar zu sein. Inzwischen hat sich eine ganze Industrie um die Optimierung von Websites entwickelt. Zu den Vorschlägen kommen die Bewertungen von Kunden, die die Trefferzahl sowie die Komplexität zusätzlich erhöhen. Wir sind also mehr denn je gefordert, die Informationen selbst zu beurteilen.

Wir haben die Bewertungen zu gewichten und zu sortieren. Zwar können Sie diese nach Datum geordnet anzeigen lassen, aber nicht sämtliche Ergebnisse auf einen Zeitraum eingrenzen, zum Beispiel die letzten zwei Jahre. Was nützt Ihnen, wenn früher ein Hotel hervorragend bewertet wurde, nun aber abgefallen ist, was im Gesamtergebnis nicht sofort deutlich wird? Oder umgekehrt ist eine Unterkunft nun erheblich besser, hat aber in der Vergangenheit einige negative Bewertungen erhalten.

Schauen Sie darauf, was zu den Themen geschrieben wird, die für Sie relevant sind. Kunden, die Ihre Kriterien in der Bewertung aufgreifen, dürften vergleichbare Vorstellungen haben. Alle anderen Bewertungen können außen vor bleiben. Ihnen nützt kein vernichtendes Urteil wegen einer Spinne an der Wand, wenn Sie das Tierchen nicht stört. Ein Lob für den Concierge wegen seiner Tipps brauchen Sie nur, wenn Sie die Stadt nicht auf eigene Faust entdecken möchten. So entsteht schnell eine »Shortlist«, aus der Sie das Hotel wählen können, das Ihren Wünschen entspricht.

Deine Details sind schön und gut. Aber was haben wir daraus gelernt? Wir haben Portale unseres Vertrauens gefunden. 90 Prozent der Informationen und Angebote finden wir dort. Was wir vielleicht verpassen, das nehmen wir gern hin, denn unser kleiner Verzicht spart uns viel Zeit und Nerven. Und das gilt für viele Bereiche in unserem Leben, nicht nur für die schönsten Zeiten des Jahres.

Das eigene Sortieren und Gewichten funktioniert auch bei wichtigeren Entscheidungen, wie der Auswahl eines Arbeitsplatzes. Hier stehen uns erneut viele öffentliche Informationen zur Verfügung, um eine eigene Meinung zu bilden und zu stärken. In diesem Fall können Sie vor Ihrer Recherche Ihre Erwartungen an den künftigen Arbeitsplatz schriftlich festhalten, ebenso die Ziele, die Sie erreichen möchten. Sie können auch eine Gewichtung der

Aspekte vornehmen, die unbedingt erfüllt sein sollten und welche optional sind. Mit diesem persönlichen »Ranking« verfolgen Sie nun die Berichte in den Medien oder Bewertungen über das Unternehmen im Internet. In Portalen nehmen Sie ebenfalls die besten und schlechtesten Beurteilungen, die Aussagen enthalten zu Ihren Erwartungen und Zielen.

Plakative Aussagen, die Ihnen besonders aufgefallen sind, können Sie dann im persönlichen Kontakt zur Diskussion stellen. Beide Seiten haben ja Interesse, vor einer Zusammenarbeit mögliche kritische Themen zu klären, um keine falschen Erwartungen zu haben. Das spart erneut viel Zeit und Nerven. Wenn ein Unternehmen sich nicht auf kritische Fragen, die Ihnen wichtig sind, einlassen möchte, dann lassen Sie eher die Finger davon.

Nein zu sagen ist wichtiger denn je

Keine Entscheidung bringt ausschließlich Vorteile mit sich. Mögliche Nachteile sind zu akzeptieren. Und wir sollten uns durch sie nicht abhalten lassen. Der »Choice Overload«-Effekt könnte dazu führen, dass Sie zögern und nicht zukunftsweisend handeln. Dann lieber Nein sagen. Klar und eindeutig. Das führt allerdings nicht immer zu Applaus.

Wir lernen seit Geburt, dass lieb sein und sich zurücknehmen zugunsten der Gefühle von anderen belohnt wird. In der Trotzphase als kleines Kind wird das Nachgeben belohnt, nicht beim Nein bleiben. Das Streben nach Zuneigung tragen wir ins Erwachsenenleben. Das Neinsagen haben wir mühsam zu lernen.

Das Bedürfnis, Nein zu sagen, schlummert in uns, wie viele Umfragen bestätigen – und das in den letzten Jahren immer eindeutiger. Die überwiegende Mehrheit der Menschen in Deutschland berichtet, sie würden zu oft Ja sagen und dies später bereuen. Fast die Hälfte von uns, egal ob Frauen oder Männer, haben Probleme, sich gegenüber ihrem Chef zu behaupten oder ihrem Partner etwas abzuschlagen. Umgekehrt wurde das positive Potenzial eines Nein festgestellt. Wer berichtet, ihm wäre ein großes Nein gelungen, sagt, dass dem Nein ein größeres Ja zugrunde lag. Ein Ja dafür, endlich aufgeschobene Träume und Wünsche zu verfolgen.

Ein Nein schafft neue Chancen, etwas Neues aufnehmen zu können. Ein Nein zum Bisherigen erfordert mehr als die nötigen finanziellen Mittel und den perfekten Partner zum Aufbruch. Es braucht vor allem Mut. Und ein klares Bild von sich selbst und dem, was man will – egal wie populär oder unpopulär das Nein zunächst ist.

Heute ist das Aushalten schwieriger denn je, anders zu sein und als andere es von uns erwarten. Sobald wir akzeptieren, dass Unverständnis ein Teil davon ist, das Beste für sich zu finden und dafür auch Nein zu sagen, müssen wir uns nicht ständig anpassen und können uns selbst behaupten. Wir tauschen unsere passive Rolle als Beifahrer gegen den Fahrerplatz und bestimmen selbst, wo es langgeht.

Zu sich stehen und Grenzen setzen, das muss nicht immer gleich eine Totalabsage und -aufgabe bedeuten – egal ob es um den Partner, den Job oder die Eltern geht. Das

Gegenteil kann passieren. Wenn wir den Mut haben, andere zu enttäuschen, besteht die Chance auf eine realistische Beziehung. Denn ich zeige den anderen: Ich bin nicht so, wie Du es Dir vielleicht gedacht hast. Aber so bin ich ganz für Dich da.

Jeder von uns hat da so seine schmerzlichen Erfahrungen mit einem Nein. Das gilt für den Anfang, bevor das Gefühl der Befreiung eintritt. Wenn etwa die Eltern nicht von dem Bild lassen wollen, das sie von ihren Kindern haben, ist es hart, damit umzugehen. Aber um mein eigenes Leben führen zu können, muss ich mich abgrenzen. Dann ist es ehrlicher, den Konflikt zu leben. Das kann das ganze Leben dauern und immer wieder hochkommen. Die Sätze, die dann gesagt werden, sind hart für alle Beteiligten: Nein, ich übernehme nicht den Familienbetrieb. Nein, ich studiere nicht Medizin, nur weil meine Mutter selbst gern Ärztin geworden wäre. Nein, ich pflege euch nicht, weil ich nicht bereit bin, mein eigenes Leben dafür aufzugeben.

Zu sich stehen, auch gegen den strafenden oder enttäuschten Blick der anderen, klingt immer so leicht. Aber die Angst vor Ablehnung steckt tief in uns: Was, wenn den anderen dieses Bild von mir nicht gefällt? Wir leben auch von der Anerkennung der anderen Menschen. Das haben wir zu Beginn des zweiten Teils im Buch gelernt, dass uns Anschluss sehr motiviert. Wenn wir Nein sagen, können wir nicht sicher sein, ob der Anschluss weiterhin möglich ist. Bloß nicht die Harmonie gefährden!

Unser Harmoniestreben gilt sogar für ganz alltägliche Situationen. Wir sagen Ja oder handeln so, um keinen Widerstand zu wecken. Die labbrige Pizza im Restaurant wird runtergeschluckt. Das dreckige Zimmer im Hotel wird akzeptiert. Das abfällige Tratschen der Kollegen auf dem Flur wird hingenommen.

Ach komm, lass mal. Das lohnt sich jetzt nicht, hier ein Fass aufzumachen. So denken viele von Ihnen, reflexartig. Doch es lohnt sich, direkt zu sagen, was nicht gefällt, möglichst wertschätzend, indem man zum Beispiel vorschlägt, was besser sein oder gemacht werden könnte. Meine eigene direkte Art mag nicht jeder, zumindest nicht sofort. Ich sage, wenn es mir im Restaurant nicht schmeckt. Ich sage, wenn Teilnehmer in meinen Kursen die Übung schlecht machen. Ich zeige, was sie besser machen können. Jeder Hinweis »Nein, das war nicht gut« zeigt meine Wertschätzung, dass mein Gegenüber an sich arbeiten kann.

An sich zu arbeiten, das braucht Zeit. Wer Nein sagen kann, der gewinnt Zeit für sich. Diese kann danach für ein überzeugtes Ja eingesetzt werden, auch für den Einsatz für andere. Nicht jeder Sau zu folgen schafft genau diese Zeit für die kurzen Boxenstopps zum Aufladen von neuer Energie, das Thema des nächsten Kapitels.

Tipps & Tricks

Das Nein- oder Jasagen geschieht nicht aus dem hohlen Bauch, besonders bei wichtigen Entscheidungen. Der Blick in die Zukunft richtet sich darauf, was das Beste für uns sein könnte, wobei nicht garantiert ist, dass es auch eintritt. Wir können jedoch Prognosen erstellen und plausible Szenarien für uns entwickeln, um unsere Energie darauf zu richten.

Prognosen und Szenarien minimieren Risiken und ermöglichen Kompromisse, wie etwa bei der Wahl eines neuen Arbeitsplatzes oder der Entscheidung für eine andere Position im Unternehmen. Die reinen Fakten, beispielsweise das aktuelle Gehalt, sind selten allein entscheidend. Die Perspektiven für die eigene Entwicklung sind es ebenso.

Szenarien schaffen Perspektiven

Die Szenariotechnik ermöglicht, sich vom »Früher« und »Jetzt« nicht zu sehr beeinflussen zu lassen. Dazu muss niemand ein Visionär sein. Es genügt, ein Thema aus unterschiedlichen Blickwinkeln zu betrachten, um neue Zusammenhänge zu entdecken.

Sortieren Sie alle Information in drei Körbe. Was bisher nur im Kopf steckt, ist schriftlich oder bildlich zu fassen. Die Form und Kombination sind egal, die klare Zuordnung in die drei Körbe ist entscheidend. Aus der Kombination der Fakten in den drei Körben »Früher«, »Jetzt« und »Künftig« ergibt sich eine handfeste Prognose. Sie können ein Szenario aufbauen, bekommen ein Gefühl für mögliche relevante Auswirkungen Ihrer Entscheidung.

Nicht jede Information wird für Sie verfügbar sein, manche Informationen werden Ihnen vorenthalten, oder einige sind schlicht falsch. Das können wir nicht ändern. Gerade wegen dieser latenten Ungewissheit ist es wichtig, stets selbst Szenarien zu bilden und daraus die beste Option zu wählen. So sortieren Sie die Informationen in die drei Körbe:

• **Früher:** Dieser Korb enthält alle Daten und Informationen über Ereignisse und Erfahrungen der Vergangenheit, wie zum Beispiel Bewertungen anderer Kunden oder Mitarbeiter.
• **Jetzt:** Hier sammeln Sie alle verfügbaren Informationen über den Istzustand beispielsweise eines Unternehmens, wie das dortige Angebot zur Weiterbildung, bei dem Sie sich bewerben möchten.
• **Künftig:** In diesen Korb füllen Sie Informationen zur künftigen Entwicklung etwa eines Unternehmens oder einer Branche vor dem Hintergrund möglicher Auswirkungen der Digitalisierung.

Seien Sie gewarnt, sollte sich der Großteil der Informationen im ersten Korb befinden. Träfen Sie auf dieser Grundlage eine Entscheidung, setzten Sie unausgesprochen auf die Annahme, dass für die Zukunft die gleichen Parameter gelten wie für die Vergangenheit. Das ist sehr unwahrscheinlich.

Zumindest ein Teil der Informationen sollte sich im Korb »Künftig« befinden. Diese Daten sind naturgemäß ungenau, im Vergleich zum Korb »Früher«, und eher subjektiv. Das gilt zum Beispiel, wenn Sie Experten befragen, wie deren Blick auf die Entwicklung einer Branche oder eines Unternehmens ist.

Der größte Vorteil der Angaben im Korb »Künftig« ist, daraus Szenarien für eine mögliche Zukunft entwickeln zu können. Betrachten Sie mögliche Ereignisse als Tatsache, vor allem die von Nachteil wären. Überlegen Sie, was daraus für sie folgen könnte. Wie lange wird es eine Abteilung noch geben oder eine bestimmte Leistung noch erforderlich sein? Kann mein Job zukünftig auch digital erledigt werden? Wo werde ich unersetzbar bleiben?

Die Antworten darauf sollten möglichst bildhaft und konkret auf die Arbeit bezogen sein, wie zum Beispiel der neue veränderte Tagesablauf aussehen könnte. Mit dieser Prognose und diesem Szenario können Sie guten Gewissens die beste Entscheidung treffen, Ja oder Nein zu sagen.

Schluss mit dem Stand-by-Modus.
Ich kann denkfrei wach sein.

Natürliches Doping einsetzen.
Ich wechsle zwischen Spannung
und Entspannung.

Eigene Reize setzen. Ich
stupse mich selbst an.

KAPITEL 11

Meine kurzen Boxenstopps

Ich musste schmunzeln. In einem Training berichteten »Digital Natives« von ihrer neusten Entdeckung, natürlich in Digitaldeutsch. Ein »Power Nap« sei klasse. Diese kurzen Pausen zwischendurch brächten echt viel. Es würde auch gar nicht lange dauern, seine Energie wieder aufzuladen, man müsse es nur häufiger machen, betonten die jungen Führungskräfte. Genau das Richtige für euch, dachte ich mir. Ihr habt nämlich Probleme, euch einige Stunden am Stück auf eine Sache zu konzentrieren. Da kann ein »Power Nap« nicht schaden.

Die Idee ist uralt. Denn offenbar sind kurze Pausen für Menschen schon immer wichtig gewesen. Mein Großvater, der eine Schneiderei betrieb, hielt jeden Mittag ein kurzes Nickerchen. Nach 30 Minuten war er wieder fit für seine Kunden und seine konzentrierte Arbeit. Selbst ein halber Tag kann ohne Pause zu lange sein. Bei sehr anspruchsvollen Tätigkeiten lässt nach weniger als zwei Stunden die Konzentration nach. Nicht umsonst dauern in der Schule oder in der Universität Doppelstunden 90 Minuten. Bei meinen Vorträgen versuche ich immer, sogar nach der Hälfte fertig zu sein. Bevor die Aufmerksamkeit sinkt, sollten die Botschaften platziert sein.

Kurze Boxenstopps haben ein großes Hindernis. Das Beschäftigtsein und Durchhalten bekommen Anerkennung.

Dafür werde ich als Sportler bis heute gelobt: Zielstrebigkeit, Disziplin und Durchhaltevermögen. Das lernte ich im Sport bereits in meinen sehr jungen Jahren. Und tatsächlich sind diese Fähigkeiten auch nicht schlecht, solange man selbst seine Grenzen kennt und diesen folgt. Das Gespür, wann ein Boxenstopp uns guttut oder sogar dringend geboten ist, geht uns immer mehr verloren. Sie ahnen bereits, was der Grund hierfür ist – die Digitalisierung. Lassen Sie mich das Problem beim Namen nennen.

Martin ist 48 Jahre alt und Manager. Martin greift jeden Morgen zuerst nach seinem Smartphone, noch während er im Bett liegt. Da hat sich nachts so einiges angehäuft, nicht nur beruflich. Martin beantwortet sofort einige Mails. Beim Frühstück liest er, was ihm als »Follower« die Portale und Apps so alles an Mitteilungen gesandt haben: YOLO – »You Only Live Once«.

Auf der Fahrt zur Arbeit wirft er deshalb im Stau oder an roten Ampeln immer wieder einen Blick auf sein Smartphone. Und so geht es weiter, den ganzen Tag. Ständig lenken ihn E-Mails und andere Nachrichten aus den x Kanälen, die er ständig online hält, ab. Sogar in Meetings mit seinen Kollegen kann Martin dem kurzen Blick auf sein Display nicht widerstehen. Zuhause, nach Feierabend, kamen er und seine Freundin zu spät zu einer Verabredung. »Ich musste noch kurz ein paar Mails beantworten«. Ja klar, YOLO!

Martin könnte auch Martina sein. Und ihr oder sein Verhalten hängt nicht zwangsläufig mit seinem Job zusammen oder ist in einem bestimmten Beruf unbedingt notwendig. Befragungen in den USA haben gezeigt, dass viele Smartphone-Besitzer bereits morgens im Bett Nachrichten bearbeiten, ein Drittel dies auch beim Autofahren macht und immer mehr ihr Gerät auch nachts am Bett liegen haben. Martin leidet durch YOLO an FOMO. »Fear Of Missing Out«, die Angst, etwas zu verpassen, Angst vor der digitalen Abwesenheit, Angst vor verpassten Gelegenheiten und sozialer Ausgrenzung. FOMO ist, genauer betrachtet, FOBO – der »Fear Of Being Offline«. Das ist Wortspalterei, finde ich. Für FOMOs führt der Verlust des Geräts zu Panikattacken. Mobilfunkunternehmen haben im Kundenservice sogar besondere Verhaltensanweisungen für die Servicemitarbeiter, wenn hysterische FOMOs anrufen, die völlig aufgelöst und hilflos erscheinen.

Ich treffe diese Spezies auch häufiger. Während eines Vortrags fummeln FOMOs im Publikum nervös an einem Gerät herum. Wer weiß, wenn es blinkt oder rüttelt, ob eine Nachricht wichtig oder unwichtig ist. Selbst wenn nichts passiert ist – aber es hätte ja etwas Wichtiges passieren können. Ich verliere als Redner zwar nicht die Geduld. Jedoch kann ich mir manchmal eine Bemerkung nicht verkneifen, wenn der erste Teilnehmer hektisch am Gerät fummelnd aus dem Raum eilt. »Am Ende hängen wir doch ab, von Kreaturen, die wir machten«, rufe ich auf der Bühne den *Faust* von Goethe hinterher.

Stopp! Gib es zu! Ich habe Dich auch schon erwischt, wenn Du auf dem Klo das Handy vergessen hast. Ein Ausrutscher, sagst Du. Das glaube ich Dir. Du kannst auch ohne das Handy Spaß haben, das weiß ich. FOMOs sorgen nicht nur für Unruhe in ihrer Umgebung. Sie leiden selbst am meisten an der Online-Existenz und dem permanenten Stand-by-Modus.

Es gibt Hoffnung. Einige Jüngere sind uns Älteren erneut voraus. FOMO ödet sie an. JOMO ist angesagt – »Joy Of Missing Out«. Sie wollen nicht mehr jeder Nachricht nachjagen, sondern setzen bewusst aus. Sie leben die Lust am Verpassen. Überwältigt und gelangweilt vom übermäßigen Konsum der digitalen Gegenwart und vom ständigen Präsentsein in den sozialen Netzwerken setzen sie auf Reduktion. Der digitale Detox gilt nicht nur für ein paar Stunden oder Tage.

Schluss mit dem Stand-by-Modus

JOMO mag genauso überzogen erscheinen wie FOMO. Dieser »Rückschritt« entspricht unserem natürlichen Instinkt und vor allem Bedarf, die gesunde Mitte zu finden. Unerreichbarkeit war vor wenigen Jahren der Standard – und heute Luxus. Und diesen Luxus sollten wir uns gönnen. Denn wir können nicht aus unserer Haut heraus, vor allem nicht im Kopf.

Die Evolution hat uns Funktionen im Gehirn mitgegeben, die sich in den letzten Jahren nicht geändert haben und sich in absehbarer Zeit auch nicht ändern werden. FOMO hin, JOMO her. Fest steht: Der digitale Stand-by-Modus stört nachhaltig unsere Hirnfunktionen.

Ich weiß, worauf Du hinaus willst. Zum denkfreien Wachsein. Du machst damit ein großes Fass auf. Pass auf, dass wir alle da nicht reinfallen. Die Botschaft ist simpel: Einfach mal die eigenen Gedanken schweifen lassen. Das müssen wir unserem Gehirn erlauben.

Hinter dem denkfreien Wachsein steckt das »Default Mode Network«. Schon mal davon gehört? Das ist im Moment, wenn Sie diese Zeilen lesen, nicht aktiv. Später, wenn Sie das Buch zur Seite legen, sollte das sogenannte Ruhezustandsnetzwerk unseres Gehirns aktiv werden können. Im Gehirn werden beim Nichtstun wichtige Regionen aktiv. Intuitives Handeln wird damit möglich, beim Sport oder Musizieren, beim Putzen oder Aufräumen. Dieses reizunabhängige Denken wird verhindert, wenn wir Aufgaben lösen, über die wir nachdenken müssen. Jeder kennt die Wirkung, wenn wir denkfrei wach sind. Wir bekommen dabei die besten Ideen, die wir niemals haben, wenn wir nachdenken. Unser Gehirn rekombiniert Informationen, die gespeichert wurden. Das ist nicht planbar. Das passiert automatisch, wenn wir denkfrei wach sind. Deshalb habe ich beim Sport ein Handy dabei, um Ideen über Sprachmemos festzuhalten, bevor ich diese wieder vergesse.

Jetzt weiß ich, was Dich in unseren Garten treibt. Nicht nachdenken, einfach buddeln und hacken. Das entspannt Dich. Dennoch könntest Du schon ein bisschen aufpassen, wenn Du aus lauter Freude im denkfreien Wachsein den ganzen Dreck ins Haus schleppst. Vorher bitte wieder das Hirn einschalten.

Eine neue Erkenntnis aus der Neurowissenschaft ist: Wenn wir online sind, denken wir nach. Dazu reicht schon ein Blinken oder Rütteln unserer Fernbedienung des Lebens. Und viel schlimmer ist: Klingelt oder vibriert es nicht, werden Menschen nervös – bis die Erlösung durch den Ton oder ein Signal kommt. Lies mich! Jetzt! Bei Konferenzen oder Präsentationen, im Kindergarten oder im Restaurant – überall lassen Menschen mitunter alles stehen und liegen, um zu schauen: Was ist los?

Ja, was ist bloß los mit einigen Leuten? Am Bahnsteig oder am Flughafen plaudern die Menschen kaum noch. Sie starren auf ihr Gerät, spielen, simsen oder mailen. Keine Zeit, um mal zu verschnaufen oder an nichts zu denken, rumzuquatschen oder rumzualbern. Wir beide werden manchmal schräg angeschaut, wenn wir uns lautstark amüsieren. Wir übertönen wohl die Signale der Smartphones. Sorry, ist keine Absicht.

Die Folge des Stand-by im Online-Modus ist nachweisbar. Unser Gehirn kann sich nicht mehr im denkfreien Wachsein erholen. Das Problem sind nicht die digitalen Daten und Geräte, deren Entwicklung ständig weitergeht. Das Problem ist unsere Haltung, die Kontrolle über unser Verhalten abzugeben. Unsere eigene Entwicklung muss mithalten.

Niemand ist erfolgreich, attraktiv oder schlau, weil man ständig sein Gerät und damit sich selbst unter Strom hält. Bisher gibt es noch wenige Erkenntnisse, was mit uns durch die drastischen Veränderungen der Beziehung von Menschen und Technik passiert. Nur eins steht fest und wird sich nicht ändern: Wir können nicht entrinnen, was uns von der Evolution mitgegeben worden ist – die Notwendigkeit von Spannung und Entspannung.

Unser natürliches Doping einsetzen

Früher, in unseren Zeiten als Jäger und Sammler, lauerte hinter jedem Busch das Abenteuer. Das akute Stressverhalten – die Kampf- und Fluchtreaktion – diente nur dem Überleben. Über viele Tausende Jahre wurde unser System im Körper perfektioniert.

Der Adrenalinschub als natürliches Doping sorgt bis heute für zusätzliche Energie. Wir setzen dann unseren Turbo ein. Die Wahrnehmung einer aufregenden Situation setzt seitdem in unserem Körper in einer komplexen Reaktion im Gehirn Stresshormone frei, etwa das Corticosteron oder das Adrenalin. Sie ermöglichen unserem Organismus, Leistungen zu erbringen, die deutlich über dem normalen Niveau liegen. Blutdruck, Puls und Muskelspannung steigen, die Reaktionszeiten und die Konzentration verbessern sich, die Schmerzempfindlichkeit sinkt. Die Intensität der Stressimpulse war schon immer hoch, sie hat sich nur geändert.

Druck und Stress helfen, leistungsfähiger zu werden. In Laborversuchen erinnerten sich Mäuse, die zuvor Stress erfahren hatten, deutlich besser an den Weg durch einen Irrgarten als »ungestresste« Kontrolltiere. Auch andere Resultate zeigen, dass Stress das Gedächtnis aktivieren kann, selbst wenn die Erinnerungen nicht mit der Stresssituation in Verbindung stehen. Stress mobilisiert, wohldosiert, wichtige Körperfunktionen, stärkt unsere Aufmerksamkeit, vermeidet Gleichgültigkeit. Ohne Druck, der die Extraportion Energie frei macht, kann niemand über sich hinauswachsen. Ohne das Lampenfieber hinter der Theaterbühne, vor dem Konferenzraum, im Prüfungssaal oder die Anspannung auf dem Startblock bei Olympia könnte niemand von uns die optimale Leistung abrufen.

Aber das ist nur die Hälfte der Evolutionsgeschichte! Spannend wird es, was unser Körper macht, wenn die Gefahr gebannt oder die Beute erlegt, das Rennen, die Prüfung oder die Präsentation bestanden sind. Die Evolution hat dafür gesorgt, dass nach der Anspannung die Entspannung folgt. Der Mechanismus dazu ist ganz einfach: Unsere Stresshormone hemmen nämlich, quasi als Nebenwirkung, die eigene Ausschüttung. Wir kommen dadurch automatisch »wieder runter«. So lautet zumindest der Rhythmus, den die Natur uns gegeben hat. Richtig Gas geben und dann wieder bremsen. In der richtigen Konzentration wirken Druck und Stress belebend. Ein Zuviel dagegen stumpft ab.

Sie erahnen das Problem! Heute folgt bei vielen Menschen auf Anspannung die nächste Anspannung und wieder Anspannung. Das Wechselspiel von Stress und Erholung findet immer seltener statt. Die Konzentration der Stresshormone bleibt hoch. Die Ereignisse reihen sich nahtlos aneinander. Höhen und Tiefen werden nicht mehr wahrgenommen. Das Leben wird zur dumpfen Abfolge von eigentlich wichtigen, aber dennoch emotional bedeutungslosen Ereignissen. Und genau das passiert im Online-Dasein: Wir bleiben auf einem subjektiv unmerklich, objektiv aber höheren Stresslevel. Jedes Piepsen schreckt auf, da niemand weiß, was das Piepsen bedeutet. Ist es zum Beispiel ein Kunde, der kündigen möchte? Oder ist gar nichts los, wie bei einer Nachfrage, wann noch mal das Meeting beginnt?

Wir können das natürliche Doping nutzen, indem wir den permanenten Stand-by-Modus beenden. Nur wer abschalten kann, ist fähig, richtig eingeschaltet zu sein, wenn es darauf ankommt. Abschalten ist elementar zum Aufladen der Akkus und Einschalten unserer Energien.

Wir beide wissen aus unseren Trainings, dass mittlerweile in vielen Unternehmen das ständige Erreichbarsein und die ständige Empfangsbereitschaft nicht mehr erwartet werden. Das ist gut so. Den Druck baut jeder von uns selbst auf. Und wofür machen wir das? Für viele relativ unwichtige Informationen und Angelegenheiten. Wir verschwenden enorm viel Energie und Aufmerksamkeit. Und vor allem nehmen wir uns die Zeit für die dringend notwendigen Boxenstopps.

Ja, aber ... Das denken Sie jetzt vielleicht, wie soll ich Boxenstopps einplanen? Ich möchte an Ihre neue Haltung erinnern: Ja, und ... so kann ich meine Boxenstopps zur Routine werden lassen. Ja, und ... wer hätte es gedacht. Auch für Lebensroutinen gibt es einen digitaldeutschen Begriff: »Life Hacks«.

Jede Routine sollte möglichst einfach sein, um sich selbst nicht ständig daran erinnern zu müssen. Zum Einstieg bieten sich kleine, zwanglose Stupser an, in der Fachsprache »Nudge« genannt. Hier drei Beispiele für diese Stupser:

- **Ein Apfel am Tag:** Die Frucht ist immer dabei. Und die zehn Minuten zum Essen werden irgendwo ganz für einen selbst verbracht, je nachdem, wo es passt.

Bloß nicht vor irgendeinem Bildschirm. Der Apfel (oder eine andere Frucht) erinnert an den Boxenstopp und versüßt zudem die Pause mit einem Energieauflader.

- **80-Prozent-Aufkleber:** Gut sichtbar ein Post-it mit »80 %« als Erinnerung aufkleben. Jeden Tag eine Aufgabe frühzeitig beenden, wenn 80 Prozent erreicht sind und damit die Leistung auch gut genug ist, zum Beispiel eine Präsentation. Die gewonnene Zeit sofort für einen Boxenstopp einsetzen.

- **15-Minuten-Warnung:** Vor jeweils einem Termin an einem Tag wird automatisch eine Erinnerung an sich selbst versandt. Dann wird alles abgestellt oder zugeklappt und sich auf das Treffen konzentriert oder auch gar nichts gemacht und durchgeschnauft.

Die Stupser sollten das denkfreie Wachsein ermöglichen. Das wäre ideal. Einfach mal herumsitzen. Das mache ich (noch) immer. Früher, vor den Wettkämpfen im Schwimmen, habe ich an alles Mögliche gedacht, außer an das Rennen kurz danach. Dadurch wird der Kopf frei, sich selbst auf das danach folgende Wesentliche zu konzentrieren. Heute mache ich das genauso, vor Präsentationen oder auch vor meinen Seminaren an der Universität. Die Studenten sind meistens ganz erstaunt, dass ich immer längst vor ihnen da bin. Für alle ist das Arbeiten wesentlich konzentrierter, dadurch zugleich entspannter und produktiver. Und alle freuen sich, wenn wir etwas früher fertig sind als gedacht. Wieder kann ein neuer Boxenstopp eingebaut werden.

Du könntest den Eindruck erwecken, zu viel Zeit zu haben. Das stimmt nicht. Du nimmst Dir mehr Zeit, um bereit zu sein, wenn es drauf ankommt. Dann bist Du zu 200 Prozent am Start. In unseren Trainings und Seminaren muss ich nur aufpassen, dass Du keinen »Hungerast« bekommst, wenn Dein Gehirn mit voller Leistung läuft. Da kommt dann der Apfel ins Spiel.

Bei mir geht schnell das Licht aus. Gut 2 Meter Länge und fast 100 Kilo Lebendgewicht müssen ja auch versorgt werden. Da passiert es schon mal beim Snowboarden, dass ich mich an der Talstation spontan kurz aufs Brett legen muss, bis der Nachschub an Energie in Körper und Kopf angekommen ist. So ein »Power Nap« ist dringend nötig, wenn ich vorher beim Carving im Schnee ordentlich Gas gegeben habe, was mir aber einfach zu viel Spaß macht.

Im Alltag kämpfen wir mit vielen anderen Energieräubern, die wir nicht selbst auslösen und die äußerst lästig sind. Sie können uns ständig davon abhalten, das Beste, das vor uns liegt, zu entdecken und aufzunehmen. Deshalb sollten wir diese Energieräuber überlisten. Wie das geht, und wie wir unsere kurzen Boxenstopps dazu nutzen, das zeigt das nächste Kapitel.

Tipps & Tricks

Wir sind alle in irgendein Korsett von Pflichten gezwängt, die unseren Alltag bestimmen. Familie, Hobbys, Beruf, Weiterbildung und was sonst noch alles. Umso wichtiger ist es, selbst den tagesaktuellen Wechsel von Spannung und Entspannung zu ermöglichen und unser »natürliches Doping« der Adrenalinschübe zu nutzen. Die Formel für Boxenstopps lautet: mäßig, aber regelmäßig. Hier einige Tipps, wie Sie Ihren eigenen Rhythmus entwickeln und etablieren können. Seien Sie bitte nicht enttäuscht, wenn Sie manchmal nicht durchhalten. Das kann passieren. Denken Sie daran, wann Ihnen die Boxenstopps gelingen, nicht wann Sie einen verpasst haben.

- **Schöpferische Pausen vorsehen, die ein kurzes »Runterkommen« ermöglichen.** Zwei- oder dreimal täglich 10 bis 15 Minuten sollten im Alltag eingeplant werden. Oder Sie nutzen spontane Gelegenheiten. Plötzliche Wartezeiten, die eigentlich lästig sind, werden zum angenehmen Energieaufladen genutzt. Oder Sie gewinnen Zeit, nicht vorhersehbare Dinge sofort zu erledigen, bevor diese Sie nerven.

- **Puffer lassen, der nicht benötigt wird.** Zur »Prävention« von Zeitdruck und völliger Verplanung dient zum Beispiel, keine »Spitz auf Knopf«-Termine zu planen. In der Strukturierung der eigenen Ressourcen sollte ein Puffer eingebaut sein. Dazu zählt, vorhersehbare Ereignisse rechtzeitig anzugehen, wie die Vorbereitungen für eine Prüfung oder Präsentation. Wer das Wichtigste bereits einige Tage zuvor abschließt, reduziert den eigenen Stress erheblich. Wenn uns unerwartete und nicht verschiebbare Aufgaben dazwischenkommen, kriegen wir keine Panik, weil genau zu dieser Zeit die Störung uns gar nicht »in den Kram passt«.

- **Nicht hinterlaufen, was wir noch erledigen müssen.** Die Spirale an unerledigten Arbeiten, die wir für uns eingeplant, aber nicht geschafft haben, setzt uns künstlich unter Druck. Neben den Vorgaben, die wir ohnehin erfüllen müssen, privat oder beruflich, bauen wir unnötig Stresssituationen auf. Besser wäre es, einen Zeitkorridor zu haben, in dem die Tätigkeiten einfließen und möglichst vor einem vorgegebenen oder selbstgegebenen Endtermin fertig sind.

- **Weniger aufschieben, das sofort erledigt werden kann.** Ein weiterer Ansatz ist, kleine und kurzfristige Arbeiten, die keine intellektuellen Großtaten erfordern und uns auch kaum emotional bewegen, ohne Verzögerung sofort und vollständig zu erledigen – und nicht aufzuschieben. Gerade ungeliebte Tätigkeiten erhalten dadurch unnötig hohe Relevanz. Sie verfolgen uns. Es schafft eine zusätzliche Last, wenn wir es nicht gleich erledigen. Indem wir die Aufgaben sofort angehen, gewinnen wir den Platz für die wirklich komplexen Aufgaben, neue überraschende Anforderungen und versacken nicht im Dickicht des »Kleinkrams«. Durch Ihren eigenen Rhythmus, die 08/15-Nachrichten und -Anliegen sofort zu erledigen, sollte sich zum Beispiel kein Berg an E-Mails, der Sie erdrückt, aufbauen.

Ständiges Pushen beenden.
Ich bestimme meine Online-Zeit.

Multitasking begrenzen.
Ich fokussiere,
was wirklich wichtig ist.

Gehirn als bester Organizer.
Ich zeige mir selbst den Weg.

KAPITEL 12

Meine Energieräuber überlisten

Es gibt Diebe, die von den Gesetzen nicht bestraft werden und dem Menschen doch das Kostbarste stehlen: die Zeit. Diese Beobachtung stimmt aus ganz analogen, sogar stromlosen Zeiten. Napoleon I. Bonaparte grämte sich über viele seiner Untergebenen, die ihm lästig waren und das vergänglichste Gut im Leben raubten. Der Ärger entzieht auch Energie. Das gilt heute zweifach: die Energie des Körpers und der Geräte.

Dieser Verlust führt bei manchen zu Panikattacken. Früher schenkten wir fremden Menschen Vertrauen, um nach dem Weg zu fragen, statt wie heute schnell mal bei Google Maps nachzusehen. Ich kann mich genau dran erinnern, wie ich mich zum ersten Mal verlaufen hatte, ganz allein, und ich damals meine Eltern wiedergefunden habe.

Heute schulen wir unsere Selbstwirksamkeit, Probleme lösen zu können, mit der Suche nach einer Steckdose. Wenn keine Steckdose in Reichweite und der Akkubalken tiefrot ist, dann müssen wir wildfremde Menschen fragen.»Entschuldigung, haben Sie eine Powerbank dabei?« Mehrfach konnte ich so in den letzten Jahren vielen einen großen Gefallen tun. Freudestrahlend, mit neuer Energie, nicht nur im Gerät, war nach zehn Minuten die oder der Fremde wieder verschwunden.

Nicht nur die Fernbedienung des Lebens, auch bekannt als Mobiltelefon, zieht uns Energie ab. Beobachtungen von vielen Tausend Passanten in Chicago zeigen, dass ein Drittel aller Frauen und 20 Prozent aller Männer das Handy ohne jeglichen Anlass in der Hand herumtragen. Die Zahl sank deutlich, sobald Paare gemeinsam unterwegs waren. So bekommt der Sinnspruch von Wilhelm von Humboldt nach 200 Jahren eine ganz aktuelle Bedeutung: Im Grunde sind es die Verbindungen mit Menschen, die dem Leben seinen Wert geben.

Manchmal kosten uns, wenn wir ehrlich sind, die Familie, der Partner oder die Partnerin auch einige Energie. Diese Energie ist jedoch gut eingesetzt, für den Aufbau und das Erhalten der emotional wertvollen Beziehungen. Das gilt genauso im Beruf, der ja in der Zusammenarbeit mit Kolleginnen und Kollegen auch Freude bereiten soll. Das ist jedoch nicht immer der Fall. Im Beruf verstecken sich viele ganz analoge, nervige Energieräuber.

Da uns, mit zunehmendem Alter, die Energie schneller entzogen wird und das Auffüllen der Speicher länger dauern kann, sollten wir unsere Energieräuber im Alltag kennen, die wir selbst beherrschen können. Sobald wir mit den eigenen Energieräubern umgehen oder sie sogar überlisten können, dann besitzen wir mehr Kraft, die vielen anderen Energiefresser, die an uns nagen, zu bewältigen.

Unsere Stärke ist, sich auf das Beinflussbare zu konzentrieren. Das sagen zumindest viele, die uns kennen. Was außerhalb unserer Einflussmöglichkeit liegt, das hat Einfluss auf uns, macht uns jedoch nicht betroffen. Das bedeutet, wir lassen die Ereignisse, die uns Energie rauben, emotional nicht mehr als unbedingt nötig an uns heran. Das hört sich simpel an.

Doch wie oft hadern Menschen damit, was sie nicht ändern und beeinflussen können, statt sich damit zu beschäftigen, was vor ihnen liegt und selbst aufgenommen werden kann. Dabei muss manches weggeräumt werden, was unangenehm ist. Je schneller, desto besser.

Mit Wegräumen sprichst Du ein ganz praktisches Thema an, das wohl jeden im Beruf und auch privat beschäftigt und belästigt. Die E-Mail-Flut und die Postings, Likes & Co.

»Pullen« statt sich ständig »pushen« zu lassen

Ich kann 200 bieten. Das ist die Zahl an E-Mails, die mich jeden Tag im Schnitt erreichen, mal mehr, mal weniger. Von Kunden, von Mitarbeitern, von Freunden oder Unbekannten. Persönliche Mails, als Cc-Empfänger oder auch anonym, wie bei einem Newsletter. Dazu addieren sich die anderen Kanäle. Damit habe ich kein Problem. Es türmt sich nie ein großer Stapel an unbearbeiteten Nachrichten auf. Und die Mails, die für das Wochenende oder die freie Zeit bleiben, sind es wirklich wert, mich in dieser Zeit mit ihnen zu beschäftigen.

Der wichtigste Hebel für mich ist meine »Pull-Strategie«. Das bedeutet, ich rufe meine Nachrichten immer selbst ab.

Das betrachte ich ganz klassisch. Wir öffnen auch die analogen Briefe, wenn wir dafür bereit sind. Das Öffnen der digitalen Post kann bei mir alle zwei Minuten sein, wenn ich im Büro sitze, oder auch alle zwei Stunden, unterwegs oder bei Konferenzen, und im Urlaub auch alle zwei Tage oder in längeren Abständen. Ich drücke immer selbst auf das Symbol »Empfangen« oder öffne das Programm, falls nur so das eigenständige »Pullen« möglich ist. Ich lasse mich nicht mehr ständig »pushen«. Dieses ungefragte Erhalten von Nachrichten, meistens wenn es mir nicht in den Ablauf passt, habe ich rigoros abgestellt. Ein willkommener »Nebeneffekt« ist, dass ich nicht jede Minute gereizt werde, an einer Tastatur zu fummeln oder auf den Bildschirm zu schielen, ob mich Nachrichten erreicht haben. Ich bestimme, wann dies der Fall ist, wann ich meine Energie dafür einsetze. Niemand sonst raubt mir meine Aufmerksamkeit. Der Umgang mit elektronischer Post zeigt, wie das Abschalten des Stand-by-Modus gelingt und positiv für uns wirkt. Noch nie habe ich mit meinem »Pullen« einen Termin verpasst oder einen Kunden verloren oder hat sich jemand beschwert, ich hätte zu spät geantwortet.

»Das geht bei mir nicht.« Das ist der spontane Einwand von Teilnehmern in unseren Trainings. Und sie führen alle möglichen Ausreden an. Es gibt selten einen unabweisbaren Grund oder verbindliche Vorschriften, jederzeit E-Mails empfangen und unmittelbar beantworten zu müssen. Wir sind selbst schuld am Teufelskreis, den wir aufbauen: Je schneller man mit dem Antworten zu jeder Zeit wird, desto

größer wird beim Absender auch die Erwartung auf
sofortige Antwort. Der Gedanke »Warum antwortet
der nicht? Ist der krank oder faul?«wächst durch den
sozialen Druck, der in vielen Unternehmen unter
dem Mantel der Flexibilität und »freien« Einteilung
von Arbeitszeiten mittlerweile herrscht.

Auffällig häufig werden wir beide als Berater gebeten, uns
zu überlegen, wie der »E-Mail-Flut« Einhalt gegeben werden kann. Sogar von einer neuen »E-Mail-Kultur«, die dringend nötig sei, wird geträumt. Die Hilflosigkeit ist offenbar
groß. Konzerne wie Volkswagen hatten bereits zu drastischen Mitteln gegriffen. Die Weiterleitung von inter-
nen Mails außerhalb der üblichen Geschäftszeiten wurde
unterbunden. Meine Erfahrung zeigt, dass damit erstens
die Menge an E-Mails nicht gesenkt wird und zweitens das
Gegenteil erreicht wird. Besonders wenn das Engagement
hoch ist, haben die Mitarbeiter Angst, in der erzwungenen
Offline-Zeit etwas irgendwo zu verpassen oder nicht rechtzeitig erledigen zu können. Der Druck steigt, statt zu sinken.

Erwiesen ist zudem, dass Milliarden von Arbeitsstunden
vergeudet werden, um ein Drittel aller Nachrichten, die
überflüssig sind, zu bearbeiten. Ein Viertel der Arbeitszeit
geht, je nach Branche unterschiedlich, für digitale Kommunikation drauf, davon ist bis zur Hälfte überflüssig. Für
diese Erkenntnis braucht niemand Studien. Die gibt es
zwar zur Genüge. Die »Vermüllung« kann jeder im Alltag
nachvollziehen.

»Schreib mir mal eine Mail!« Diese Floskel kennt
wohl jeder. Das ist gedankenlos. Wer anruft, der über-

legt sich besser, ob die Nachricht die Aufmerksamkeit einer anderen Person oder einer ganzen Gruppe braucht. Und dann die Stilfrage. In elektronischer Kommunikation verrohen vielfach die Sitten und die Sprache. Da wird einfach etwas dahingeschrieben. Reden Sie mal testweise so, wie in Mails teilweise geschrieben wird, mit den ganzen Abkürzungen und Zeichen. Schnell wird an Ihrem Verstand gezweifelt. Zudem kann sich nicht jeder Mensch unmissverständlich, doch wertschätzend ausdrücken. Die verbale Kommunikation ist da ein guter Puffer.

Erforscht ist inzwischen auch, dass die Störungen durch die Mitteilung jeder Kleinigkeit mehr Zeit verursachen, um sich wieder auf die Arbeit oder die Aufgabe zu konzentrieren, als die erhoffte Ersparnis durch den schnellen Austausch von Informationen. Effizientes Arbeiten und gegenseitiges Verständnis werden durch die digitalen Techniken, die das Leben erleichtern sollen, verhindert. Die digitalen Energieräuber beeinträchtigen also unsere Produktivität und Einsatzfähigkeit, ganz zu schweigen von unserer Zufriedenheit.

Regeln stellen Räuber ruhig

Mit der »Pull-Strategie« hören die eigenen Möglichkeiten nicht auf. Sogar im »Push-Modus« helfen einige Regeln, konsequent umgesetzt, enorm weiter, die eigene Energie optimal einzusetzen. Wesentlich ist, alle Nachrichten spontan in vier Kategorien zu sortieren.

- **»Sofort antworten«:** Keine intensive Beschäftigung ist erforderlich. Also erledige ich die Mail sofort, wie bei Fragen, Dateien zu übersenden oder Termine zu bestätigen. Als Faustregel gilt: unter eine Minute pro Antwort. Beide Mails lösche ich übrigens sofort auf dem eigenen Rechner. Das Thema ist ja erledigt.

- **»Später dran«:** Das Erledigen ist aufwendiger, und intensives Nachdenken ist wichtig, wie bei neuen Anfragen von Kunden oder Mitarbeitern. Hierfür habe ich jeden Tag einen kurzen Zeitraum vorgesehen, um zumindest von mir »ein Lebenszeichen« geben zu können, wann ich eine inhaltlich solide Antwort geben werde.

- **»Gut ablegen«:** Nachdem ich die Nachricht kurz überflogen habe und die Mail weder bearbeiten noch wegwerfen möchte, lege ich sie sofort in den passenden Unterordner ab. Und fertig.

- **»Weg damit«:** Ich lösche Angebote, Newsletter oder ähnliche Informationen, wo ich auf den ersten Blick erkenne, dass ich sie nicht brauche. Es kann zwar sein, dass ich die eine oder andere interessante Information verpasse, aber der Vorteil durch die Zeit- und Stressersparnis ist mir diese Lücke wert.

Dieses Sortieren fällt beim automatischen Empfangen jeder Nachricht wesentlich schwerer, da Sie ja ständig unvorbereitet die Auswahl treffen müssen. Im Einzelfall ist das vielleicht unerheblich. Aber bei Tausenden von Mails im Monat schon nicht mehr! Und falls Sie es nicht wissen sollten, ein Tipp am Rande: Zusätzlich zu Ihrem manuellen Sortieren bieten nahezu alle E-Mail-Programme praktische Filter an, die Sie so einrichten können, dass Sie die wichtigen Mails sofort erkennen.

Du hast eine Regel vergessen, die wir in unseren Trainings öfters gehört haben. Gar nichts tun! »Wenn´s wichtig ist, wird sich der Absender schon wieder melden«. Dieses lakonische Achselzucken geschieht letztlich aus Verzweiflung. Wegducken, bis es gar nicht mehr anders geht.

E-Mails sind für viele Menschen unter 30 schon wieder »oldschool«, also ein Medium von gestern. Zum Spinnen und Spannen der digitalen Netze, besonders über soziale Netzwerke, wird unsere Aufmerksamkeit immer stärker gefordert. Das Sortieren der Nachrichten, die sich nicht an uns persönlich richten, übernehmen hier Algorithmen, im Ergebnis zur Erfüllung unserer Bedürfnisse, mehr oder weniger gut.

Unsere Kommunikation über Netzwerke hat praktische Vorteile. Jeder hat zu jeder Information Zugriff, kann sortieren und gewichten. Die Informationen bleiben nicht in irgendwelchen E-Mail-Boxen stecken. Auch zum Lernen und zur Verbreitung von Wissen sind Plattformen viel besser geeignet als klassische Methoden. Häufiger entsteht sogar neues Wissen durch den Austausch über die Netzwerke.

»Am Ball bleiben« ist in sozialen Netzen allerdings elementar, besonders aus der beruflichen Perspektive. Sonst ist es uns gar nicht möglich, die Impulse, die aus den Zusammenhängen der Netzwerke für uns fortlaufend entstehen, zu erkennen und zu nutzen. Schnell gehen da einige Stunden drauf – im Monat, in der Woche oder sogar am Tag. Soziale Netzwerke können schnell unersättliche Energieräuber werden.

Erneut helfen Regeln weiter, die sich jeder selbst gibt. Pauschal festzulegen, x Minuten am Tag für ein Netzwerk und mehr nicht, hilft nicht weiter. Auch die x Minuten können x zu viel sein, wenn ich nicht weiß, was ich in der Zeit erreichen, erfahren oder erleben möchte. Das kann auch die Unterhaltung oder Spielerei sein. Kein Problem, wenn es so gewollt und uns selbst klar ist. Diese Klarheit gewinnen wir, indem wir für uns wenige Fragen beantworten. Aus den Antworten ergeben sich die persönlichen Regeln, was wir wie wann nutzen, um die eigenen Bedürfnisse und Erwartungen zu erfüllen.

Welche Ziele verfolge ich in den sozialen Netzwerken – im Unternehmen, im Beruf und auch privat? Wer sind dort meine Ansprechpartner und was sind deren Bedürfnisse, die ich beachten sollte? Wie viele Ressourcen möchte ich einsetzen, an Zeit und auch Geld, zum Beispiel bei Gebühren für Premium-Zugänge?

Deine Fragen hören sich selbstverständlich an. Aber wer hat sich von Ihnen, liebe Leserinnen und Leser, wirklich damit beschäftigt? In der Regel rutschen wir doch in Portale und Plattformen hinein ohne klare Perspektive. Irgendwann sind die Netzwerke nur noch Zeitfresser und Störenfriede. Das ist bei den analogen Medien anders. Erinnern

Sie sich an gedruckte Tageszeitungen oder Magazine? Dort wissen wir, was wir wollen, wenn wir lesen. Wir haben ja schließlich auch dafür vorher gezahlt.

Machen wir uns nichts vor. Trotz aller Regeln, die wir uns geben, geraten wir in die Mühle vielfältiger Aufgaben, die wir parallel bearbeiten möchten. Das gilt im Job und im Privaten gleichermaßen. Gerade wer eine hohe Gewissenhaftigkeit besitzt, rechtzeitig alle Anforderungen erfüllen zu wollen, könnte einem selbstverursachten Energieräuber zum Opfer fallen.

Es geht um das Multitasking. Besonders für anspruchsvolle Aufgaben, das Erfüllen von hohen Erwartungen und Verfolgen der eigenen Bedürfnisse ist das Multitasking völlig ungeeignet. Nur weil es populär ist oder irgendwie auch cool wirkt, was man so alles parallel schafft, bedeutet das noch lange nicht, dass Multitasking auch für uns gut ist. Das Gegenteil ist richtig.

Multitasking konsequent begrenzen

Bei der Telefonkonferenz rauscht und schnauft es. Irgendein Teilnehmer scheint unterwegs zu sein, hat jedoch vergessen, auf Stumm zu schalten. Plötzlich wird die Diskussion unterbrochen. »Heute im Angebot --5 Kilo Kartoffeln für 1,99«. Spontan ruft ein Teilnehmer dazwischen: »Toll, wo gibt's die?« Die Entschuldigung half nicht, dass der Verursacher danach häufiger zu hören bekam: »Na, was gibt's den heute günstiger?«

Niemand möchte eigentlich wissen, was so alles während Telefonkonferenzen parallel erledigt wird. Zu den weitverbreiteten Tätigkeiten dürfte gehören, E-Mails zu bearbeiten oder in sozialen Medien durch die Neuigkeiten der Freunde zu scrollen. Welche dieser Tätigkeiten können automatisch und ohne nachzudenken ergiebig erfolgen? Die Teilnahme an einer Telefonkonferenz dürfte es nicht sein, um der Diskussion folgen und sich einbringen zu können. Und E-Mails bearbeiten sollte es nicht sein, um hier, wie gerade gezeigt, richtig zu sortieren und zu gewichten, geschweige denn inhaltlich nachzudenken.

Das Beispiel ist typisch. Beim Multitasking sind zwei oder mehr Aufgaben nur dann gut zu bewältigen, wenn nur eine das Nachdenken und die intensive Informationsverarbeitung erfordert, alle anderen aber automatisch, intuitiv ablaufen können. Oder alle Tätigkeiten sind ohne geistige Anstrengung zu bewältigen, wie auf der Straße laufen, Schaufenster anschauen und Kaugummi kauen. Bei ganz einfachen alltäglichen und handwerklichen Routinen, beispielsweise Kaffee kochen und Telefonieren gleichzeitig, ist Multitasking durchaus möglich. Niemand muss darüber nachdenken, wie Kaffee zu kochen ist, während am Telefon verhandelt wird. Bei diesen Tätigkeiten müssen keine Informationen parallel aktiv verarbeitet werden.

Sobald parallel richtiges Nachdenken gefordert wird, sieht die Sache anders aus. Das gilt sogar schon, wenn die Kaffeemaschine unbekannt ist und wir uns innerlich ärgern, dass der Filter nicht passt. Sofort sind wir von der eigentlichen Aufgabe abgelenkt. Und bei einer Verhandlung am Telefon könnte uns ein wichtiger Hinweis »durchrutschen«.

Das passiert auch dort, wo es um Leben und Tod geht. Und es passiert auch Menschen, die perfekt dafür trainiert sind. Bei einem Notfall im Cockpit von Flugzeugen, wenn alles schnell gehen muss, besteht keine Alternative zum Multitasking. Sofort steigt die Fehlerquote immens. Selbst erfahrene Piloten machen Fehler, die bei einer Bearbeitung Schritt für Schritt nicht entstehen würden. Auch das beste Training im Simulator schützt nicht davor. Beim Nachvollziehen von Flugunfällen offenbaren sich durch die Analyse jeder Entscheidung diese Fehler meist schnell. Es werden wesentliche Aspekte übersehen, was sich beim Nachfliegen von Unfällen im Simulator zeigt. Beim Check vor jedem Flug wird deshalb von Piloten penibel nacheinander Schritt für Schritt vorgegangen, um nichts zu vergessen und zu übersehen.

Keine Technik kann bisher unsere Instinkte kompensieren oder eine bessere Lösung anbieten. Ohne die selektive Wahrnehmung wären wir früher in der Savanne gefressen worden. Heute geht es eher selten um Leben oder Tod. Doch unsere Wahrnehmung wird auch heute geprägt wie vor Urzeiten. Diesen Modus können wir nicht überspielen oder abdrehen. Unsere Sinne schalten automatisch auf selektive Wahrnehmung um, wenn die Informationsströme zu groß werden. Im digitalen Zeitalter werden uns ständig und parallel mehrdeutige und widersprüchliche Informationen geliefert, die wir einordnen dürfen. Unser Multitasking löst das Problem nicht. Wir bauen zusätzlich Druck auf und rauben uns Energie.

Menschen, die ständig zwischen verschiedenen Informationsströmen hin- und herjonglieren, sind auf Dauer weniger leistungsfähig. Die Aufmerksamkeit und die Fähigkeit, die relevanten Informationen zu erkennen und zu bewerten, schwinden. Je nach Ihrer individuellen Veranlagung und aktuellen Haupttätigkeit kann sogar das Klingeln eines Telefons dazu führen, dass man weniger produktiv und konzentriert ist, obwohl man den Anruf gar nicht annimmt. Die Aufmerksamkeit wird auf dieses »Warnsignal« gerichtet. Neue Konzentration wird nötig.

Insofern sollten wir uns vor der Multitasking-Falle schützen, gerade bei wichtigen und komplexen Aufgaben und Situationen, die uns besondere Energie und Aufmerksamkeit abverlangen. Das ist nicht so einfach. Multitasking wird in der Arbeitswelt mitunter zum Zeichen für Belastbarkeit und Flexibilität stilisiert, sogar als Indiz für eine besondere Einsatzbereitschaft eines Mitarbeiters interpretiert. Anerkennung erhält der »Hans Dampf in allen Gassen«. Das parallele Arbeiten soll die besondere Leistungsfähigkeit zeigen: »Wahnsinn, was der alles gleichzeitig erledigen kann«. Dagegen wird ein skeptischer Blick über den Tisch geworfen, wenn ein Mitarbeiter dasitzt und vielleicht nur eins macht – konzentriert Nachdenken. »Was macht der jetzt eigentlich?« Die Antwort könnte sein: »Sehr viel! Im Kopf eine komplexe Aufgabe lösen.«

Selten wird gefragt, ob paralleles Arbeiten überhaupt nötig ist. Multitasking wird als effizient angesehen, der simplen Überlegung folgend, dass dann die Aufgaben schneller erledigt sein würden. Aber ist schneller auch besser?

Tatsächlich sinkt die Effizienz beim Bearbeiten verschiedener Aufgaben – parallel oder abwechselnd in kurzen Zeitabschnitten – im Vergleich zur seriellen Bearbeitung deutlich und nachhaltig. Dieser Effekt ist umso stärker, je komplexer die Aufgaben werden. Unser Gehirn filtert Informationen automatisch auf eine noch wahrnehmbare Menge. Und das wird es auch weiterhin tun, wenn die Leistungen unserer elektronischen Geräte weiter steigen und noch mehr Informationen parallel an uns senden. Unser Gehirn schaltet einfach automatisch ab, wenn wir es nicht tun.

Ich weiß, was jetzt kommt – von Ihnen, liebe Leserinnen und Leser. Es kommt ein »Ja, aber ... ich kann nicht, weil ...«. Ihr Druck nimmt zu, mehrere Aufgaben parallel zu erledigen. Sonst schaffen Sie alles nicht. »Ja, und ...«, das frage ich Sie: Warum beheben Sie nicht die Ursachen, um sich künftig weniger eigene Energie zu rauben? Was hindert Sie daran, einen anderen Weg zu finden? Was könnte das Beste für Sie sein?

Der erste Schritt, die Fragen zu beantworten, ist, einen Schritt zurückzumachen. Das bedeutet, sich über die eigene Situation und die bestehenden Anforderungen Klarheit zu verschaffen. Wer gerade »gewaltig am Rad dreht«, der verliert schnell den Überblick zu seinem tatsächlichen Profil an Belastungen und Aufgaben. Sie wissen es bereits: Unsere selektive Wahrnehmung schlägt erneut zu. Wir sehen den Wald vor lauter Bäumen nicht und müssen aus dem Wald heraustreten, um wieder klarer zu sehen.

Der einfachste Weg dazu ist, zunächst auf einer Liste alle Tätigkeiten der letzten Woche in drei Spalten aufzulisten: Erstens die üblichen Routinen, zweitens die anspruchsvollen Tätigkeiten und drittens die außergewöhnlichen Arbeiten, zum Beispiel ausgelöst durch neue Anforderungen im Job oder auch privat. In dieser Liste schreiben Sie zu jedem Punkt auf, wann Sie die Tätigkeit erledigt haben, auch wie viel Zeit Sie benötigt haben, ob diese ausreichend war und wo es Überschneidungen der Tätigkeiten gab.

Diese Liste können Sie ebenso ganz aktuell für eine laufende Woche erstellen, wie ein Tagesprotokoll, auch zum Vergleich, wie sich Ihre Wahrnehmung in der Erinnerung verändert. Jetzt können Sie bereits bei einem ersten Blick mögliche Hindernisse erkennen, wie vorgegebene Arbeitsabläufe, und erste Möglichkeiten zur Optimierung entdecken, zum Beispiel die Routinen besser in den Tagesablauf »einzutakten«.

Wenn Sie sich das Ergebnis betrachten, sind Überraschungen nicht ausgeschlossen. Ich habe zum Beispiel entdeckt, dass lästige Routinen eine sehr gute Gelegenheit zum Durchatmen sind. Täglich darf ich die Arbeiten für die Kunden dokumentieren, diese fünf bis zehn Minuten sind nicht exakt im Tagesablauf festgelegt, sind aber – egal wann – optimal geeignet, um die Ergebnisse eines Tages »Revue passieren zu lassen« und »nebenbei« ein paar neue Gedanken freilassen zu können.

Oder eine andere Idee, die ich umgesetzt habe: Als Moderator bei anstrengenden Tagungen oder Konferenzen mit straffen Tagesabläufen baue ich für mich »freie fünf Minuten« ein, gern zwei- oder dreimal am Tag, je nach Bedarf, Lust und Laune. Statt in jeder freien Minute noch mal den Ablauf zu wälzen, zugleich Mails zu machen und vielleicht noch einen Anruf zu erledigen, mache ich in dieser Zeit etwas völlig anderes. Das kann ein kurzes Snowboardvideo sein, das ich anschaue, oder in einer Zeitung blättern, die im Tagungsfoyer liegt. Mein Kopf wird frei für meine nächsten anspruchsvollen Aufgaben.

Der zweite Schritt ist, angesichts der Resultate der eigenen Analyse der Multitasking-Anforderungen, bei Bedarf die eigenen Arbeitstechniken weiterzuentwickeln oder neue Arbeitshilfen einzusetzen. Häufig sind es keine revolutionären Veränderungen, wie meine eigenen Beispiele zeigen. Als Faustregel gilt, sich zunächst auf die Veränderungen in der eigenen Arbeit zu konzentrieren, die ohne großen Aufwand für die eigene Person eine große positive Wirkung entfalten können und die man selbst umsetzen kann. Zwei oder drei erste Maßnahmen können ausreichen, um zu sehen: Hey, das ist ja gar nicht schwer, ich spüre eine, wenn auch kleine, positive Veränderung.

Das Gefühl für die eigene Selbstwirksamkeit ist umso wichtiger und wirksamer, je größer der äußere Druck oder die Fremdbestimmung ist, wie dies im Beruf, aber auch in der Familie sein kann. Wir schaffen unseren eigenen Raum zur Gestaltung. Um im Bild des Buchtitels zu bleiben: Sie können jederzeit selbst etwas aufnehmen, das Ihnen guttut, und werden nicht nur gezwungen, Ungeliebtes vor Ihnen aufzugreifen.

Du solltest einen Hinweis nicht vergessen. Wir unterstützen mitunter auch Menschen dabei, ihre Energieräuber ganz zu vertreiben. Das bedeutet, grundsätz-

lich den Lebensweg zu justieren. Das Leiden unter Multitasking kann nur ein Symptom sein für grundsätzliche Zweifel, sich überhaupt auf dem richtigen Weg zu befinden. Eine neue Strategie für sich zu entwickeln, dabei zum Beispiel sein Zielhaus zu renovieren, sollte in Erwägung gezogen werden, wenn die Veränderungen im eigenen Verhalten dauerhaft zu keiner Verbesserung führen. Das fühlt sich so an: Wohin wir auch kommen, die Energieräuber sind bereits dort.

In jedem Fall sollten wir unsere Fortschritte beobachten und je nach Ergebnis unser Verhalten weiter verbessern. Wie funktionieren die neu etablierten Routinen oder Hilfsmittel? Wie zufrieden bin ich, fühle ich mich besser? Zur Beantwortung kann durchaus erneut eine Übersicht erstellt werden, wie im ersten Schritt. Dann wird offenbar, ob die Absichten umgesetzt worden sind. Und im Vergleich der Listen wird erkennbar, was sich verändert hat und ob die Veränderungen wirksam sind. Erneut wird zudem die eigene selektive Wahrnehmung vermieden. Denn ohne den Vergleich könnten wir eher dazu neigen, neue negative Erlebnisse stärker wahrzunehmen und die positiven Ergebnisse geringer zu schätzen.

Insgesamt ist der Umgang mit dem Druck und Drang zum Multitasking ein schönes Beispiel, wie wir den eigenen Rhythmus finden können, immer wieder Ausschau zu halten, was Gutes vor uns liegt. Da helfen uns keine digitalen Helfer. Die tausendfache Schar an Apps, die uns tolle Hilfen zur Organisation von Leben und Arbeiten anbieten, kann eine technische Unterstützung liefern. Das eigene gute Gefühl geben wir uns selbst.

Das Paradoxe ist, dass die neuen technischen Hilfsmittel der Telefone und Timer sogar verhindern, sich seiner täglichen Ziele und Leistungen bewusst zu werden. Es geht nur noch darum, einen Eintrag zu erledigen. Parallel zu den formalen Aufgaben der heutigen Berufswelt sollte jeder von uns seine Aufgaben als Ganzes entfalten. Bei allem Potenzial, das die Anwendungen bieten, sollten wir uns, wie bereits zu Beginn des Buchs gemahnt, nicht »ver-appen« lassen.

Du weißt, ich bin ein Zettel- und Stift-Typ. Was ich per Hand schreibe, das behalte ich im Kopf. Es fühlt sich auch viel besser an, wenn ich Aufgaben durchstreichen kann. Dann sehe ich schwarz auf weiß, was ich geschafft habe. Okay, ich gebe zu, einen Nachteil haben meine Listen. Nur ich kann damit arbeiten. Die eigenen Aufgaben, auch für andere Personen, habe ich jedoch buchstäblich immer gut im Blick.

Unser Gehirn ist der beste Organizer. In unserem Kopf steckt mehr drin, als wir uns vorstellen können. Einen kleinen Nachteil sollten wir beachten: Unsere Denk- und Fühlzentrale funktioniert nicht immer auf Knopfdruck, schon gar nicht ununterbrochen, und braucht Phasen der Erholung, wie bereits im letzten Kapitel deutlich wurde: denkfreies Wachsein! Außerdem benötigen wir zusätzlich die Möglichkeit, sich mit unerwarteten Energieräubern zu beschäftigen, die uns einholen und verfolgen. Je älter wir werden, desto wichtiger wird deshalb eine Fähigkeit: Zeit freischaufeln!

Tipps & Tricks

Sie wurde bereits mehrfach erwähnt – die Fernbedienung unseres Lebens. Unser Mobiltelefon hält uns unter Strom und wird so zu einem Energieräuber, der uns jede Minute im Leben begleiten kann. Die Apps sind die Verbündeten, quasi die Agenten des Räubers. Sie wollen, dass wir sie möglichst häufig nutzen, um die Daten unserer Nutzung zu entwenden.

Ganz abschalten ist auch keine Lösung. Dazu ist unsere Welt zu vernetzt. Und die Fernbedienung bietet ja auch etliche Vorteile. Das sollten wir nicht vergessen. Also haben wir unsere Haltung und unser Verhalten zu ändern, um Abstand zu bekommen, damit wir dem Räuber nicht zum Opfer fallen. Die Auswahl und Kombination der folgenden Tipps und Tricks erfolgt durch Ausprobieren, was am besten zu Ihnen passt.

- **Hände weg:** X-fach nehmen wir jeden Tag das Gerät in die Hand, obwohl nichts los ist. Setzen Sie sich Ziele, und verfolgen Sie diese konsequent, zum Beispiel nicht mehr als 100-mal am Tag das Handy nehmen oder zehn Minuten pro Tag in der Hand halten ohne konkreten Anlass. Die neuen Betriebssysteme besitzen eine entsprechende Funktion zur Kontrolle der Bildschirmzeiten.

- **Aus dem Blick, aus dem Sinn:** Der Zugang zur Fernbedienung kann erschwert werden, um ständiges Checken zu vermeiden. Wir Autoren laden zum Beispiel die Geräte in der Speisekammer. Was weg ist, wird auch nicht genutzt. Die eigenen Gedanken können sich dann frei bewegen.

....

- **Ohne Handy schlafen:** Überlegen Sie genau, wo das Mobil-gerät deponiert wird, wenn Sie sich ausruhen oder schlafen. Bloß nicht in Reichweite vom Bett hinlegen. Ausnahmen, zum Beispiel bei der Nutzung als Wecker, dürfen nicht zur Regel werden. Dann die Nachtschaltung nicht vergessen, damit der Räuber nicht ständig aufleuchtet. Oder dies ganz unterbinden. Dazu der nächste Tipp.

- **Bildschirm schonen:** Alle Mitteilungen der Apps für den Bild-schirmschoner abstellen. Das Aufblinken neuer Nachrichten als Verlockung »Nutze mich« wird so verhindert. Sie entscheiden, wann das schlummernde Gerät genutzt wird.

- **Apps schließen:** Die permanente Funktionsfähigkeit führt zur laufenden Fremdüberwachung. Schließen Sie nach jeder Nut-zung einer Anwendung diese auch sofort. Das erneute Öffnen dauert nicht länger, wenn eine App nicht im Hintergrund offen ist.

- **Apps löschen:** Wir laden ständig neue Apps runter. Löschen Sie alle, die nicht gebraucht werden. Oder parken Sie sie auf die letzte Seite in einen Unterordner »Ablage«. Daraus kann sich eine Routine entwickeln, zum Beispiel einmal im Monat oder Quartal alle löschen, je nach Bedarf.

....

- **Screen sortieren:** Die Nachrichten-Apps auf die zweite Seite packen, um beim Öffnen nicht ständig neue Meldungen zu sehen. Wer gezielt nach den Nachrichten schauen möchte, macht dies automatisch nur dann, wenn es in den eigenen Rhythmus passt.

Die gewonnene Zeit können Sie anderweitig produktiver nutzen. Alternativ können Sie sich selbst mit etwas Schönem belohnen, am besten mit Menschen, die einem wichtig sind und weitere Energie spenden. Die Palette reicht von einem spontanen gemeinsamen Cafébesuch bis zum Sammeln der Minuten, bis ein verlängertes Wochenende zusammen ist. Das ist so wie früher im Kegelklub oder in der Skatrunde. Da haben ja viele von uns gemeinsam das gewonnene Geld in einer Kasse gesammelt für einen tollen Ausflug am Wochenende.

Raus aus dem Optimieren.
Ich habe Zeit für nichts.

Komfort einschränken. Ich mache
mir Lästiges nicht einfacher.

Hinterherlaufen beenden.
Ich kann auch etwas liegen lassen.

KAPITEL 13

Meine eigene Zeit frei planen

Tut mir leid, mein »Tatenvolumen« für heute ist voll. Dieses Gefühl ereilt uns eher, als das Datenvolumen unserer digitalen Helfer auszuschöpfen. Vorher sind wir erschöpft – oder auch nicht, nämlich wenn wir es schaffen, gezielt freie Zeit einzuplanen. Ein 90- oder 95-Prozent-Level gibt bereits Luft. Dann ist unser Tatenvolumen nicht mehr absehbar voll, wenn wir in den Tag starten.

Beim Freiplanen von Zeit ist nicht einzig das Ziel, sich Platz für Pausen zu schaffen. Das ist eine Möglichkeit, wie für die spontanen Boxenstopps, die sie im vorletzten Kapitel kennengelernt haben. Das Freiplanen dient dazu, unseren Tatendrang auf die Aktivitäten ausrichten zu können, die uns wichtig sind. Das Beste für uns, das vor uns liegt, müssen wir auch tatsächlich aufnehmen können. Dazu brauchen wir freies Tatenvolumen. Wer stets alle Hände voll zu tun hat, wird sich letztlich vor allem um die dringenden Angelegenheiten kümmern.

Mit der frei geplanten Zeit kann also auch unser komplettes Tatenvolumen genutzt und aufgebraucht werden. Der Unterschied ist, selbst zu entscheiden, wie ich die frei geplante Zeit einsetze, ob ich meine Energie aktiviere oder auflade. Wir sollten nicht nur beschäftigt sein, um unseren Lebensunterhalt zu bestreiten oder andere Pflichten zu erfüllen. Daher kurz gefragt: Wann haben Sie freie Zeit? Ganz frei, ungeplant, für was auch immer? Wann haben Sie dadurch neue Energiequellen entdeckt?

Gut, dass wir beide auch hier auf einer Wellenlänge liegen, wie wir diese Fragen für uns beantworten. Wir planen schon immer Zeit für uns allein oder für uns gemeinsam, die zunächst frei ist, meistens aber nicht frei bleibt. Wir räumen manchmal sogar ganze Tage frei, um zum Beispiel spontan ein verlängertes Wochenende genießen zu können. Ob wir dann auch wirklich wegfahren oder doch etwas anderes machen, das ist nicht ausgemacht. Das wird spontan entschieden. Ohne Zeit für uns, was und wer uns jetzt wichtig ist, vergeht Zeit sinnlos. Zeit ist nicht nachholbar und kann nicht aufgehalten werden.

Die folgenden Fakten zeigen, wie wichtig frei geplante Zeit ist. Unser wertvollstes Gut kostet nichts, ist knapp und verrinnt unerbittlich: die Zeit. Wer 80 Jahre lebt, dem bleiben knapp 30.000 Tage, aus seiner Existenz etwas zu machen. Rund ein Drittel verschlafen wir, und ein Sechstel geht drauf für das leibliche Wohl, also Einkaufen, Kochen, Essen, Waschen und Ähnliches. Dazu kommen die Pflichten in der Schule oder Ausbildung. Je nach Umfeld und Familie kommen noch weitere Aufgaben dazu, die wir übernehmen möchten oder müssen.

Alles in allem ist unser Leben also ziemlich verplant, ob wir wollen oder nicht. Das gilt auch ohne unseren Beruf. Wer mehr als ein Viertel seiner Lebenszeit frei einteilen kann, kann von viel Glück reden, das ihm beschieden ist.

Jede Stunde ist wertvoll. Also wäre es doch am besten, jede Minute exakt zu planen. Das könnten Sie nun vielleicht spontan denken. Denn was wertvoll ist, sollte niemand fahrlässig verschenken. Das stimmt. Und deshalb sind Freiräume wichtig, die *nicht* verplant sind. Wir brauchen freie Zeit, um uns zu finden und für uns immer wieder neu die richtigen Schwerpunkte zu setzen. Je stärker jeder einzelne Tag und das gesamte Leben »durchgetaktet« sind, desto größer ist die Chance, etwas zu verpassen, das nur in einer bestimmten Lebenssituation erreichbar ist. Wir brauchen frei verfügbare Zeit, um alle neuen Interessen, die vor uns liegen, aufnehmen und Menschen, die vor uns stehen, an uns binden zu können – und zwar nicht irgendwann später, sondern jetzt.

Raus aus der eigenen Falle

Das größte Hindernis, mehr Zeit frei zu planen, sind wir selbst. Wir verhalten uns, wie Psychologen sagen, häufig »dysfunktional«. Wir agieren unzweckmäßig oder unpraktisch in Bezug auf die Ziele, die wir verfolgen. Beim Thema Zeit bedeutet, dysfunktional zu handeln: Wir beschäftigen uns mehr, als wir müssen. Viele Reize drängen uns zur Beschäftigung.

Die Digitalisierung forciert enorm, dass wir erstens mehr Zeit verschwenden können und zweitens immer mehr Zeitdruck bekommen. Die vorherigen Kapitel in diesem dritten Buchteil haben bereits gezeigt, wie wir unseren allgegenwärtigen elektronischen Helfern nicht die Kontrolle über unser Verhalten überlassen und Energieräuber in den Griff bekommen. Dennoch bleibt der Zeitdruck, der zum Beispiel durch die Nachrichtenflut entsteht.

Wir müssen im Schnitt geschätzt die zehnfache Menge an Kommunikationsverbindungen gegenüber vor zwanzig Jahren in unserem Beruf bewältigen – mit starken Schwankungen. Denn es ist ein Unterschied, ob Sie als Handwerker oder in einem Internetunternehmen arbeiten. Im privaten Umfeld betrifft der Anstieg uns alle und ist noch stärker. Früher, also auch vor gut zwanzig Jahren, standen uns in der Regel nur das Telefon und der Brief als Medium zur Verfügung. Manche haben das Fax benutzt und andere bereits E-Mails versandt. Soziale Netzwerke existierten nicht. Im Ergebnis bewältigen wir heute teilweise an einem Tag mehr Nachrichten als früher in einem ganzen Monat oder sogar in einem Jahr. Mehrere Tausend Nachrichten kommen da zusammen, das ist normal. Manche bringen es auf 100.000 und mehr jedes Jahr, und zwar unabhängig vom Alter, wie Statistiken zeigen.

Wir beide sind viel unterwegs, gehören also zur »Risikogruppe« für gegenseitige Dauerbeschallung. Wir senden uns dennoch selten Nachrichten. Wir telefonieren, wenn wir uns nicht sehen, einmal am Tag. Dann nehmen wir uns Zeit dafür. Da kommt viel mehr rüber als mit den ganzen Emoticons. Viele unserer Altersgenossen stürzen sich in die schnelle und ständige Kommunikation. Zugleich jammern viele, dass es ständig piepst und rüttelt. Ich möchte jeden beruhigen. Menschen denken auch an andere, ohne ständig miteinander in Kontakt zu sein.

Offensichtlich handeln viele von uns dysfunktional. Zwangsläufig gibt es zum Thema Zeitmanagement eine Vielzahl an Ratgebern. Teilweise sind die Tipps auch gut geeignet, wie wir im digitalen Zeitalter unser Zeitbudget besser ausschöpfen können. Den entscheidenden Schwachpunkt haben alle gemeinsam: Immer geht es darum, in der gleichen begrenzten Zeit mehr erledigen zu können. Das »Mehr in weniger Zeit« löst das Grundproblem nicht, mehr Zeit frei gestalten zu können. Diese Zeit dient dem Unbekannten und Ungewissen, was wir nicht planen können. Dieser persönliche Freiraum ist umso wichtiger, je stärker wir im Berufsalltag auf Effizienz getrimmt werden und die Produktivität der Arbeit ein wichtiger Maßstab ist. Das gilt nicht nur in der Produktion. Auch bei vielen Dienstleistungen lautet die Parole, mehr in weniger Zeit zu schaffen. Diese Anforderung können wir selbst nicht ändern.

Wir haben jedoch einige Möglichkeiten, nicht gegen die eigenen Interessen zu handeln oder dieser Falle zu entrinnen, falls Sie bereits drinstecken. Erneut gilt für diese Maßnahmen: Die Kombination ist entscheidend, passend zum eigenen Arbeits- und Lebensstil. Und idealerweise stellt sich nach einiger Zeit eine Routine ein, über die Sie nicht mehr nachdenken und die Sie nicht mehr bewusst verfolgen müssen. So schaffen Sie für sich mehr Zeit für zunächst nichts:

- **Zeitkonto verfolgen:** Wenn Zeit Geld ist, dann können Sie für die eigene Zeit auch ein virtuelles Budget bestimmen. Dafür haben Sie zwei Möglichkeiten. Erstens können Sie sich ein Budget setzen, das Sie für die eigene Freiplanung erreichen möchten. Das können zum Beispiel mindestens 20 Stunden im Monat sein. Jede Stunde, die Sie tatsächlich frei planen konnten, notieren Sie sich. Wenn das Konto ganz gefüllt wurde, bestens! Wenn nicht, dann können Sie die zweite Möglichkeit ergänzen: Für bekannte und lästige »Zeitfresser« setzen Sie ein maximales Budget. Gegen dieses Budget buchen Sie die tatsächlichen Aufwendungen an Zeit, die Sie verbrauchen. Ziel könnte sein, 10 Prozent weniger zu benötigen als bisher. Diese Zeit ist dann frei geplant. Beginnen Sie mit einer »Buchführung« des aktuellen Zeitverbrauches, zum Beispiel im nächsten Monat für Ihre Meetings. Dann reduzieren Sie das Budget als neues Soll. Wichtig ist, dieses Budget visuell darzustellen, wie durch eine Säule oder einen Kuchen, der immer kleiner wird. Wenn Sie sehen, dass das Budget bald aufgebraucht ist, werden Sie sich genau überlegen, ob zum Beispiel ein Meeting notwendig ist oder nicht auch mal kürzer sein kann.

- **Zeiten verkürzen:** Zeitkonten schaffen Rituale. Auch für einzelne »Zeitfresser« können ritualisierte Abläufe eingeführt werden. Beispiel: die Bearbeitung von E-Mails und allen anderen Nachrichten. Sich strikt an bestimmte Tageszeiten zu halten, in denen E-Mails & Co. erledigt werden, fokussiert die eigene Konzentration und schafft Freiräume. Diese »Slots« können über den Tag verteilt sein. Wie drei

Essenszeiten sind drei E-Mail-Zeiten denkbar. Ihrer Kreativität sind keine Grenzen gesetzt, wie es eben zu Ihrer Tätigkeit und zu Ihrem Bedarf am besten passt. Nur eins ist wichtig: Die Zeiträume werden nicht überschritten. Wenn die Gefahr besteht, die Zeit nicht einzuhalten, dann überlegen Sie sich genau, ob Sie nun wirklich noch eine Nachricht schreiben müssen.

• **Zeitkomfort reduzieren:** Luxus führt zur Verschwendung. Wenn Sie ein Treffen im Stehen machen, zum Beispiel bei sogenannten »Shop-Floor-Meetings« in der Produktion oder mitten im Büro, dann kommen alle wesentlich schneller auf den Punkt. Eine richtig gemütliche Atmosphäre verlängert im Alltag die Diskussionen unnötig. Unliebsame Tätigkeiten sollten auch unliebsam sein, nach dem Motto: Bloß schnell raus und weg hier. Je leichter Sie Nachrichten beantworten können, zum Beispiel mit dem Mobiltelefon diktieren, desto mehr Nachrichten versenden Sie – weil es so einfach ist. Ist es notwendig, das Pingpong der Nachrichten fortzusetzen? Die Einfachheit verhindert das Freiplanen, weil wir unsere Arbeit verschwenderisch gestalten. Sinnloses sollte schwer sein, um für uns Sinnvolles machen zu können. Stellen Sie sich vor, Sie müssten alle Nachrichten per Hand schreiben und per Post versenden. Sie würden sich zweimal überlegen, ob Sie zum Stift oder zum Telefon greifen, um kurz etwas zu klären.

- **Zeiten frei planen:** Schließlich kann jeder für sich aktiv Zeiten frei planen. Im Kalender Platz zu lassen ist leicht geschrieben, in der Praxis häufig eine große Herausforderung. Überlisten Sie sich und andere, indem Sie Ihre Freiräume fest einplanen. Weichen Sie nur in Ausnahmenfällen davon ab. Dazu zählen zum Beispiel feste Zeiten für den Sport, vor oder nach der Arbeit, oder den wöchentlichen Kino- oder Theaterbesuch an einem festen Tag. Auch wenn Sie dann letztlich zu Hause bleiben, ist die Zeit »frei geplant«. Wenn der eigene Kalender von anderen »vollgeknallt« wird, tragen Sie sich jede Woche unter einem eigenen, unverfänglichen Projekttitel die Zeit zum »Frei planen« ein. Wichtig ist, dass bei einem Ausfall einer »Freiplanung« wegen eines anderen Termins, der wirklich nicht verschiebbar war, der Freiraum an anderer Stelle eingeplant wird. Sonst ist irgendwann keine Luft mehr zur »Freiplanung«.

Sie sehen: Es gibt je nach Bedarf und Zeitdruck, den Sie empfinden, sehr viele Möglichkeiten zur »Freiplanung« der eigenen Zeit, um neue Energie zu schöpfen oder vorhandene Energie nach Ihrem Bedarf einzusetzen. Idealerweise entsteht ein fließender Rhythmus, den wir nicht mehr kontrollieren müssen. Zum Start ist, wie beim Reduzieren des Körpergewichts, eine Kontrolle gut geeignet, um die Fortschritte zu erkennen und zu erleben. Damit schärfen wir unser Gefühl, wie wir am besten weniger verplanen, ohne uns dauernd daran erinnern zu müssen.

Du gibst Dir wirklich Mühe, unseren Leserinnen und Lesern viele Optionen zu zeigen, wie das »Frei-planen« gelingt. Das ist nicht verkehrt. Ich bin da ganz praktisch verlangt. Manchmal ist das Ein-fachste das Wirksamste. Also kurz gesagt: Verbringen Sie weniger Zeit in sozialen Medien. Das will laut Umfragen ohnehin rund die Hälfte aller Deutschen. Warum warten? Machen! Schlicht in Facebook & Co. nur das machen, was wirklich für die eigenen Interessen von Bedeutung ist. Fertig.

Wenn es so einfach geht, noch besser! Ein wichtiger Einflussfaktor ist der persönliche Arbeitsstil und die eigene Lebensweise. Ich bin morgens besonders produktiv. In kurzer Zeit kann ich viel erledigen oder sehr komplexe Themen konzentriert bearbeiten. Kollegen von mir kommen vor neun Uhr morgens überhaupt nicht »in Tritt« und kriegen keinen ordentlichen Gedanken zusammen. Dagegen sind die voll da, wenn ich froh bin, am Abend meine Ruhe zu haben, zumindest von allen Nachrichtenkanälen und Informationsflüssen.

Erinnern wir uns an das zweite Kapitel im Buch. Die eigene Freiplanung ermöglicht das harmonische »Work-Life-Blending«. Es aktiviert unser »natürliches Doping« der Adrenalinschübe, das im vorletzten Kapitel vorgestellt wurde. Abhängig von den eigenen produktiven Zeiten und vorgegebenen Terminen beherrschen wir den tages-aktuellen Wechsel von Spannung und Entspannung.

Im Ergebnis bin ich vorbereitet und konzentriert, meine wichtigen Arbeiten zu erledigen und zugleich die dringen-den, plötzlich auftretenden Aufgaben in meinen Ablauf einzubauen – und nicht umkehrt: Wichtige Aufgaben werden laufend von dringenden Themen überlagert. Wer das Freiplanen beherrscht, wird selten verzweifeln, was alles auf einmal auf dem Tisch liegt. Diese Fähigkeit kann übrigens nicht delegiert werden. Kein Chef und kein Unternehmen können uns abnehmen, wie die Informationsflut beherrscht und das eigene »Work-Life-Blending« am besten umgesetzt wird.

Weniger Verplanen sollte mit weniger Planen einhergehen. Das digitale Zeitalter schafft für alle und vieles ohnehin eine geringere Planbarkeit, bis in den individuellen Tagesablauf hinein. Zugespitzt gilt: Wer zu viel plant, den überrascht jeder Zufall.

Die Freiplanung schafft den Platz für die Zufälle und Überraschungen, die uns ereilen – und dies geschieht tendenziell immer häufiger. Diese Ereignisse mit geringer Wahrscheinlichkeit haben wir selten auf dem Schirm. Meistens sind Überraschungen eher lästig, außer zum Geburtstag oder an Weihnachten. Genauso wie bei diesen erwarteten Überraschungen können uns unerwartete Ereignisse neue Energiequellen öffnen.

Tipps & Tricks

Für den Alltag bieten sich weitere »Life Hacks« an, also Routinen zur Erleichterung des Lebens.

- **Puffer lassen, der nicht benötigt wird.** Zur Vorbeugung von Zeitdruck und Verplanung dient zum Beispiel, nicht »spitz auf Knopf« Termine zu planen. In der Arbeit sollte ein Puffer eingebaut sein. Zum Beispiel kann die Vorbereitung für eine Präsentation bereits einige Tage zuvor abgeschlossen werden, um dann Freiraum zu haben. Wenn unerwartete und nicht verschiebbare Aufgaben dazwischenkommen, werden wir nicht nervös, weil genau jetzt die Störung uns gar nicht »in den Kram passt«.

- **Weniger aufschieben, das sofort erledigt werden kann.** Wir versacken häufig im Kleinkram und in 08/15-Anliegen. Kleine und kurzfristige Arbeiten, die keine intellektuellen Großtaten erfordern und uns nicht emotional bewegen, werden ohne Verzögerung sofort und vollständig erledigt. Gerade ungeliebte Tätigkeiten erhalten durch ein Aufschieben unnötig hohe Relevanz. Sie verfolgen uns.

- **Nicht hinterherlaufen, was wir noch erledigen möchten.** Die Spirale an unerledigten Arbeiten, die wir eingeplant und nicht geschafft haben, setzt uns künstlich unter Druck. Neben den Vorgaben, die wir erfüllen müssen, privat oder beruflich, bauen wir unnötig Stress auf. Also lassen wir, besonders im Privaten, manches einfach liegen, das »Nice to Have« wäre, aber für uns kein »Must Do« ist.

Planung begrenzen.
Ich lasse Platz für Zufälle.

Gelegenheiten nutzen.
Ich gestalte mein Leben flexibel.

Herz und Hand
zusammenbringen.
Ich löse meine inneren
Widersprüche auf.

KAPITEL 14

Ich lasse mich überraschen

»Das Leben ist wie eine Schachtel Pralinen. Man weiß nie, was man kriegt«. Das sagt Forrest Gump, der Held im gleichnamigen, oscarprämierten Film. Etwas tollpatschig und immer liebevoll stolpert er in seinem Leben von einer Überraschung zur nächsten und – er steht immer wieder auf, schüttelt sich und läuft weiter, immer weiter. Wo er hinkommt, was er erreicht in seiner natürlichen Einfältigkeit, überrascht ihn und alle anderen zutiefst. Fast nichts in seinem Leben kam so wie geplant. In keinem Leben kommt alles wie geplant.

»Das kann ja wohl nicht wahr sein! Warum auch das noch? Das passt mir gar nicht!« Seien wir ehrlich: Diese Gedanken schießen jedem Menschen irgendwann durch den Kopf. Das kennen Sie, im Beruf und im Privatleben. Der Level, wann diese Gedanken ausgelöst werden, ist sehr unterschiedlich, je nachdem, wie eine Überraschung die eigene Planung tangiert. Das können vermeintliche Kleinigkeiten sein, die sehr lästig sein können, etwa die Bitte, noch mal schnell etwas einzukaufen, sodass die Verabredung zum Tennis platzen könnte. Am anderen Ende gibt es Überraschungen, die die gesamte Berufs- oder Lebensplanung beeinflussen können. Eine Kollegin wird auf einen Posten berufen, den man selbst seit Jahren im Visier hatte.

Wir sind gewohnt, vieles zu planen. Warum eigentlich? Unerwartetes kommt oft, heute mehr denn je. Je detaillierter eine Planung und effizienter ein Prozess ausgelegt ist, desto größer sind die Herausforderungen, wenn ein Ereignis nicht den Vorgaben oder Annahmen entspricht. Das bedeutet umgekehrt nicht, gar nichts zu planen, so wie Forrest Gump. Das bedeutet, unplanbare Überraschungen einzuplanen, ohne zu wissen, wann uns was wie ereilt. Dies gilt gleichermaßen unmittelbar für die eigene Person und mittelbar in unserer Umgebung mit Auswirkungen auf uns selbst.

Es kommt auf die Haltung an, die alltäglichen oder auch größeren Überraschungen als positiv und belebend anzunehmen – oder als negativ und hinderlich zu betrachten. Mit dieser Offenheit gegenüber Überraschungen beugen wir auch Enttäuschungen vor, wenn ein Vorhaben nicht »aufgeht«: Die Überraschungen schaffen neue Perspektiven. Sie holen uns aus der Routine heraus. Die Umwege, die wir dann einschlagen, können ebenso zum Ziel führen.

Du hast einen Lernprozess hinter Dir. Als wir uns kennenlernten, war jeder Tag durchgeplant. Sonst wäre die Doppel- und Dreifachbelastung mit Sport und Studium plus die anderen Verpflichtungen kaum zu bewältigen gewesen. Durch Deine Arbeit als Unternehmer und später unsere Kinder hast Du viele Überraschungen erlebt, die einiges bei uns durcheinandergewirbelt haben. Heute nehmen wir jedes unerwartete Ereignis auf und schauen, wie wir damit umgehen, sogar etwas besser oder auch interessanter

*machen können. Überraschungen können sogar das
Salz in der Suppe des Lebens werden.*

Bei unerwarteten Ereignissen wird unsere Flexibilität auf die Probe gestellt. Können Sie sich auf neue Situationen einstellen, wenn diese Sie emotional belasten oder Sie spontan das Gefühl haben, fachlich überfordert zu sein? »Schaffe ich das?« Diese Frage sollten wir nicht unterdrücken, auch nicht ignorieren und schlicht sagen: Alles halb so wild! Weiter geht's! Mein Appell ist eindeutig: Lassen Sie Überraschungen an sich heran, um zu entdecken, was in Ihnen steckt, das Sie nicht kannten und in Zukunft hilfreich sein kann.

Ein Beispiel aus meiner täglichen Praxis zeigt, wie ein kleines Malheur ganz neue Perspektiven schaffen kann, spontan und langfristig. Als Redner und Moderator bei Veranstaltungen erlebt man so einiges und – man lernt nie aus. Vor einigen Jahren passierte Folgendes ...

Alles war vorbereitet. 500 Führungskräfte aus ganz Europa waren zur Tagung angereist. X-fach wurde die Veranstaltung geplant und geprobt. Ein Plan B und C wurden erstellt: Das passiert, wenn Referenten ausfallen, der Vorstand verspätet ankommt usw. Zwei Rechner wurden installiert, wenn einer ausfallen sollte. Zusätzlich wurden noch Techniker gebucht, die alles im Griff haben. Und was passierte dann?

Es fiel, kurz vor Beginn, die Birne im Tageslicht-Beamer aus. Der riesige Projektor hing an der Decke und war nur mit einem Hubwagen erreichbar. Daran hatte niemand gedacht. Warum auch? Ist ja noch nie zuvor passiert! Alternativen gab es für den riesigen Saal auch nicht. Jemand holte einen kleinen tragbaren Beamer. Ein hübscher Versuch, der nichts brachte – außer Lachen im Saal.

Die Überraschung zwang die Referenten, sich verbal auf das Wesentliche zu konzentrieren, was ihnen jeweils am wichtigsten war. Spontan bat ich Assistenten, die Botschaften der Charts auf Flipcharts zu notieren, quasi als riesige Spickzettel für die Redner. Andere baten mich als Moderator zur Umstellung auf ein Interview-Format, um so ihre Botschaften platzieren zu können. Der Vorstand trat aus der Not erstmals gemeinsam auf die Bühne, um in einer spontanen Podiumsdiskussion die Ziele und Strategien für das nächste Jahr zu vermitteln.

Selbstverständlich lief improvisiert nicht alles glatt. Aber niemand war darüber traurig. Im Gegenteil! Insgesamt entwickelte sich eine wesentlich intensivere Debatte, als beim Abspulen des minutiös geplanten Programms, das eine gewaltige Komplexität an Themen besaß. Zum Schluss wurden zwar weniger Inhalte vermittelt, aber insgesamt herrschte Klarheit über die gemeinsamen Ziele und Aufgaben. Die Teilnehmer waren positiv überrascht und inspiriert von den neuen Formaten, ohne jemals von der Überraschung als Auslöser für den Erfolg der Veranstaltung zu erfahren. Die nächsten Tagungen wurden immer wieder mit neuen Elementen angereichert. Ohne die ursprüngliche Überraschung wäre der Impuls dazu ausgeblieben. Ja, es geht, ganz anders als geplant zu arbeiten.

So ein Zufall kann immer passieren, denken Sie jetzt vielleicht. Niemand kann immer auf alles achten. Das stimmt – einerseits. Andererseits wollen wir uns zusammen näher betrachten, was diese überraschenden Ereignisse sind: ein zufälliges und unvorhergesehenes Geschehen. Und was sind Zufälle? Zufälle sind, mathematisch betrachtet, Ereignisse mit einer sehr geringen Wahrscheinlichkeit. Im digitalen Zeitalter mit dem vielfältigen Zusammenwirken aller möglichen Systeme – überall und jederzeit – nehmen die Möglichkeiten enorm zu, dass hohe Unwahrscheinlichkeiten aufeinandertreffen. Wir erkennen nur Vorgänge, die unseren vorhandenen Denkmustern entsprechen. Überraschen lassen bedeutet, sich auf Ereignisse und Abläufe einzulassen, die wir uns nicht vorstellen können. Im Unbekannten das Faszinierende zu entdecken, was vor uns liegt – das zeichnet Gestalter aus.

Gestalter nutzen jede Gelegenheit

Überraschungen verschaffen uns ungeahnte Gelegenheiten. Das gilt sogar, wenn sie zunächst ungelegen kommen, spontan uns eher unangenehm sind, sogar Verlustängste auslösen und mitunter unsere Planungen auf den Kopf stellen. Überraschungen sind eine Art Bewährungsprobe, ob wir jederzeit das Beste vor uns aufnehmen können, auch Ereignisse, die überraschen, und nicht nur das, was wir erwartet oder erhofft haben.

Überraschende äußere Anlässe können ein guter Auslöser sein, die eigene Rolle als Gestalter des eigenen Wegs zu stärken. So können zum Beispiel neue und schwierige Zielvorgaben im Beruf»den Schub geben«, sein Zielhaus umzubauen, sich zusätzlich zu den Vorgaben eigene Ziele zu definieren und auch zu revidieren. Überraschungen können zu einer selbstkritischen Bewertung der eigenen Stärken und Schwächen führen, um die weitere Entwicklung der eigenen Kompetenzen besser fokussieren zu können. Und Überraschungen können auch dazu führen, die eigenen oder fremden Erwartungen zu justieren. Plötzlich wird klar, dass die eigenen Perspektiven unrealistisch gewesen sind. Es brauchte dafür den Weckruf eines unerwarteten Ereignisses.

Du sprichst aus Erfahrung, die mitunter leidvoll war. Wie oft wurdest Du überrascht, manchmal zunächst unangenehm. Das ist normal für uns beide als Unternehmer. Eigentlich ist kein Projekt jemals so verlaufen, wie wir es uns zu Beginn vorgestellt haben. Immer kommen wir anders heraus, als wir hineingegangen sind. Das ist das Spannende. Was wäre unsere Arbeit ohne Überraschungen. Sie wäre langfristig langweilig, wenn wir ehrlich sind. Ausgelernt zu haben ist heute nicht mehr möglich.

Alle Fähigkeiten, die Sie bereits in den Kapiteln zuvor für sich entwickelt haben, führen dazu, sich eben nicht»dem Schicksal zu ergeben«. Der Gedanke»Ich kann ohnehin nichts ändern«liegt jeder Gestalterin und jedem Gestalter fern. Vielmehr nehmen sie Ereignisse und Faktoren, die sie nicht beeinflussen können, mit ins Kalkül, ohne zu wissen, wann was passiert. Sei es, gegen einen plötzlich scheinbar übermächtigen Wettbewerber die entscheidende Lücke zu finden, um neue Chancen bei Kunden entstehen zu lassen. Oder in Krisensituationen viel schneller als üblich oder bisher möglich, schon lange notwendige Änderungen im Unternehmen nicht nur anzustoßen, vielmehr konsequent umzusetzen und so einen zuvor nicht möglich gehaltenen Vorsprung zu erzielen.

Es gibt gewiss nichts Schöneres und Schwierigeres, nichts Faszinierendes und mitunter Frustrierendes, als immer wieder einen Schritt weiter zu machen, mitunter zur Seite treten zu müssen oder auch manchmal einen Schritt nach hinten zu machen, um wieder den Überblick zu bekommen. Schlimmer wäre, wenn Sie sich im Alltag mit der inneren oder äußeren Stimme ertappen»Ich konnte nicht, weil der/die/das ...«. Beliebt ist auch:»Ich wollte ja, aber hier/dort/woanders ...«. Ich möchte an die Überzeugung zu Beginn des Buchs erinnern.»Ja, und ... das hat mich überrascht, und ich kann daraus Folgendes machen ...«

Diese Haltung entscheidet! Das erlebe ich immer wieder in meiner Arbeit, wie die eigene Perspektive den wesentlichen Unterschied macht, wie ich Überraschungen aufnehme. Ein Gestalter nimmt Herausforderungen als äußerst sinnstiftend und erfüllend an – zur Steigerung der eigenen Energie. Sie nehmen die Aufgaben in einem permanenten Wandlungsprozess dankend an: Ich bin bereit, egal was passiert.

Für Sie dürfte es gegen Ende des Buchs selbstverständlich sein: Wir sind immer von äußeren Einflüssen beeinflusst und müssen diese bewältigen. Wir sollten uns nicht von äußeren Einflüssen abhängig machen und uns diesen klaglos unterwerfen. Diese Haltung als Gestalter wird bei überraschenden Ereignissen und erwarteten Hindernissen auf die Probe gestellt. Jetzt gilt es erst recht, wie in den Kapiteln bisher gezeigt, für unser Tun eine klare Erwartung zu bilden, unsere Fähigkeiten gezielt einzusetzen und nicht nur einfach etwas durchzustehen. Wir aktivieren im Umgang mit Überraschungen zusätzliche, mitunter bisher unbekannte Energien. Die neue Erfahrung der eigenen Selbstwirksamkeit stärkt unser Selbstbewusstsein. Dadurch gehen wir mutig voran, auch ohne den Reiz von Überraschungen oder Hindernissen. Wir glauben an uns, ohne uns dies ständig einreden zu müssen oder von außen vorgemacht zu bekommen.

Gestalter sind keine Berufsoptimisten

Gestalter reden sich nicht einfach eine positive Gefühlslage ein, nach dem Motto »Das wird schon«. Gestalter sind keine unkritischen, blinden »Berufsoptimisten«, die keine Probleme sehen, sie wegdiskutieren oder verdrängen. Sie erkennen ihre akuten Probleme an. Sie erfahren genauso als erste Reaktion ein Gefühl von Unsicherheit und Niedergeschlagenheit, wenn zum Beispiel nicht klar wird, warum ein Kunde überraschend einen Auftrag storniert, obwohl die Leistung bisher fehlerlos war. Dieser Frust sollte nicht abgewehrt werden durch ein trotziges »Alles halb so wild«. Die Phase negativer Emotion drücken Gestalter nicht weg. Sie nehmen sie auf, kauen sie durch – ein paar Minuten, Stunden oder auch Tage, je nach Schwere der Situation.

Ich diene bei diesem sensiblen Thema gern wieder selbst als Beispiel: Nach überraschend verlorenen Rennen früher im Sport oder heute bei Ausschreibungen rede ich mir nicht sofort ein, das ist gar nicht so schlimm. Nein! Es ist ärgerlich, ein Rennen oder einen Kunden nicht zu

gewinnen. Denn diese Reaktion, seine Emotion auszu-
drücken, schafft eins: Sie beruhigt und aktiviert zugleich.
Es ist passiert, es ist vorbei, ich kann es nicht ändern. Ja,
ich war wirklich gut, andere waren aber besser. Gestalter
können trauern, aber sie trauern verpassten Gelegenheiten nicht ewig nach.

Wir können ändern, was künftig passieren wird: Beim
nächsten Mal kann ich es wieder versuchen, vielleicht
sogar »noch einen Zahn zulegen«. Natürlich kann es beim
nächsten Mal wieder sein, dass ich nicht gewinne und die
eingesetzte Energie vermeintlich erneut verschenkt wirkt.
Bedeutsam ist die neue Chance und sich wieder einzusetzen. Gestalter bleiben nie bei ihrem spontanen negativen Gefühl stecken, verharren nicht in Selbstmitleid des
»Hätte, Wenn und Aber«.

Die Gestalterhaltung zeigt sich darin, in meinem aktuellen Zielgebäude einen Raum aufzusuchen, in dem ich erneut starten kann – sofort! Kann ich vielleicht gleich am
nächsten Tag einen kleinen Fortschritt angehen, zum Beispiel nach der verlorenen Ausschreibung meine Unter-
lagen nochmals sichten und sofort Verbesserungen einbauen, um diese beim nächsten Mal nutzen zu können. Nur
wenn wirklich kein Gestaltungswille mehr weiterführt, wir
eben ständig mit dem Schicksal hadern oder uns ständig
vermeintliche Überraschungen ereilen, sollten wir uns um
eine neue Einrichtung für unser Zielhaus kümmern. Dann
stimmt etwas nicht mit unseren Vorstellungen für einen
Lebensabschnitt oder eine Lebensphase. Dann gehen Sie
bitte »zurück auf Los« (und in diesem Buch zu Kapitel 6).

Gestalter folgen dem Motto: Ein Glas ist immer halb
voll, nie halb leer. Und das Glas ist auch nie ganz voll, es

gibt immer etwas weiterzuentwickeln – zumindest für Gestalter, die eine positive Grundhaltung prägt. Klar fließt auch bei ihnen Wasser aus dem Glas. Das ist ihnen aber egal. Bedeutung entwickelt sich durch das Auffüllen von Wasser, nicht über das Lamentieren, dass auch Wasser verloren geht. Gestalter gehen, wie gezeigt, mit Überraschungen, dass plötzlich Wasser weg ist, offensiv um. Für sie ist jedes Problem eine Aufgabe und nicht jede Aufgabe ein Problem.

Blicken Sie an dieser Stelle einmal kurz zurück. Sie müssten auch Überraschungen und Hindernisse entdecken, die Sie, nachträglich betrachtet, weiter gebracht haben, als Sie zunächst dachten. Dass Sie dies bisher vielleicht nicht so gesehen haben, könnte am »Rote-Ampel-Effekt« liegen. Fahren wir durch die Stadt, regt uns jede Ampel auf, die kurz vor uns auf Rot springt. Wir freuen uns aber nicht über die »grüne Welle«, die zuvor war oder danach kommt. Der grüne Bereich ist für uns normal und keiner besonderen Emotion wert. Achten Sie mehr auf das Grün, damit Sie das überraschende Rot gelassener betrachten können, auch wenn Sie zunächst unerwartet stoppen müssen.

Die Gestalterhaltung ermöglicht uns sogar, bei wachsenden Schwierigkeiten und einer Vielzahl von Überraschungen unsere ursprüngliche Motivation zu steigern. Wenn ein Ziel weiter entfernt scheint: Jetzt erst recht! Wir entscheiden, uns noch mehr anzustrengen, eine höhere Anspannung und Ausdauer zu zeigen. Das ist auch nötig für den letzten Bereich, wo Überraschungen für uns lauern. In uns selbst entstehen einige unerwartete Gefühle, wenn Herz und Hand, unsere Überzeugungen und unser Verhalten nicht zusammenpassen.

Herz und Hand zusammenbringen

Die sogenannte kognitive Dissonanz kann uns erheblich stören, Energie kosten und das eigene Leben arg vermiesen, nicht nur bei äußeren Überraschungen übrigens. Das zeichnet die kognitive Dissonanz aus:

- Wir glauben nicht daran, was wir beschlossen haben, auch verfolgen zu können.
- Wir erleben, wirklich nicht so stark zu sein wie gedacht.
- Wir verhalten uns konträr zu unseren Vorstellungen.
- Wir merken, eine Handlung wird anstrengender oder unangenehmer als gedacht.
- Wir zweifeln an getroffenen Entscheidungen, weil das Ergebnis nicht den Erwartungen entspricht.
- Wir merken, dass trotz aller Anstrengung das erreichte Ziel nicht unseren Erwartungen entspricht.

Diese Gefühle der Enttäuschung können uns ganz schön überraschen. Alles erschien gut und wirkt vergebens. Gestalter lassen diese Gefühle zu, dass das eigene Verhalten und die Einstellung als widersprüchlich empfunden werden. Ohne das Bewusstsein, dass Herz und Hand nicht im Einklang sind, ist es auch nicht möglich, beide in Einklang zu bringen. Dazu ergeben sich einige Möglichkeiten, eine unangenehme kognitive Dissonanz zu lösen:

- **Das Problem, das dem Gefühl zugrunde liegt, wird gelöst.** Wir passen unser Verhalten den Vorstellungen an. Dies kann zum Beispiel dadurch geschehen, eigene Fähigkeiten anders zu gewichten oder zu justieren. Daraus ergibt sich ein neuer Aktionsplan.

- **Die Erwartungen, die wir an uns gesetzt haben, werden reduziert.** Wir passen die Vorstellungen an das Mögliche an. Es ist keine Schande, sich vielleicht etwas überfordert zu haben und dies einzusehen, zum Beispiel zu ambitionierte Entscheidungen getroffen zu haben.

- **Die Unterschiede, die Herz und Hand empfinden, werden abgeschwächt.** Wir gleichen unsere Überzeugungen und unser Verhalten nochmals ab. Dazu schafft weiteres Nachdenken oder auch eine Ablenkung eine Distanz zu den ursprünglichen Gefühlen und Gedanken. Zum Beispiel können wir erkennen, dass unser Gefühl nicht berechtigt war, weil tatsächlich die Umgebungsbedingungen sich so drastisch geändert haben, dass unsere Vorstellungen nicht mehr angemessen sind.

Entweder verändern wir so unser Verhalten oder unsere Überzeugungen. In jedem Fall bleiben wir im Gestaltermodus und verfallen nicht in Scheinlösungen. Dazu zählt, unsere Erregung und sogar Frustration auf ganz andere Ursachen zu schieben. Bleiben wir bei einem Beispiel, das bereits öfters genannt wurde: ein verpasster Auftrag. Es wäre einfach zu denken:»Der Kunde ist zu blöd!« Und schon ist die kognitive Dissonanz verschwunden, allerdings nicht das Problem, dass der Kunde weg ist. Oder der Widerspruch wird heruntergespielt:»So schlimm ist es ja gar nicht, dass der Kunde weg ist. Kommt bestimmt wieder ein neuer«. Oder unser Verhalten wird als erzwungen bewertet:»Ich konnte ja nicht, wie ich wollte, und musste ganz anders handeln, weil der Kunde das so verlangt hat«. Und schließlich können wir uns Informationen besorgen, die den Widerspruch auflösen, zum Beispiel wenn wir erfahren, wer den Auftrag bekommen hat.»Der Kunde wollte sowieso jemanden anderen als uns. Da kann man nichts machen!«

Das Beispiel kann leicht auf jede andere Beziehung zu einem anderen Menschen übersetzt werden, bis hin zur Wortwahl.»Du verstehst mich nicht. Such Dir doch jemand anderen, der das mitmacht«. Und so weiter. Jeder weiß, wohin das führen kann ... Die eigenen Widersprüche nach außen zu schieben, das ist leicht. Leider bleibt man selbst in der Sackgasse stecken.

Ich lasse mich überraschen. Dieses Kapitel hat gezeigt, wie alltägliche unverhoffte Ereignisse sehr belebend sein können. Es gibt auch Überraschungen, die nicht alltäglich sind und die sich sehr negativ auswirken, bis hin zu einer existenziellen Krise für die eigene Person, lieb ge wonnene Menschen und auch unsere Gemeinschaft. Die Auswirkungen des SARS-CoV-2, so der offizielle Name des Coronavirus, haben im Jahr 2020 eine Krise geschaffen, die jeden Menschen erreicht und die ganze Welt betrifft. Die Coronakrise ist ein Jahrhundertereignis. Deshalb enthält dieses Buch ein Kapitel, das ursprünglich so nicht geplant war. Die akute Krise zeigt, wie jede Krise im Leben bewältigt werden kann. Insofern könnte das folgende Kapitel 15 auch für alle Leserinnen und Leser interessant sein, deren persönliche Betroffenheit durch die Coronakrise eher gering ist.

Tipps & Tricks

Gestalten statt verwalten: Aus Frust entsteht Lust, sobald wir Überraschungen als Impuls für eine bessere Zukunft nutzen können. Das liest sich pragmatisch. In der Praxis können wir uns einige Fragen stellen und aus den Antworten den weiteren Weg bestimmen. Dabei steht im Mittelpunkt, wie ich meine Wünsche und Ziele an die aktuell neue Situation anpasse, die durch die Überraschung entstanden ist. Es kann sein, dass Träume platzen. Das ist schmerzhaft. Oder genau umgekehrt: Die neue Situation fördert Fähigkeiten, die Veränderung zu beherrschen, und die bisher versteckt waren. Das weiß niemand zuvor. Das müssen wir entdecken.

Die nachfolgenden Fragen ermöglichen, aus Überraschungen gestärkt hervorzugehen. Die eigenen Energien werden so ausgerichtet, für das eigene Schicksal den richtigen Weg zu bestimmen und diesem konsequent zu folgen:

- Passen mein Wunsch und die neue Wirklichkeit zusammen? Kann ich beides verbinden oder muss ich akzeptieren, dass mein Wunsch mit der Wirklichkeit aktuell nicht zu verbinden ist?
- Kann ich den Wunsch loslassen oder muss ich ihn unbedingt umsetzen? Was bin ich bereit, dafür einzusetzen – zum Loslassen und zum Umsetzen?
- Oder Möglichkeit drei: Wie kann ich meinen Wunsch an neue Rahmenbedingungen anpassen? Was werde ich jetzt konkret tun? Sofort!

Die Antworten geben Zuversicht und Überzeugungskraft. Sogar ein komplettes Umschwenken wird möglich. So ist das eben in unserem Leben: Unverhofft kommt öfter, als wir denken.

Ängste und Sorgen
aufgreifen. Ich strebe nach
hilfreichen Lösungen.

Einfluss nehmen.
Ich konzentriere meine Energie
auf das aktuell Machbare.

Mut zur Lücke. Ich bekomme
Sicherheit durch klare
Entscheidungen.

KAPITEL 15

Ich kann Krisen bewältigen

Plötzlich liegt das Beste nicht mehr vor uns. Plötzlich liegt gefühlt nichts mehr vor uns. Alles, was wir geplant und erhofft haben, das ist weg. Die Überraschung ist groß und erdrückend. Eine existenzielle Krise schafft in kurzer Zeit zunächst eins – Leere.

Diese Situation wünscht sich niemand und kann jeden treffen. Gleiche Schläge des Schicksals, gefühlt meistens aus dem Nichts, wirken auf jeden Menschen sehr unterschiedlich. Dieser Unterschied entsteht durch die Haltung, wie wir eine Krise auf- und annehmen. Eine positive Grundhaltung zum Leben, die dieses gesamte Buch vermittelt, ist ein guter Startpunkt. Erwiesen ist, dass eine positive Lebensperspektive uns Menschen weniger anfällig für Krankheiten macht und wir besser mit Krankheiten, die schwere Lebenskrisen auslösen können, umgehen können. Die Selbstheilungskräfte werden gestärkt und darauf gelenkt, die Situation zu verbessern, statt zu lange mit dem eigenen Schicksal zu hadern. Um das bekannte Bild zu nutzen: Auch wenn das Glas sich schneller leert als gedacht, vielleicht sogar ganz geleert werden könnte, richtet sich die vorhandene Energie darauf, wieder mehr Wasser aufzufüllen.

Trotz einer positiven Grundstimmung – und erst recht ohne diese Haltung – kann jede Krise Angst machen oder zumindest viele Sorgen bereiten. Angst ist nicht generell negativ. Angst ist im Körper und in der Psyche ein sehr effizientes System, das niemand gänzlich ausschalten kann – und auch nicht muss. Angst führt dazu, zusätzliche Energien zu aktivieren und zugleich keine unnötigen zusätzlichen Gefahren einzugehen. Angst erzeugt automatisch einen Schutzreflex.

In der Coronakrise war innerhalb weniger Tage nicht nur das Desinfizieren der Hände, vielmehr der Abstand zu fast allen anderen Menschen ein sofort gelerntes Verhalten. Dabei ist körperliche Nähe für jeden Menschen enorm wichtig. Plötzlich empfanden Millionen Menschen sogar ein verstecktes Husten als eine Attacke.

Der positive Effekt unseres gemeinsamen Verhaltens während Corona ist, dass der unsichtbare Feind greifbar und damit beherrschbar wurde. Jede und jeder konnten aktiv etwas tun, die Krise zu bewältigen. Nichts ist schlimmer, als in einer Krise nichts tun zu können, völlig hilflos zu sein. Das würde unsere Angst zusätzlich steigern.

Du bist nicht übermäßig ängstlich und zugleich auch nicht betont furchtlos. In Krisen, die auch uns ereilen, wie während Corona mit einem dramatischen Einbruch unseres Geschäfts, sind wir beide sorgenvoll, wie sich nicht nur die eigene Zukunft entwickelt. Was passiert mit unserem Land und der Welt? Ständige Krisen, wie zum Beispiel der Klimawandel, deren negativen Auswirkungen (noch) nicht unmittelbar im Alltag spürbar sind, zwingen uns nicht so zum Handeln. Corona ist auch unsichtbar, wie der gefährliche Anstieg des Kohlendioxids in unserer Atmo-

sphäre. Corona ist jedoch im Alltag von Milliarden Menschen spürbar, wie nie eine Krise zuvor. Ich bin gespannt, wie wir alle über Corona hinaus Lehren ziehen und unsere Zukunft bewusster gestalten, auch ohne unmittelbare existenzielle Bedrohung.

Angst führt nicht nur zur akuten Vorsicht. Angst kann auch motivieren, für sich und andere eine Lösung zu finden. Dazu sind die Ängste zu benennen. Nichts ist verkehrt daran, in einer Krise zu sagen, diese Situation macht mir aus diesem Grund diese Sorgen. Deshalb bin ich verunsichert.

Du sprichst an, wir sollten Schwächen zulassen und Raum geben, darüber nachzudenken. Diese Schwäche mit anderen zu teilen, die Verständnis entgegenbringen, ist sehr hilfreich. Diese Helfer geben vor allem eine emotionale Stütze: Du schaffst es. Du kannst der Situation entrinnen. Es gibt einen Ausweg. So gewinnen wir in einer Situation völliger Unsicherheit ein bisschen Stabilität. Und dann gelingt uns emotional eins: unser Herz vorausschmeißen! Unser Verstand wird folgen.

Angst stärkt die Bindung von Menschen. Gerade in Krisen sind der Zusammenhalt und das Zusammenwirken elementar. Wenn Corona irgendetwas Positives besitzt, dann diese Erfahrung, die fast niemand heutzutage zuvor erlebt hat. Ein gemeinsamer Feind schweißt eben zusammen. Wir achten aufeinander und arbeiten füreinander. Undenkbares wird einfach gemacht. Während Corona werden Studenten oder Gastronomen zu Erntehelfern, T-Shirt-Fabriken produzieren Atemschutzmasken und Automobilkonzerne Teile für Atemgeräte. Diese Erfahrung machen, erstmals in der Geschichte der Menschheit, alle Menschen auf diesem Planeten. Ausnahmen von einigen Selbstoptimierern, die auch die Coronakrise rücksichtslos für den eigenen Vorteil nutzen, bestätigen diese Regel.

Ein gutes Stichwort von Dir: Ausnahmen. Manchmal werden Menschen, die in Extremsituationen ihre Ängste überwinden, als Vorbild stilisiert. Einsam in einer Bergwand um das Überleben zu kämpfen hat jedoch nichts mit unseren alltäglichen Krisen und Ängsten zu tun. Der Kitzel des absichtlichen Abenteuers und der geplanten Grenzüberschreitung finden bewusst in einer eigenen Lebenssphäre statt. Sich bewusst Gefahren aussetzen, um extreme Gefühle zu genießen, führt nicht zu einem Transfer in den Lebensalltag. Hier müssen wir Krisen und Sorgen in Situationen beherrschen, die wir nicht absehen oder absichtlich eingehen können. Meiner Meinung nach ist das Beherrschen dieser alltäglichen Krisen viel anspruchsvoller und fordert viel mehr Respekt ab als spektakuläre Extremleistungen.

In plötzlichen und potenziell lebensverändernden Krisen schaltet unser Gehirn reflexartig in den Modus der Verlustvermeidung. Dieses wesentliche Grundprinzip für unser Verhalten haben Sie im ersten Kapitel bereits kennengelernt. Besonders in Krisen können wir unsere tief verwurzelte Aversion gegen einen Verlust nicht einfach wegdrücken. Im Gegenteil, diese Gedanken werden präsenter denn je. Denn in Krisen steht viel auf dem Spiel. Einerseits drängt uns die Angst vor Verlusten dazu, eher das tatsächlich oder vermeintlich Negative an einem überraschenden Ereignis wahrzunehmen. Anderseits besitzen wir als Gestalter die Möglichkeit und Fähigkeit, die Krise zu beherrschen und das jetzt erreichbare Positive zu entdecken und anzustreben.

Effectuation als Gebot der Stunde

In Krisen sollten wir alle unsere Energie auf das aktuell Beeinflussbare richten. Die Effekte, die wir kurzfristig erzielen, stärken wiederum unser Selbstbewusstsein, nicht hilflos zu sein. In Phasen völliger Unsicherheit und Ungewissheit bleiben wir mit Effectuation fähig zu Entscheidungen. Unser Handeln leiten wir nicht, wie sonst üblich, aus den Erfahrungen oder Daten der Vergangenheit ab. Die gibt es nicht!

Effectuation ist eine Methode, die bei ganz gegensätzlichen Wirkungen von Krisen helfen kann – Beispiel Coronakrise: Einerseits gibt es Menschen und Unternehmen, die zu 200 Prozent gefordert sind. Zum Beispiel in den Krankenhäusern und Pflegeheimen, im Lebensmittelhandel oder auch in der Landwirtschaft: Wo bekomme ich das Personal, um die aktuell riesige Nachfrage zu bedienen oder meine Ernte einzufahren, die – ohne die üblichen Helfer – auf dem Acker verfaulen würde? Andererseits wird Effectuation auch für die vielen Selbstständigen und Kleinbetriebe wertvoll, die innerhalb weniger Tage bei null standen. Wie halte ich meine Kunden bei der Stange, oder wie kann ich ein Minimum an Service liefern? Zwischen 0 und 200 gibt es alle möglichen Varianten.

Unmittelbar Effekte erzielen – dieses Prinzip wird in Krisen zum Maßstab unseres Handels. Das Beste für uns in Krisen ist das, was sofort und leicht aufgegriffen werden kann. Was vielleicht noch besser wäre, aber nicht schnell greifbar ist, hilft nicht weiter. Wir halten uns nicht lange mit Prognosen auf, was wie in wenigen Wochen oder Monaten aus der Krise werden und um uns herum passieren könnte. Dadurch würden wir sogar unser Gefühl der Unsicherheit steigern. Denn jede Prognose ist, in einer nie da gewesenen Situation, reine Spekulation und kann sich schnell als Utopie erweisen.

Wir bilden vielmehr Szenarien, was wir mit unserem eigenen Handeln erreichen wollen und können. Diese Szenarien sollten möglichst konkret und bildhaft sein, was passieren soll oder wie sich das anfühlen wird. Diese attraktive Perspektive löst zwar nicht alle Probleme, wirkt jedoch als Ermutigung. Statt mit unserem Schicksal zu hadern, das wir nicht ändern können, richten wir unsere Energie auf die Chancen, die sich noch oder sogar neu bieten.

Treiber und nicht Getriebener sein, darum geht es. Mit Effectuation bleiben wir in der Position des Gestalters unseres eigenen Schicksals – in einer Umgebung, die aktuell zu 99 Prozent unser Leben bestimmt, aber nicht eigenes Handeln verhindern sollte. Wir fokussieren die Ressourcen, die uns zur Verfügung stehen, um in der aktuellen Krise das Bestmögliche zu erreichen. Diese konkreten Schritte versetzen jede Person in die Position des Treibers:

- **Das sind meine Mittel:** Die vorhandenen Instrumente und Kompetenzen werden gesammelt und daraus sofort umsetzbare Ziele festgelegt, zum Beispiel zunächst für die nächsten zehn Tage.

- **Das ist mein Einsatz:** Der selbst leistbare Einsatz (und auch ertragbare potenzielle Verlust) wird geprüft und verbindlich fixiert. Auf dieser Basis kann festgelegt werden, welche Maßnahmen tatsächlich umgesetzt werden.

- **Das sind meine Partner:** Mögliche Mitstreiter oder auch Unterstützer werden ermittelt und unmittelbar angegangen. Aus diesen Kontakten zur Kooperation ergeben sich gegebenenfalls weitere Handlungsmöglichkeiten, die selbst bisher nicht bekannt waren.

- **Das sind meine Hindernisse:** Für die anvisierten Effekte wird betrachtet, welche wesentlichen Risiken oder Hindernisse zu beachten sind, wie zum Beispiel während der Coronakrise plötzliche neue behördliche Vorschriften. Bei deren Eintreten wird sofort das eigene Handeln neu justiert, und kann manchmal auch bedeuten,»zurück auf Los« zu gehen.

Im Ergebnis steigern wir unsere sogenannte Resilienz, also die Fähigkeit, den ursprünglichen oder vergleichbaren Zustand vor der Krise wieder erreichen zu können. Effectuation gibt dafür keine Garantie. Wir werden jedoch die feste Überzeugung besitzen, alles in unserer Kraft Stehende getan zu haben – egal wie das Ergebnis nach der Krise aussieht. Dieses Bewusstsein kann jede und jeden ermutigen, jetzt zu handeln und nicht nachzulassen, obwohl nicht absehbar ist, wie tief greifend die jeweilige Krise letztlich für die eigene Person oder Umgebung sein wird.

Entscheiden mit Mut zur Lücke

Um in Krisenzeiten Effekte zu erzielen, braucht es vor allem eins: Entscheidungen. Und das schnell. Entscheiden bedeutet, tolerant zu sein gegen die Ungewissheit, welche unvorhersehbaren Wirkungen die Entscheidungen haben können und ob die beabsichtigte Wirkung erzielt wird. Besonders in offenen und intransparenten, unbekannten und wenig strukturierten Situationen einer Krise ist es unmöglich, alle denkbaren Faktoren zu berücksichtigen. Vielmehr sind die entscheidenden, handlungsrelevanten Einflüsse und Parameter zu identifizieren: »Das kann ich tun« steht im Fokus und weniger »Das kann noch alles passieren«.

Unsere Antwort, was wir tun sollten, sollte nicht ewig dauern. Inzwischen wurde sogar durch Experimente die Alltagsweisheit nachvollzogen, dass beim Entscheiden eine bewährte Methode ist, »eine Nacht drüber zu schlafen«. Werden Menschen vor eine Entscheidung gestellt, die mehrere Optionen offenlässt, gibt es in der Regel drei Möglichkeiten: den spontanen Entschluss, die zeitnahe und die lang überlegte Entscheidung. Typische Situationen dafür sind Finanzentscheidungen, zum Beispiel ob man in einer Krise zum Erhalt eines Jobs sein Gehalt reduzieren oder kurzarbeiten würde oder doch mit einer Abfindung das Unternehmen verlässt, bevor es vielleicht untergeht. Das sind sehr wichtige Entscheidungen. Soweit wir die Zeit zur Auswahl besitzen, ist in der Regel eine Entscheidung nach wenigen Tagen die beste. Das lässt sich auch ohne Experiment leicht nachvollziehen. Spontane Entschlüsse sind sehr stark von Emotionen geprägt. Es ist schwer, in der akuten Situation die wichtigsten Folgen zu erkennen und abzuschätzen. Die Gefahr, dass uns ein wichtiger Aspekt durchrutscht, ist groß.

Lange über eine Entscheidung nachzudenken, birgt die Gefahr, durch das Abwägen aller denk- und undenkbaren Konsequenzen den Blick für die wirklich wichtigen Faktoren zu verlieren. Dann kommen häufig faule Kompromisse oder halbherzige Entscheidungen heraus.

Nach ein, zwei, spätestens drei Tagen haben wir fast immer die wichtigsten Eckdaten für uns erfasst. Alle anderen Aspekte entfallen mit dem Mut zur Lücke. Wir wissen, ob wir uns leisten können, eine Abfindung anzunehmen, und kennen den Horizont, der uns mit der Summe zur Jobsuche bleibt und ob der Zeitraum realistisch ist. Die erste negative Emotion ist verflogen, und nach vielen Wochen wird sich die Lage auch nicht verändert haben.

Wir beide nehmen ganz analoge Instrumente zur Hand: Zettel und Stift. Besonders wenn Zweifel aufkommen, hilft es enorm, die wichtigsten Argumente für und gegen eine Entscheidung zu notieren. Im Blick sollten dabei besonders die eigenen Bedürf-

*nisse stehen, was ich mit einer Entscheidung jetzt er-
reichen möchte. Neben den beiden Spalten für Pro
und Contra aller möglichen Entscheidungen können auch die jeweiligen wesentlichen Unbekannten
notiert werden. Buchstäblich sollte unter dem Strich
eine Entscheidung stehen, die ganz bewusst so getroffen wird – angesichts der Unbekannten, die nicht
beeinflussbar sind. Ich habe mir gezeigt, was JETZT
die richtige Entscheidung ist. Falls später das Ergebnis verfehlt wird, bleibt die Überzeugung, zuvor nach
bestem Wissen entschieden zu haben.*

Generell wissen wir, der größte Fehler ist zu versuchen,
keine Fehler zu machen. Besonders in Krisensituationen
wäre es fatal, beim Entscheiden Fehler vermeiden zu
wollen. Das kann in Zeiten großer Unsicherheit und Ungewissheit nicht gelingen. Dann ist jede Entscheidung
zum Scheitern verurteilt. Keine Fehler machen zu wollen bedeutet, zu viele Faktoren zu beachten, sodass wir
keinen Schritt nach vorn machen. In Krisen zählt, nicht
vor etwas zurückzuschrecken, weil es schiefgehen könnte. Selbstverständlich ist damit nicht gemeint, sehenden
Auges Dinge falsch zu machen. Vielmehr kann ein über-
zogenes Sicherheitsdenken, alle Eventualitäten abzu-
wägen, bevor eine Entscheidung getroffen wird, genau das
Gegenteil bewirken von dem, was wir erreichen wollen –
die Krise wird nicht bewältigt.

Damit kein weiteres Missverständnis entsteht: Tolerant
gegenüber Fehlern zu sein bedeutet auch in Krisen nicht,
planlos in jedes kalte und unbekannte Wasser zu sprin-
gen. Der Sprung sollte erfolgen, wenn wir uns grundsätz-

lich zutrauen, das anvisierte, neue Ufer zu erreichen, ohne konkret zu wissen, ob und wann vorstellbare Probleme und unverhoffte Risiken eintreten könnten. Wer in seinen Planungen vorab alle Risiken berücksichtigen will, die im Neuen verborgen sein könnten, kommt nicht wesentlich voran.

Im Gegenteil sollten wir weitere Hindernisse und Probleme erwarten, auch durch eigenes Fehlverhalten. Da zu Beginn der Bewältigung einer Krise überhaupt nicht klar ist, was alles unternommen wird, kann auch nicht absehbar sein, welche Fehler gemacht werden könnten. Bloß nicht darüber nachdenken, da sonst automatisch das Grübeln zur Vermeidung beginnen würde und Energien in die falsche Richtung gelenkt würden.

Schließlich wäre es, und das gilt nicht nur in Krisen, kontraproduktiv, aus jedem Fehler Lehren zu ziehen oder jeden Fehler zu korrigieren. Im Alltag geht vieles schief, weshalb niemand sofort über die Folgen für die Zukunft nachdenken muss. Ausgenommen sind natürlich die sogenannten Null-Toleranz-Berufe und -Situationen, wie Ärzte in einem Operationssaal oder Piloten im Flugzeug. In Krisen gilt es, erneut schnell zu entscheiden, ob ein Fehler für den weiteren Ablauf korrigiert werden sollte, da sonst weiterer Schaden entstehen wird, das anvisierte Ergebnis in Gefahr gerät oder ob die Auswirkungen hinnehmbar sind. Letzteres bedeutet schlicht: Weiter geht's!

Deine Hinweise auf den Umgang mit Fehlern zeigen, dass Krisen sehr lehrreich für das normale Leben sind. Vieles, das wir in Ausnahmesituationen lernen, zum Beispiel das schnelle Entscheiden und kon-

sequente Verfolgen der Entscheidungen, kann auch im normalen Alltag weitergeführt werden. Niemand zwingt uns, in den alten Trott zu verfallen. Erneut kann es sehr nützlich sein, die eigenen Lehren zu notieren, möglichst plakativ, wie ein Spickzettel. Dann wird jede Krise einen positiven Effekt haben, egal wie die akute Krise bewältigt worden ist.

Krisen zeigen, was in uns steckt und wir bisher nicht kannten. Energien werden mobilisiert, die verborgen waren. Unglaubliches wird geleistet und erfahren. Wenn das Beste, das vor uns zu liegen schien, zum Greifen nah, verschüttet wird, vermeintlich für immer, können wir bisher Undenkbares entdecken. In Stürmen suchen wir den gesamten Horizont ab und erspähen rettende Ufer, wo für uns bisher kein Hafen als Ziel im Blick war.

Krisen braucht niemand. Krisen sind schmerzhaft. Das zur Klarstellung, damit nicht der falsche Eindruck entsteht. Zugleich zeigt auch der Coronavirus: Durch Krisen schätzen wir mehr denn je, was wir haben und bisher selbstverständlich war. Freiheit, Gemeinschaft und Respekt. In Krisen kann jede und jeder neue Wege beschreiten, das Beste an sich und für andere entdecken. In der Krise ist diese Perspektive noch verschwommen. In der Rückschau werden die Erfahrungen und Erlebnisse für das gesamte weitere Leben sehr wertvoll sein.

Tipps & Tricks

Der Ampel-Check

Um die eigenen Einflussmöglichkeiten in einer Krise im Blick zu behalten, ist der Ampel-Check gut geeignet. Genauso wie bei einer Ampel werden die eigenen Aktivitäten aufgelistet, die in der Krise unmittelbar umgesetzt werden:

* **Rot** bedeutet: Das lasse ich sofort sein, hilft mir nicht weiter oder behindert mich sogar eher.
* **Gelb** bedeutet: Das kann ich gut, das setze ich fort und hilft mir akut weiter.
* **Grün** bedeutet: Das mache ich neu und starte ich sofort.

Damit die Ampel übersichtlich bleibt und die Aktivitäten auch verfolgt werden können, listen Sie am besten pro Farbe maximal fünf Punkte auf. Falls Sie mehr auf dem Radar haben, dann setzen Sie Prioritäten, und notieren Sie die Aktivitäten, die es nicht auf die Ampel schaffen, separat. Einzelne Maßnahmen zur Bewältigung der Krise können sich als ungeeignet erweisen. Dann können sie das »Back-up« rausholen.

Hängen Sie die Ampel möglichst plakativ und sichtbar auf. Die Ampel kann auch nach einiger Zeit überprüft und je nach Bedarf verändert werden. Jedenfalls ist ein Blick auf die Ampel sinnvoll, wie die Umsetzung gelungen ist, welche Maßnahmen sich als geeignet oder weniger geeignet erwiesen haben.

....

Übrigens lässt sich die Ampel auch gut für ganze Teams, in einer Familie oder auch Wohngemeinschaft einsetzen, um sich in einer Krisensituation verbindliche Regeln zu geben, wie zusammen gearbeitet oder gelebt wird. In diesem Fall werden gemeinsam die Aktivitäten in den drei Ampelfarben festgelegt. Damit wird als Nebeneffekt der Eskalation von negativen Emotionen vorgebeugt. Das gilt nicht nur in Krisen.

Der schwarze Schwan

Vielleicht kennen Sie ja das Buch von Nassim Nicholas Taleb *Der schwarze Schwan – die Macht höchst unwahrscheinlicher Ereignisse* (2015). Der Titel bezieht sich auf die Erfahrung der ersten europäischen Siedler, die bei der Ankunft in Australien plötzlich schwarze Schwäne erblickten, die dort ganz normal sind. Schwäne waren für die Europäer bis dahin weiß – immer. Schwarze Schwäne waren nicht vorstellbar und somit unwahrscheinlich.

Nassim Taleb hat die Coronakrise nicht als schwarzen Schwan bewertet. Denn eine Virus-Pandemie sei absehbar gewesen, sie gab es auch schon früher und war daher nicht unwahrscheinlich. Die Frage war nur, wann erneut eine Pandemie mit welchen Auswirkungen auftreten würde. Die Antwort wurde für Deutschland 2012 gegeben. Die Drucksache 17/12051 der Bundesregierung liest sich wie ein Drehbuch der Coronakrise: Übertragung durch Wildtiere in Asien, hohe Ansteckungsraten, Ausbreitung in Europa wenige Woche nach der Entdeckung, Mangel an medizinischer

....

Ausrüstung und dadurch Millionen Tote, falls keine massiven Eingriffe in das öffentliche Leben erfolgen. Tatsächlich sind die Attentate vom 11. September 2001 ein schwarzer Schwan. Mehrere Flugzeuge mit Absicht in Hochhäuser zu steuern, das war bis dahin unvorstellbar und höchst unwahrscheinlich. Und es war ein dramatisches Ereignis mit globaler Wirkung. Ein »schwarzer Schwan« kann für jeden von uns passieren, mit persönlich sehr großen, krisenhaften Wirkungen. Ein Beispiel: Wenn in einem Unternehmen plötzlich aus strategischen Gründen eine Abteilung geschlossen oder ein Standort verlagert wird, obwohl es keine wirtschaftliche Krise gibt, die so einen Schritt absehbar gemacht hätte, kann die eigene Lebensplanung über den Haufen geworfen werden. Und aus dem Nichts ist eine Krise da.

Insofern kann das Buch *Der schwarze Schwan* Ihre Gelassenheit zusätzlich stärken gegenüber unwahrscheinlichen und unerwarteten Ereignissen, die eine persönliche Krise auslösen können.

Mein Weg ist der Richtige

Ich habe jetzt alles, was ich brauche, um den Weg einzuschlagen und fortzusetzen, der für mich der richtige ist. Ich kann Chancen wahrnehmen, die sich mir in der Zukunft neu bieten. Und ich kann sehr gut auswählen, was das Beste ist, das vor mir liegt.

Ich bin mittendrin im Leben und sehe den rasanten Wandel im digitalen Zeitalter gelassen. Denn ich kenne meine Motivation, was mich fasziniert und auch langweilen könnte. Mein Zielhaus gibt mir eine hohe Flexibilität, meinen Weg zu justieren oder auch umzuschwenken. Selbst heftige Krisensituationen irritieren mich nicht mehr als nötig. Ich finde eben immer etwas, das vor mir liegt und mich begeistern kann. Ich entscheide, wie, wann und mit wem es für mich wo entlanggeht.

Ich bin mir auch bewusst, dass einzelne Wünsche und Bedürfnisse unerfüllt bleiben können. Rückschläge und Überraschungen auf dem Weg sehe ich als Impuls, ob mich ein Umweg weiterbringen könnte. Ich empfinde das Wechselspiel von Spannung und Entspannung als sehr belebend. Dabei lasse ich mich nicht mehr unter Druck setzen als unbedingt nötig. Und schließlich: Von lästigen Energieräubern lasse ich mir nichts mehr stehlen. Die Zeiten sind vorbei.

Wir Autoren wären sehr zufrieden, wenn unser Buch diese positiven Überzeugungen – und gern noch einige mehr – bei Ihnen hat wachsen oder stärken lassen. Dann können wir heute und mehr denn je die Gestalterin oder der Gestalter unseres Lebenswegs sein. Dabei wünschen wir Ihnen viel Freude und Esprit. Und vergessen Sie nicht, Ihre Energie mit anderen Menschen zu teilen. Geteilte Freude ist doppelte Freude, geteiltes Leid ist halbes Leid.

Einen Moment bitte, wir sind noch nicht ganz am Ende. Zum Abschluss möchten wir im Fazit kurz hervorheben, was ganz besonders bedeutsam ist, damit die Haltung als Gestalter in den Höhen und Tiefen des Alltags nicht verloren geht. Wir möchten damit an unsere Überzeugungen zu Beginn des Buchs anknüpfen. Die folgenden Punkte können sie sich ganz einfach merken:

- **Kleiner Finger: Ich fackle nicht lange.** Wir haben Ihnen viel mit auf den Weg gegeben. Wenn Sie sich intensiv damit beschäftigen, was Sie antreibt und wohin der Weg führen könnte, bitte niemals eines vergessen: Gehen Sie voran. Warten Sie nicht ab. Haken Sie sich auch bei kleinen Gelegenheiten, die sich bieten, ein. So gewinnen Sie praktisch Zutrauen in die eigene Wirksamkeit. Chancen können zudem schnell wieder verschwunden sein, wenn Sie zu lange zögern. Fackeln Sie nicht. Zurückgehen, das ist immer leichter für Sie.

- **Ringfinger: Ich vertraue mir.** Bei allem Nachdenken und Abwägen sollte nicht das eigene Urvertrauen vergessen werden. Sie sollten zu sich halten, genauso wie zu anderen Menschen. Stehen Sie auch zu eigenen Schwächen und Fehlern, die Ihr Vertrauen nicht erschüttern können, eben weil Sie wissen, was Sie können und was Ihnen fehlt. Das Vertrauen geht auch nicht verloren, wenn das Beste, das vor Ihnen liegt, einmal verpasst wird. Das Irren in eigener Sache ist und bleibt menschlich. Bleiben Sie gelassen, vertrauen Sie sich und bauen Sie nicht unnötig selbst Druck auf.

- **Mittelfinger: Ich gebe jedem Tag eine Chance.** Besonders wenn ein Lebensabschnitt oder eine ganze Lebensphase anstrengend ist, sollte das Glück nicht übersehen werden, das jeder Tag uns geben kann. Das Glück kommt nicht zu uns, es steckt in uns. Geben Sie Ihren Lebenstagen die Chance dazu, für Sie und andere Menschen etwas Wunderschönes zu bieten. Dann können Sie die positiven Ereignisse und Emotionen, auch von anderen Menschen, erreichen. Zeigen Sie den negativen Gedanken und Stimmungen einfach den Mittelfinger.

- **Zeigefinger: Ich freue mich, was ich habe.** Das Erreichbare vor uns zu erreichen, und sei es nur in Teilen, ist viel wert. Das bindet uns und sollte Zufriedenheit geben können. Das gilt ganz unabhängig davon, was noch fehlt. Ja, und ... es könnte immer irgendetwas geben, dass Sie haben möchten, jedoch nicht erreichen können. Zumindest nicht realistisch betrachtet. Ihre Wünsche können zunächst Wünsche bleiben. Freuen Sie sich daran, was Sie haben. Und schließen Sie nie aus, dass sich irgendwann die Chance zur Erfüllung lang gehegter Wünsche ergibt.

- **Daumen: Ich genieße meine Fortschritte.** Obwohl wir uns vornehmen und auch erwarten, das Beste vor uns aufzunehmen, ist es nicht selbstverständlich, dass uns dies auch gelingt. Genießen Sie das Gelingen im Alltag und die Erfolgsgefühle. Ohne diese kleinen Schritte ist kein Ziel erreichbar. Gönnen Sie sich und anderen die kleine Anerkennung, die Ihre eigene Motivation stärkt. Nichts belebt mehr, als Ihre innere Genugtuung über die eigenen Fortschritte: Ja, ich kann und schaffe, was ich möchte.

Wir Autoren wünschen Ihnen, dass Sie jederzeit all Ihre fünf Finger voll im Blick haben und hoch halten. Machen Sie das Beste, bleiben Sie gesund und vor allem munter.

Die Autoren

Michael Groß, Jahrgang 1964, ist mehrfacher Olympiasieger und Weltmeister im Schwimmen. Parallel zum Leistungssport absolvierte er ein Studium der Geisteswissenschaften, das er mit Promotion abschloss. Heute ist er gefragter Coach und Buchautor, Inhaber der Beratungsfirma Groß & Cie. und unterrichtet an der Universität Frankfurt am Main zum Thema »Digital Leadership«.

Ilona Groß, Jahrgang 1962, studierte Betriebswirtschaftslehre und war anschließend über ein Jahrzehnt als Abteilungsleiterin und Prokuristin für Touristikkonzerne tätig. Heute ist sie gemeinsam mit ihrem Ehemann Michael Groß im Managementtraining und Business Coaching aktiv und arbeitet nebenberuflich als Fitnesstrainerin. Sie ist Mutter zweier Kinder und lebt in der Nähe von Frankfurt.

Stichwortregister

208 Seiten
19,99 € (D) | 20,60 € (A)
ISBN 978-3-7423-1323-2

Isabella Müller-Reinhardt

Mensch Trainer

Die Erfolgsstrategien der
Fußballcoaches – und was
wir von ihnen lernen
können

Trainer sind die entscheidenden Akteure im Profifußball. Sie stehen täglich unter Erfolgsdruck. Und unter starker medialer Beobachtung. Trainer tragen die Verantwortung fürs Ganze, treffen die wichtigsten Entscheidungen – und stehen meist allein für Misserfolg gerade. Wie gehen sie mit Druck und Niederlagen um? Wie schaffen sie es, dass ihre Spieler für sie durchs Feuer gehen? Wie vermitteln sie ihre Ideen, überzeugen andere von ihren Zielen? Die Sportjournalistin Isabella Müller-Reinhardt hat 12 erfolgreiche Trainer getroffen – von Legenden wie Ottmar Hitzfeld bis zu aktuellen Bundesligatrainern wie Marco Rose. Ihre Porträts zeigen den Menschen hinter der professionellen Fassade, handeln nicht von Taktik und Spielsystemen, sondern von sozialen und kommunikativen Fähigkeiten. Ein faszinierender Bericht über Trainer als Psychologen des Erfolgs.